BANGZHU XUESHENG XUNZHAO
XINGFU SHENGHUO MIMA
TEJI JIAOSHI MAOJINGWEN DE LISHI
JIAOYU ZHUZHANG YU ZHUIQIU

帮助学生寻找
幸福生活密码

特级教师毛经文的历史教育主张与追求

毛经文◎著

中国书籍出版社
China Book Press

图书在版编目（CIP）数据

帮助学生寻找幸福生活密码：特级教师毛经文的历
史教育主张与追求/毛经文著.—北京：中国书籍出
版社，2019.12

ISBN 978－7－5068－6650－7

Ⅰ.①帮…　Ⅱ.①毛…　Ⅲ.①中学历史课—教学研究
—高中　Ⅳ.①G633.512

中国版本图书馆 CIP 数据核字（2018）第 016512 号

帮助学生寻找幸福生活密码：特级教师毛经文的历史教育主张与追求

毛经文　著

责任编辑	毕　磊
责任印制	孙马飞　马　芝
封面设计	中联华文
出版发行	中国书籍出版社
地　　址	北京市丰台区三路居路 97 号（邮编：100073）
电　　话	（010）52257143（总编室）　　（010）52257140（发行部）
电子邮箱	eo@ chinabp. com. cn
经　　销	全国新华书店
印　　刷	三河市华东印刷有限公司
开　　本	710 毫米×1000 毫米　1/16
字　　数	240 千字
印　　张	20
版　　次	2019 年 12 月第 1 版　2019 年 12 月第 1 次印刷
书　　号	ISBN 978－7－5068－6650－7
定　　价	68.00 元

序言：十年君子之交　深度感悟名师

夏辉辉

不知何时听来这句话："与大师哪怕是擦肩而过，也是佛光普照。"于我心有戚戚焉，时时记着。

而毛经文老师就是那样的人，你不需要恭维他，听他聊学问、聊闲杂，读他的文章，便可以感受到智慧之光。我们每天都在与他人擦肩而过，有的人无声无息，有的人喧嚣一时，而与毛老师交往，你能够体会到一沙一世界的平静，听毛老师的课，你能感受到一叶一春秋的光华。这种美好，便是毛老师给人带来的。

有的名师会很有气场，给人一种很强势的感觉，但毛老师则是道家风范，把自己藏起来，而且藏得很深。毛老师总是谦虚地说，他是文凭最低、起点最低的历史老师。但是，他却被评为广东省"特支计划"中小学系列首批教学名师。

毛老师说："笨鸟也有矮树枝。"这句话平实，却让人对教育遐想无尽，对人生回味无穷。

一

初次感受毛老师教育思想的魅力，是在2009年的一次导言课的研究中。那时我刚刚做教研员，在北京师范大学攻读教育硕士，对专家型教师的特质很感兴趣,很想弄清楚"好教师是怎样炼成的"这一问题。于是,我兴致勃勃地旁听了几位老师的导言课,来研究不同资历、不同年龄的历史教师是如何给学生上课的。

导言课是"美丽的第一课",在教学中的地位非常重要,它是历史学科魅力的展示课,也是教师人格魅力的展示课,对培养学生的历史意识起着引领作用。历史导言课的内容十分丰富,它在教学内容上并没有严格的规定,历史上所发生的一切以及现实生活中的一切都可以成为教学资源。从历史学科的特点来说,历史学科背后所反映的是人类对自身历史与现状的反思。历史是一门学科课程,教师是课程的执行者,会在开课之初阐明自己对课程的理解以及对教学的要求,这是一种融合了历史课程共同要求和历史教师个性的产物,每个教师的知识体系与个人经历都会影响其对导言课素材的取舍,也决定了他对历史教学的认识。

同时,上好历史导言课非常困难。从学生的角度来讲,既可能有以往学习历史学科的经验的纵向比较,也有其他学科导言课的横向比较,更有自己对历史学科认识的内外比较。这样一来,通过一堂导言课,要达到师生共鸣、学生与历史共鸣的境地实属不易。从教师的角度来讲,不同年龄、不同年代的学生,其已有的经验会有共通之处,但绝不会完全一样。历史的导言课不像有些课那样刻板,而是灵活多变的,对教师的要求非常高。

因此,我想通过对历史导言课的反思性研究,了解在日常生活中教师如何设计与处理历史导言课,了解教师是如何反思的,这些反思对教师的专业发展有何益处,以及在研究者引导下的新反思中,教师们又理解到了什么程度。

在研究中,我们看到了千姿百态的历史导言课,而毛老师的导言课让所有人耳目一新。他那年接手高二两个文科班,在课上,他让两个班的同学依据所学的历史知识，分别采用不同方式，选出自己班级的科代表，既温习了历史知识，又让学生体验了真实历史情境。

我们都急切地想知道，毛老师为何会这样设计他的导言课，是一时灵感还是教学习惯使然？这种出人意料的教学设计，让我愈加坚定地认为：特级教师一定有"特别"过人之处。于是，我们研究团队开始致力于挖掘毛老师的教育教学思想。

在研究中，我们发现，专家型教师的第一大特质是善于反思。毛老师谈到，随着岁月的流逝，他感到自己作为一名老教师在年龄上的劣势日益显露——与青少年学生渐渐滋生的"代沟"让他有些失落。他反思自己30多年的教学经历，提出了历史教师职业生涯发展的三个阶段：

第一个阶段，教师着重向学生展示自己的个人魅力，力图以自身的才华"征服"学生，于是师范生所要求的"一口普通话、一手好板书、一副好口才、一笔好文章、一套好方法"成为大家努力的方向。

第二个阶段，教师随着自身素养的提高，日益认识到历史学科的独特魅力，因而着重向学生展示历史学科的魅力成为教师努力的方向。

第三个阶段，教师已深谙教育的本质，认识到教育的本质是要发展学生，通过各种途径展示学生的实力，让学生自己感悟到历史学科的魅力，促进学生成长成为这一阶段教师的主要努力方向。

而毛老师的历史导言课正是在这样的假设框架中出炉的——教师有着深厚的史学功底，隐于课堂后面，不露声色地点拨学生，让学生用自己已学的历史知识，解决现实问题，既体验了选举的过程，找到了主人翁的感觉，又体味到了历史学习的魅力。通过这种成功的情境体验式导入，学生建立起了学习历史的浓厚兴趣与崇敬之心，这种良性情绪的建立正是导言课所应完成的任务。毛老师在反思中所引用的"我听见了，就忘记了；我看过了，就领会了；我做过了，就理解了"，更体现了一位优秀历史教师对教育伦理的反思。正是这种反思，使他的教学方法日臻成熟、独具魅力。

在毛老师提出的假设框架下，包括我在内的其他老师兴奋地发现，大多数人正是循着这条路走来，不同发展阶段的教师对导言课的理解让大家碰出了智慧的火花，并在这个新的框架下寻找自己成长的足迹。

教师的工作具有很强的专业性，其不确定性、复杂性、不稳定性、唯一性等特点决定了教师在教学中将遇到各种挑战。① 解决这些挑战必须从教师自身的实际情况出发。教师不断反思并研究自己的教学行动，才能真正有效地改进教学活动。毛老师从对单个导言课的反思引申至对教师专业发展历程的反思，提出"展示教师魅力、学科魅力、学生魅力"的教师专业发展的假设框架。在这个假设框架里，参与研讨的教师结合自己导言课的特点自我定位，并为自己的未来寻找突破口。可见这种反思有益于教师认清自身职业发展的阶梯，从而找到前进的方向。教师可以不断地进行自我反思，也就是进行自我评价、自我"揭短"，从而找到新的发展方向。

研究已经结束很久了，有一种认识却是恒久的：从来没有一节单独存在的好课背后，不承载着对人生的思考；名师也不会自然生成，对人生的自我锻造是自我成就的前提。

---

① 唐纳德·A.舍恩. 反映的实践者：专业工作者如何在行动中思考［M］. 夏林清译. 北京：教育科学出版社，2007.

二

在后来的工作中，我与毛老师有很多合作项目，包括史料教学、历史细节教学、历史核心目标教学等等。我的很多教学主张深受毛老师的影响。我们从不同的层面推进课堂教学改革，他从教学层面深挖主题内涵，而我则从教研层面推广研究成果，这样多年合作，逐步形成了一个教学教研良性互动的局面。每一个研究项目的展开，毛老师都以他独特的方式帮助了我，他肯定我的各种选题，总是在我组织的大大小小的教研活动中坐在第一排，总是在关键时刻写出最有分量的文章发表在专业杂志上，毛老师一直是我最鼎力的支持者。

2010年，为了促进一线历史教师深化对史料的认识，提高史料解读与运用的能力，我组织了一次中学历史教学设计比赛，由组织者统一选择与洋务运动有关的五则材料，要求参赛者运用这五则材料，针对自己的学生对洋务运动的学习进行教学设计。活动设计很有挑战性，激发了老师们的斗志，也取得了很好的效果。在活动结束后，我组织了一批文章发表在《中学历史教学参考》杂志上，我以"理解与超越"为主题，提出教师要运用材料帮助学生理解洋务运动、洋务经济、洋务时代，同时，教学设计活动中所显露出来的问题也表明，历史教师应该更深入地理解历史，更亲近地理解学生，超越教材，从而超越我们自己的过去。

这个活动从始至终都得到了毛老师的支持，他以"剪锦成屏"为主题表达了自己对史料教学的看法，除了在技术上对史料教学进行剖析外，他提出的"开启智慧，润泽生命：一切'主题'都必须基于学生、为了学生"的主张不啻警钟，提醒我在课堂技术研究中要关注学生的发展。毛老师提出："一切教学活动都是为润泽生命、点化生命、开启智慧服务的，正因为这样，教学设计必须基于教学背景，教学背景中最重要的就是学情。了解学情不但是一种理念，更是每次教学设计都要落实的实际行动。我们对学生学习情况的了解，要像古代中国农民一样——对自己的一亩三分地了如指掌、精耕细作。"这样的话语朴实而真切，又是那么直指要害。当我们在教育教学技术层面走得越来越远的时候，我们几乎忘记了自己从哪里来、要到哪里去。

近年来，许多网络词汇以强烈的时代感冲击着以古老方式、原始状态顽固存在的学校教育。每位站在讲台上的老师都感受到了来自社会、网络的冲击，网络信息技术在攻占传统商业、金融、物流等领域后，对教育行业发起了颇为猛烈的冲击，让每个身在其中的人都坐立不安。比如说，家长都要用教育掌上通，班主任通过手机把各种信息、成绩，包括教育资讯都发到家长的手机里；每位教师都要用课件、微课，了解慕课（MOOC），还有同步课堂、双师课堂。如此种种，不学习就要成为"数字时代的难民"。

但是新的名词是否就意味着新的教育？每一个新名词的出现，有多少人假汝之名，或搏利，或取名？这样做是否真的能让孩子们更开心、快乐？这些都值得反思。在教育技术不断进步的今天，不迷失教育的方向至关重要。在一艘船上，所有的人都可能是水手，但是舵手的方向感却不是人人有的，毛老师在历史教育教学上的"方向感"一直给予我很好的启示和帮助，让我和我的同伴们没有走弯路，没有陶醉于技术的成功，他总是不动声色地提醒我们："该上路了，路还长着呢！"

三

历史有什么用？其实不用别人说，我自己就是学历史的，有时都会觉得历史之于人生没有太大的用处。历史上的人和事是那么宏观，跟我们的现实生活还是有些距离的，尤其是当我们在现实生活中捉襟见肘时，未必能从历史当中找到什么现成的例子来帮助自己处理问题。所以从这个角度说，历史如果不学到哲学层面或者伦理层面，不上升为人的智慧的话，它就只是一堆死的知识，没有什么太大的用处。

翻开我们的历史教科书，常常仅仅有对宏观大势一些粗线条的描述，但真正能够滋养人的智慧的应该是历史上具体的人，他的人心、人性、人情，尤其对孩子们来说，这种影响可能是最直接的。把握宏观大势似乎对把握微观生活有极大的帮助，但实际上这种转化是很漫长的。如此看来，我们需要深入到历史细节当中去，更具体而言，我们需要深入到某个历史人物的生活当中去，从他的性格形成、人生际遇、人生选择中，我们或许能够获得一点点智慧。

如何把历史事件变成历史智慧？如何把历史人物的人生经历转化为自己的人生智慧？或许正是这些困惑，让毛老师展开了新的研究。毛老师的阅读量广，记性也特别好，所以无论是听他的课与讲座，还是与他聊天，都能深深地感受到他的渊博学识。依托大量的知识储备，在接下来的研究中，毛老师主攻历史细节教学研究。这一时期，毛老师全面出击，把自己对历史教育教学的主张通过各种方式表达出来，思想的张力逐渐走向高峰期。

在关于历史细节教学的系列文章中（详见本书第二辑），毛老师不但挖掘了历史细节教学的原则与方法，更重要的是重点指出了运用历史细节的价值诉求。关于历史细节教学，毛老师指出：当我们在享受它的质感与品味它的别样精彩时，也感受到了丰满理想与骨感现实的"二律背反"——一边是"工厂"生产的大量历史细节困在书斋，无法走向"市场"；而另一边却是中学历史课堂因缺乏历史细节而导致的泛而乏真、低效。他把历史课堂的困境与历史细节的丰富做了鲜明的对比，指出了历史细节在"重建现场、呈现进程""释疑教材、点化课堂""钩沉思想、养育灵魂"等方面的价值。

应该说，经过"妥协也是珍贵的历史遗产"的专题研究与历史细节的专项研究，毛老师的教育教学思想日臻成熟。他心中追求的历史教育的终极目的是铸造未来国民的素养，帮助学生寻找幸福生活的密码，让他们的精神站立起来。因此，中学历史学科有着比知识传授、能力培养更重大的使命——价值引领。

毛老师在"价值引领"的基础上，进一步提出"素养养育"（详见本书中《知识只有在帮助学生做好人时才是最重要的》一文），指出历史教育的真正价值在于帮助学生把核心素养植入骨髓，让灵魂跟上前行的脚步，让未来不再恐惧！这样振聋发聩的时代教育呼声，沁入了人的心脾，让我想起了另一句话："见到高山须仰止，仰而不止。"

在基础教育领域分数与名校的追逐一浪高过一浪，有效教学、高效课堂、翻转课堂等各种名词层出不穷之时，毛老师说："笨鸟也有矮树枝：人人都是爱因斯坦的人才观是素养养育的基础。"当我们都在争论历史学科核心素养应该包含哪些内容时，毛老师沉思："用良知点燃课堂：历史教学能让学生习得终生受用的素养。"当老师们都在质疑核心素养能否在课堂落实的时候，毛老师解惑："心中时常有风景：挖掘与制定历史课堂教学素养目标。"毛老师说话总是大声而爽朗，平日里听他说话，绝不用侧耳细听，只远远地就知道是他来了。他提出的教学主张亦是如此，在关键处大呼一声，便让听者为之驻足。

四

很多年前，佐藤学《静悄悄的革命》一书中有这样一句话深深地打动了我："不要迷恋一年一度的法国大餐，而是每天在油盐酱醋中做出美味的三餐。"这句话的潜台词是，学生每节课都应该享受美味的"家常课"，也就意味着，教师有责任上好每一节"家常课"。所以，多年来，我一直在寻找美味的"家常课"。在毛老师这里，我找到了。然后，我又不甘心，想知道这美味的"家常课"是如何烹出来的，于是就有了后来的系列研究。如今细细捧读这本书，再次品读文章中的精妙语句，再次回味与毛老师在一起聊人生、谈学问的时光，真是感慨自己能遇到如此良师益友，实是人生之大幸。

毛老师的教育教学思想扎根于他的课堂，深受学生欢迎。他的学生一个个成长起来，每一个与他交往的人，都能感受到他的热情与宽厚。最近有篇文章说，所谓道行最高的人，就是那个与任何人打交道都让人感到舒服的人。这个看似平淡而不靠谱的衡量标准，又是如此至高，几乎没有几个人能做到，而毛老师却可以，并且总是让人感觉如沐春风。

给大家讲一个小故事：唐朝有三位禅师结伴云游，一天他们来到一条小河边，河面上漂来一片菜叶。一位禅师说："你看，河里有菜叶，说明这上游有人家，我们去上游化缘吧。"第二位禅师说："这菜叶还这么新鲜，漂走了，好可惜！"第三位禅师说："这上游村庄的百姓不爱惜物力，这么好的菜叶让它漂走，不知惜福，不值得我们教化，我们还是不去了吧。"这时，有人匆忙飞奔而来，急问："师父们，你们有没有看到水里有一片菜叶，刚才洗菜时不小心漂走了，我得赶快把它找回来，不然太可惜了！"三位禅师大笑："这些百姓这么惜福，实在是很有佛缘，我们就到那边去教化吧！"在禅师们看来，一花一木、一饭一菜、一点一滴都是值得珍惜的。

教育即生活，生活即教育。禅师从一片菜叶里看到的不是一片普通的菜叶，而是一个村庄人民惜福、惜缘的精神。我们做教育的人，是不是也要有这样一种对生命的关怀与善念？把生活中的一举一动、身边的一草一木都化作教育的资源，所谓熏陶，所谓润物，可能就是这样了。

细读本书，我们可以体会到：回到历史中来，回到生活中来，历史教育便找回了自己的本色。

记于 2016 年 12 月 14 日

（作者工作单位：广西教育学院教研部）

自序：资质平平也可以追求"莞派名师"

毛经文

我是一个资质平平的教师：没有英俊的外表，永远成不了偶像派老师，普通话太普通，字写得不漂亮，智商不高，也非名校毕业。读高中时，靠着"玩命读、死命背、拼命写"，再加上白（天）加黑（夜）、五（一周）加二（双休）、横七竖八（当年的周课表横着看是七天，竖着看是八节），在20世纪80年代初考取了一所不知名的专科学校。从小学、初中、高中到大学，我念的都是非重点学校，即便后来本科就读于北京师范大学，也是函授。所以，我这辈子没有享受过"我以学校为荣"的骄傲。即便如此，资质平平的我也可以追求"莞派名师"，如同长相平平的女孩子也有追求美的权利一样。

回望30多年的历史教学生涯，在追求"名师"的过程中，格外显老成了，这标志性的外在特征，我想可能有两个方面的原因。一是身体底子不够扎实，"综合国力"严重不足。据父母亲讲，小时候的我是先天投入不足，后天营养不良。三年困难时期刚过，又逢大旱，不但吃不饱，连喝水都成问题，母亲好不容易生下我来，一称只有三斤多一点点，就像个大一点的耗子（老家对老鼠的另一种称呼），父母终日以泪洗面，我在奶奶胸脯上暖睡了一年，直至老人家逝世。后来勉强长大，又因为家庭成分不好，总是吃不饱穿不暖，10岁那年在农村医院住院时，同病房一位产妇看我可怜，给了我一碗肉汤，我仍记得那个味道，特别好吃。1984 年，我做老师第一个月的工资，除孝敬父母外，就是去看望了当年给我肉汤的产妇。机缘巧合，她的孩子后来成了我最得意的学生之一。改革开放后可以吃饱了，体内的饥饿因子就展开了强大攻势与"大跃进"，三五年就把小时候的损失全部补回来了，补成了我现在这个样子：中部崛起外加横向发展，把自己整成了"三高"人员。二是有限的智商被过度开发，所以特别显老。记得刚调来东莞时，我们单位的同事都说学校来了一位退休返聘的特级教师。去看上小学的儿子，儿子同学都告诉他说："你爷爷来看你了！"他上初中时，我参加家长会，被班主任教育一番："家长会最好是父母亲参加，爷爷、外公一般不要替代。"去东莞市图书馆坐电梯，为一位六七岁的小孩按电梯，小孩妈妈当时叫儿子"谢谢爷爷"，小孩不肯叫，他妈妈说回去要修理他，小孩在下电梯时说："谢谢老爷爷。"原来在小孩的眼中，我已是老爷爷级别的。不过，让人开心的是，与十多年前来东莞时比较，现在的我基本没有变化，说明人人都会老，只是我老得过急了一点。同样，在我们老师眼里，每位学生都是人才，都有自己的光芒，都是一朵花，少年早成与大器晚成没什么区别，有的只是花期不同而已，我们老师需要做的就是精心养育与静待花开。有句话说得好："只要你真正努力拼搏了，最大的失败也只不过是大器晚成！"

在人才济济、高手如云的东莞教育界，我只能算是一块石头，或一粒沙子。天资平拙注定我这辈子没什么大成就，也难以成大器。虽说也评过省市学科带头人、市名师工作室主持人，2015 年，还十分幸运地成为广东省"特支计划"中小学系列首批十位教学名师之一，获广东省特别支持研究经费 30 万元，当年广东省中学历史学科仅一人入选，东莞市教育系统也只有一人入选，但面对上述这些荣誉，个人觉得难以副实。当然，再贫瘠的石头也可以有自己的风景，再渺小的沙粒也可以有自己的灵魂，我同样也可以有自己的教学主张与追求：

（1）曾经致力于所谓精英教育，在以制造业闻名于世的东莞，我的教育理念已升级换代为全面的人才观。当今社会，人才观已发生了重大变化，每个学生都是未来社会所需要的人才，人才不再只是精英的专属。因此，中学历史教育教学的主要任务与最大价值就是培养平凡、平淡、平坦、平静、平常的幸福快乐的人，让他们时常能够以良好的心态、健康的身体坦然面对生活中的挫折与苦难，而不单单是追求世俗认可的升官发财或成名成家。事实上，"三平两健康（三平是平淡、平凡、平常，两健康是指身体健康、心理健康)"也是一种成功，是一种社会上绝大多数人拥有的成功；即便是一只笨鸟，上帝也为他准备了一根矮树枝。

（2）曾经专注于高考分数，但在厚德载物的东莞，我已把高中历史教育教学中的生命教育放在首位，以人为本，把过去讲透，把今人说活。我致力于将课堂教学中蕴含的巨大生命活力尽情释放给学生，助力他们的生命成长。因为只有让师生的生命活力在历史课堂教学中得到有效发挥，才能真正帮助学生成长，课堂也才能成为真正的人性素养课堂与生命成长课堂。

（3）曾经致力于追求"知识立意"与"能力立意"，在敢为人先的东莞，我已践行于"素养立意"。当前，中学历史教学普遍流行历史知识传播手段或传授技术上的不断花样翻新，即想尽各种办法与招数解决学生"怎么吃"的问题。但对于一个几近成年的高中学生来说，历史教学最重要的不是告诉学生"如何吃"，而是要基于学生成长的需要，解决"吃什么"、提供什么样的"营养"的问题。"吃什么"比"怎么吃"更重要，教学内容的选择与教育价值的挖掘比传播技术的创新更重要，正确的价值引领比课堂上不断翻新的游戏活动更重要。历史知识只有在帮助学生追求真善美时，才是最重要的。正如上海特级教师李惠军所说的那样："从教学意义上讲，历史教育的价值之一在于透过如烟旧事领悟其中的道理。在习得知识中体验习得过程，进而领悟习得方法，并内化为一种稳定的心理特征和思维习惯。唯其如此，学生才能从历史课上汲取一种促进终身动态变化的思想智慧和价值取向。"庸师堆砌史料，能师阐释史料，经师提炼史料，人师立意史料，素养立意已成为东莞历史人的主要追求。

（4）曾经是保姆型的历史教师，但在产业转型的东莞，我已确定了以学生为主体的追求，找寻到了历史教师的主导定位。今天我们历史教师已不能再像以往那样直接以权威的身份向学生传递经验，而只能通过间接的方式实现文化传递，如同电影拍摄中的"编剧""导演"，球赛中的"场外指导""啦啦队长""随队医生""后勤部长"，知识"超市"中的"导购员""产品介绍人""服务员"，现代生活中的"信息平台""不息奔河"。唯其如此，历史教师才能在学生的主体作用中受得了学生的敷衍，忘得了学生的过错，才能明白坚持未必是胜利，放弃未必是认输，与其华丽撞墙，不如优雅转身，给学生和历史教师自己一个迂回的空间。历史教师需要学会宽容、学会妥协、学会调整、学会思索，特别是需要学会等待，等待学生主体作用即内力的醒悟，在充分发挥主导作用时做到坚决不越位，并让这种主导作用转变为一种深谋远虑的洞察、一种慧思敏锐的思维、一种捍卫信念的态度、一种雷厉风行的风格、一种直面风险的坦然、一种从容专注的性情、一种襟胸万里的气度。

（5）曾经教而不研，凭所谓的经验纵横于课堂，但在每天绽放新精彩的东莞，我已基本实现了"在工作中研究，在研究中工作，不断在课堂、论文、讲座中呈现自己有些许深度的教育思考"。有识之士多次呼吁历史教师要善于在历史课堂上敏锐捕捉历史教学中的关键小事，形成持续不断的研究动力，既可以用"微博""微信"直播有激情的教学现场，也可以用"日志""博客"积累有意义的教学生活；既可以用"叙事""公众号"讲述有原理的教学故事，也可以用"案例""论文"总结有成效的教学结果；既可以用"随笔""报告"再现有启发的教学事实，也可以用"著书立说""课题成果"展示有深度的教学思考。为此，我积极参与《东莞高级中学教师教学质量标准系数评价制度的研究》，是课题组的关键成员，所撰写的论文《立足起点，重在走了多远》获得了省市一等奖，另外一篇《各擅其美，交融共进》获中央教科所教育科研成果一等奖。此外，我也积极参与了东莞市招标中标课题《中学历史优质课常态化研究与实践》，是仅次于主持人的核心成员，2011年，该课题获得了广东省教育创新成果二等奖，我为课题撰写的论文《剪锦成屏：在逻辑梳理中确定主题选择方法——关于洋务运动教学设计中史料运用的思考》在《中学历史教学参考》杂志发表后，被当年中国人民大学书报资料中心《中学历史、地理教与学》全文复印，其后基本上是一年发表一篇，现已拥有四篇，这在普通中学历史教师中并不多见。2013年，基于历史课堂知识框架的苍白、教学中缺失探寻历史细节于课堂的学术眼光这一问题，我在每一堂课中积极探寻与运用历史细节，见微知著、重建现场，呈现进程、层层探秘，钩沉思想、彰显多维，在点拨重点、阐释难点、探究疑点、品味亮点中不断让学生感受历史的酸甜苦辣和成败兴衰。我主持探究了省市级立项课题《基于高效课堂应用历史细节的策略研究》，积极探寻与运用能够让课堂活色生香的历史细节。目前，这个课题已在全省甚至全国产生了较大影响，已获东莞市第十三届基础教育成果一等奖，2015年获广东省教育创新成果奖。

（6）曾经有过过度解释历史的随意与失误，但在东莞新一轮的课程改革中，我更加坚定地认为真实的历史让我们敬畏而虔诚，只有用真的史实才能培育出美与善的价值观，虚假或伪造的历史培养不出善良与诚实的品格。人类就是因为能够正确对待自己的历史，所以才会那么自信地面对现在和走向未来。一如朱永新在《每个人都有责任书写自己的历史》一文中所说的那样："历史不仅仅是一个让人变得更聪明的学科，历史本身还是一个让人变得更有责任感、更有尊严的学科。"

"养正毓德谱弦歌，精存自生著华章。"对于历史教育这片海，我始终只是一个偶然闯入的小红帽，虽然一直在左冲右突中前行，但终究没有能力参透其中的禅机。如果用"言""语"两个字来总结的话，对历史本身的敬畏是"轻言细语"，在历史教学课堂上于学生是"甜言蜜语"，对历史教学的热爱是"豪言壮语"，当然，对中学历史教学的一些主张、追求抑或所谓的"成绩"，就可能是"胡言乱语"了。因此，我的这本"专著"只能说是：专著，专著，专为自恋而著。

　　资质平平、学术不专让我现在依然难称"莞派名师"，但我不会停下前行的脚步！

目 录
CONTENTS

第一辑 **01**

历史教育核心是养育人性

新课标背景下中学史学功能的现代阐释

中小学历史教育的功能是什么，史学界目前还在争论不休，主要有三个中心观点：一是以学科的知识系统为中心，二是以社会的发展需要为中心，三是以学生的发展需要为中心。应该说三者观点都有自己合理的一面，也都有自己的不足。前两者的观点过分看重"知"的质量（传承性）而忽视"识"的价值（创造性）；后者则过分强调育人功能（功利性）而忽略了历史的欣赏与娱乐功能（休闲性）。我们认为中小学历史教育的功能应该以关注人的发展为中心，以树人为本，重在追求学生人格的发展和精神的自由，为他们创造人文的发展条件，让一个个鲜活的生命体不断充实思想，不断发展个性，并获得健康成长；在历史与教育双重思想体系的共同作用下，着重从育人的角度去发挥历史学科的社会认知功能、思维发展功能、人格养成功能，这是中学历史教学存在的根本价值。

一、对生命主体的人文教养功能

人类文明的历史，说到底是人类思想和活动的历史，是以人的思想和活动作为全部研究对象的。我们的历史研究，只有以人为本才有实际意义，这正是中学历史课程的主体功能之一。

东西方教育的发展历程告诉我们：单纯的科学教育和道德教育都

不能促进社会的全面进步，今天我们进行教育改革就是要吸取历史发展的经验，建立适应社会全面发展的教育理论，而今天的教育就是要发展人、培养人，在教育中体现人文精神。人文精神以人的全面发展作为最高的价值追求，是一种珍视人的个性而又促进人的全面发展的精神，它并不是一种具体化的东西，而是一种智慧，一种不仅是思想性的，而且是行动性的智慧。

教育中的人文精神就是吸收东西方教育的精华，既体现科学精神的创造性，也体现道德修养的塑造性。现代教育的目的就是培养全面发展的人才，发挥学生的创造性，鼓励学生对科学的追求和对自身完整人格的塑造。

1. 人类历史自身的发展就是人文精神的体现

我们今天所看到的历史就是一部活生生的人类发展史，历史本身也证明了人的伟大作用。只有认识到人的力量，以人为本地采取相应政策的国家才会走向富强；反之，泯灭人性的存在、蔑视人的力量的时代终究会被历史吞没。从中国历史来看，历代初期的几位皇帝都很注重人民的生活，实行与民休息的政策，使国家逐步走向繁荣，"光武中兴""贞观之治""康乾盛世"的出现都是这个道理。但随着统治者个人权力的膨胀，横征暴敛、鱼肉百姓的政策相应出台，最终使国家走向灭亡。在秦末农民大起义、东汉晚期黄巾起义等起义活动中，人民都以自己的方式展现了人对历史的作用。历史是人创造的，在人类历史的发展过程中，人是社会兴衰的动力，是社会前进的必要因素。因此，人文精神应当贯穿整个历史教学的始终。

历史学科是一门社会科学学科，其主要目的是帮助学生建立起一种正确的社会观念。正如 2002 年《全日制普通高级中学历史教学大纲》所要求的："通过历史教学，使学生了解人类社会的发展过程，从历史的角度去认识人与人、人与社会、人与自然的关系，从中吸取智慧，提高人文素养，形成正确的世界观、人生观和价值观……"

历史要为今天服务，历史教育更要为今天服务，历史教育必须用时代的观念来理解历史。正如历史教学专家李德藻所说："作为本体，历史指人类经历所创造的一切，它是过去的、既定的、不变的；作为认识，它指人类对自己过去的回忆与思考，因而它是现在的、不定的、可变的。"今天，用时代的人文精神来理解历史、诠释历史，已成为历史教育的关键。用现代人的观点来看待历史，让历史为人所用、为今所用，是历史教学中必须注意的问题。

2. 历史教学大纲（或《课程标准》）体现出了强烈的人文精神

历史教学大纲是教材编写的依据，也是教学实践的准绳。前面谈到了历史观念中的人文精神，但观念的转变最终只有体现在历史教学大纲（或《课程标准》）中，才能在具体的历史教学中得到贯彻。新的《课程标准》目标就是通过精选历史课程内容，设计灵活多样的教学方式，激发学生学习历史的兴趣，改变学生被动接受、死记硬背的学习方式，拓展学生学习和探究历史问题的空间，使学生树立正确的历史观，进而使学生学会辩证地观察、分析历史与现实问题，加深对祖国的热爱和对世界的了解，学会从历史中汲取智慧，以应对新世纪的挑战。我们开展历史教学的目的不是培养历史专家，而是让学生接受历史文化的熏陶，提升学生的人文修养，教给学生一种历史思辨的能力，所以在历史教材内容的选择方面，不要求细求多，精选历史内容能使学生在有限的学习时间内学到有用的丰富的历史内涵，为学生今后的成长服务。历史教材不应该把学生看作教学内容的单纯接受者，而应该是教学内容的创造者和开拓者。学生不是知识的奴隶，而是知识学习的主体，所以教学内容的编写应该以学生的学习过程与心理发展规律为依据。

人文精神既是教育改革的核心内容，也是其指导思想。但是在具体的历史教学中，许多人仍把人文精神理解为"文科教育"，不仅没有很好地把握教学内容、观念、课标、教材、教法的精神实质，也没有使学生的主体性得到很好的发挥。

3. 历史教育目标的实现也是在以人为中心中进行的

我国儒家思想极力倡导的培养人的温柔敦厚的君子人格，以及实施过程中的"导"和"引"的方法，都是人文性的一种重要表现，德国教育思想家斯普朗格告诉我们，如果教育仅仅是向学生灌输现成的知识，那么培养出来的人"有悟性，却没有灵魂；有知识，却没有精神；有活动，却没有道德欲望"。这样的人是没有生命活力的人。教育的核心是人，它要关怀的是人的解放、人的完善、人的发展。从终身意义上看教育，就应该按照人的尺度来进行教育，而理想的人的。尺度就是人的全面解放、个性和创造力的全面发展。教育即解放人的价值、解放人的潜能、发展人的力量，教育首先是一种人文活动。历史教育的本质就是这样的人文教育，它是以历史为基础和工具来实现人的发展的一门学科，在素质教育中起着人格养成和文化熏陶的基础性作用，历史知识的传授应围绕这一基本功能进行。现实情况是，急功近利的情绪对教育产生了重大影响。由于在教育的主导倾向上朝应试教育偏移，历史课程本来具有的素质教育特征逐渐淡化，作为升学考试科目之一的工具色彩越来越浓，教学内容和教学方法都围绕着考试指挥棒转。在这样的功利目标的驱使下，历史教育的人文性不仅很难张扬，而且被严重遮蔽了。由于功利性目标替代了素质教育的目标，学科的工具性替代了人文性，在应试教育的考前训练中，历史知识的记忆被引向某一个标准答案或某一个固定的思维套路，远离历史学习的主体性和创造性，学科教育的功能在本质上被异化了。正如爱因斯坦所说的那样，用专业知识教育人是不够的，通过专业教育，他可以成为一种有用的机器，但是不能成为一个和谐发展的人。爱国主义和

6

传统道德教育是历史教学中最重要的情感教育。

历史教学不仅要使学生具备人文修养，而且要使学生具备科学情感。历史中古人对权威的批判、对真理的不断追求，成为今天学生学习历史的重要体验。这种科学情感的培养可以使学生信仰科学和追求真理，形成良好的人格，为今后个人发展和参与社会竞争做准备。这种科学情感也可以使学生发挥主动性和创造性，更好地学习历史，提出问题，解决问题。如此一来，历史才会进步，时代才会前进。新的历史课程标准重点突出历史教学的人文功能，倡导用人文科学本身所独具的价值理性和方法去引导历史教育，充分挖掘历史课程中的人文资源，对学生进行人文素质的培养和人文精神的熏陶，旨在达到塑造全球化时代新型公民的目标，这是历史教育所承担的最基本的功能。

历史学科人文教育功能的开发需要在以下几个方面有所突破。

第一，在教育观念上确立历史教育的本体意识，自觉把人文素质教育视为历史教育的出发点和归宿点。由于现代工业文明本质上是一种经济取向的文明，它左右着人们对知识的选择，经济发展的功利性特点往往导致历史学科教育的边缘化，工具性功能替代了人文性功能，严重淡化了历史作为人文素质培养的基础学科的教育作用。每一个学生都有他意识不到的自我，对自我的认识过程是实现历史学习的基本表现形式，历史课程帮助学生把这个内在的又难以捉摸的自我引示出来，使学生觉察到自己不是他人预先设计好了的人，而是自己想成为的人。

第二，全面、准确地把握唯物主义历史观。马克思主义唯物史观是我们进行历史教育的指导思想，以人为本的历史观必然把人与自然的关系作为一个基本的视角，并把两者的和谐发展作为历史价值的基础，正确的唯物史观是发挥历史学科人文教育功能的必要前提。也就是说历史课的进行过程就是满足学生成长和个性整合需要的过程，从这个意义上来说，历史课程改革的重点应从书本转向学生个体本身，正如罗宾逊所解释的那样，知识对学生是否具有个人意义，是知识能否保持的决定因素，学生学习过的很多知识之所以很快就遗忘了，就是因为它们与学生的自我无关。

第三，拓宽历史学科的知识体系。以人类社会的发展为中心内容的历史学知识包含着极其丰富的知识点，21世纪的历史教育必须拓宽知识体系，加强和扩充以人类文明的进化为主干的社会经济史和文化史的内容，让学生在学习过程中通过了解促进人类文明发展的物质因素和精神因素，从中领悟人类文明的创造力及其蕴涵的价值取向，感受人文精神的熏陶，在吸取历史知识的同时进行人格的培养和教化。

第四，拓展美育。美育不仅存在于美术、文学作品的欣赏中，而且存在于教学过程的始终。在历史教学中最重要的美育教育是要培养学生的审美情趣和审美能力，让学生在学习历史的过程中欣赏美、感受美，并且学会在生活中创造美。教师讲述语言的美妙是激发学生审美的开端，一堂成功的历史课往往贯穿着教师精美的语言。从教学内容来看，无数生动的历史画卷虽然没有客观的线条，但是它们却用鲜活的方式向我们讲述着人类社会发展的美。历史让我们感受到美的不仅是万里长城的雄壮，更应该是无数劳动者建造的辉煌和先辈们为保卫家乡付出的艰辛。如此，历史教学当中的人物、故事、作品、成就等等都能成为美的象征与代表，重要的是我们应当学会去感受它们，用真实的感情去理解它们。美不仅是对历史事物外表的赞美，更应是是非衡量的标准。美应该成为学生价值观的标准，在教学中要创设美的情境，给人联想，使学生用想象贴近历史，感受历史，在评价历史的过程中，让学生用美的理念联系历史，从而学会在生活中创造美。

上述人文精神的体现仅仅是笔者的一种理想，在现实的历史教学中更多地表现为口号，还没有落实到具体的教学实践中，因为这些理想的实现还存在许多阻力。就历史学家来说，作为历史学科的代言人，他们对历史的理解建立在历史学科的基础上，因此，一味强调历史教学中对学科的重视，而忽视了学生学习的主体性。再从中学教育的实施者——中学历史教师来看，由于长期受凯洛夫教育学的影响，很难改变教育观念；并且由于我国的实际情况，在实行教育改革的同时，对师资的培训没有同步进行，造成师资力量薄弱，所以教师对人文精神的理解本身也存在困惑。至于学习的主体——学生，则由于长期受生活环境的影响，对教育的理解仅仅是被动地学习，高考体制的束缚也使他们不得不被动地应对，主体精神得不到发挥。因此，人文精神在历史教育中的实施仍然任重道远。只有排除阻力，加深社会、教师、学生对人文精神的理解，才能培养出现代化建设所需要的人才，教育改革才能真正走向成功。

第五，加强教师的人文修养。教师是教学活动的主导，也是开发教育功能、实现教育目标的主要实践者和组织者，教师自身的人文素养高低对于历史教育能否发挥其人文教育功能起着十分重要的作用。历史教育要强化人文教育功能，不仅要在课程和教材改革上作出努力，更重要的是要在教师教育的体制和培养方式上有所突破，使教师通过自学进修等方式获得丰富的人文知识，形成以人为本的历史教育观，充分发挥教师在教育功能开发中的主体作用，实现教育改革的整体目标。

第六，选修课程的开设要注意休闲性。中学历史课程在开设必修课的同时，要注意设计丰富多彩的选修课程，使课程具有一定的层次性和选择性，这也是新一轮普通高中课程改革的基本特色。普通高中开设历史选修课，要符合社会对人才多样化的需求，适应学生不同潜能和发展的需要，有助于解决历史知识的丰富性与历史课学时有限性的矛盾，缓解历史知识的不断更新与课程相对滞后的矛盾。这些功能之外，还有更重要的一点就是选修课的开设要注意它的休闲性功能。现代社会，随着生活方式和价值观念的变化，人们在工作和学习之余，渴望身心调剂，享受休闲状态，历史作为人文科学，本身就具有满足人们在空闲时间充实精神生活，从历史书中获得愉快享受的功能。新的高中历史选修课注重基础，并不深奥，而且多选比较轻松的或者雅俗共赏的历史话题，如"玛雅文化中的未解之谜"等选修专题，都具有较强的休闲性，从某种意义上来说是供学生休闲的"休闲历史"，这是我们在教学中要注意充分发挥的又一个历史教学辅助功能。

二、对未来世界的公民教化功能

作为基础教育的中学历史课程教育并不等于专业历史教育，它的目标不是直接培养历史专业人才，而是着眼于对各行各业的未来人才进行普遍意义上的国民素质教育，即对未来世界的公民教化功能。这种功能可以"引导人既了解自己国家对人类文明的贡献，也了解别国对人类文明的贡献，培养尊重公理，并在此前提下尊重差异和多元性的现代人气质"。我们强调具有普遍教育意义的未来公民的国民素质教育目标，并不意味着离开历史学科自身的资源性和科学性，相反它必须克服当前史学研究的"书斋味"和"学究气"，从而发掘历史学内在的社会意义，凸显历史的社会教育功能。著名历史教学法专家赵亚夫说："历史理应是中学的必修课程，因为它承担着培养学生正确的历史认识和社会发展认识，养成符合时代要求的公民觉悟的任务。"人类社会的发展一方面表现在文明的进步上，另一方面也表现在人类共同体结构的演变中。自现代社会从 16 世纪开始逐步形成以来，人类共同体在两个层面上同时发展，一是民族国家的发展，二是世界体系、世界市场的发展，两者的互动构成了世界历史的整体运动。在这样的大趋势中，适应现代社会发展的人格必须具有正确的社会定位和共同体归属意识。

人不仅是单个的"人"，而且还是社会中的一员，在现代社会中人不仅仅是一个国家的居民，更应是享受权利并承担义务的公民，所以在教育中必须强调公民意识。公民意识就是对社会的关注，对社会的责任与奉献。在现代社会中，培养学生的法制、民主、公德意识是公民建设的目标，同时也是我们历史教学要达到的要求。在历史教学中，培养学生从历史的角度来观察社会、关注生活的能力，使学生有社会意识与社会责任感，勇于承担责任，使学生成为具有人文精神的合格公民。

历史上的政治家、思想家、文学家、艺术家，凡是有所成就的，无不关注着社会，并致力于解决社会的实际困难。在他们的作品中时刻体现着作者对其所生活时代的洞悉观察，只有这样他们才能对历史有所贡献。所以，增强公民意识是历史教学不可推卸的责任。作为承担教化功能的历史教育，包括以下几个主体内容：一是热爱并认同自己的国家；二是对本国与外部世界的关系能正确把握。三是对世界的整体性有正确的认识。正确的公民意识是正确的国家意识和正确的世界意识的综合。历史的教训告诉我们，公民意识的曲解往往是人类祸端。有学者指出历史教育与公民素质的培养有重要关联，只有当把知识、公民教育、道德三者完美结合起来时，历史教学才有可能成功。如果只强调知识汲取，忽视历史的公民教育功能，不仅会导致学生对真实历史的否认，还会离间学生与他们所处国家和社区之间的感情。当前，经济全球化浪潮正在加深世界历史运动的整体性，冷战后世界体系的重构也要求人们正确认识各个国家之间的相互关系，以避免重蹈战争覆辙，争取建立更加合理的国际政治和经济新秩序。因此，历史教育在形成正确的公民意识方面发挥着十分重要的、其他学科难以替代的作用。

三、对个体思维的创新培养功能

知识经济时代，创新能力的培养越来越成为素质教育的主导倾向，走向新高点的中国现代化实践迫切需要创新的教育，深化教育改革、全面推进素质教育和创新教育已经成为社会共识，这对历史教学来说是一个十分有利的发展机遇。创新教育是以培养学生的创新精神、个性品质、情感态度和创造能力为基本价值取向的教育。我们应以弘扬人的主体精神、促进人的个性和谐发展和发掘人的创新潜能为宗旨，通过对传统教育方式的扬弃，探索和构建一种新的创新教育的理论和模式。

创新是人文精神的重要内涵，也是历史教学的主要目的。要培养学生的创新精神可以从历史人物事迹入手，用榜样的力量带动学生创新。

历史史实可以作为榜样来培养学生的创新意识，培养学生独立创新的能力。例如，汉代董仲舒提出"天人合一"，就是对孔子等先秦儒家思想的改进与创新；宋明理学又是对汉唐以来儒学的创新。即使在同一朝代同一时期也有不同的学术派别，各学派体现着各自不同的特色，展示着自己的创新。

从历史人物的评价来看，站在不同的角度可以得出不同的结论。学生可以从自己的兴趣出发，从某个角度评价历史人物。这同样有利于学生个性的发展，有利于学生创造性的培养。但不同的角度却有同一个标准，那就是历史史实。如对南唐后主李煜的评价，如果从政治家的角度来看，他是个荒淫无道的君王；从文学家的角度来看，他却是才华横溢的词人；从社会学家的角度来看，他又是中国"小脚"制度的始作俑者。不同的角度最终会形成不同的结论，这都体现着学生的个性，有利于创新教育。

从研究性学习来看，研究性学习为学生提供了新的学习方法，学生可以通过不同主题的选定来学习同一阶段的历史。这不仅培养了学生独立学习的能力，而且有利于学生创新精神与个性的塑造。以新课标中中国古代史部分《（三）统一国家的建立》为例，这一部分主要讲述秦汉历史。在这段讲述中我们可以采用研究性学习的方法，让学生自己选择课题。有的学生喜欢政治风云的变幻，他可以从秦灭六国入手，探索秦建立的政治体制以及以后秦巩固国家机器的措施，直到秦的灭亡、汉的建立；有的学生喜欢外交风云，他可以从秦的"远交近攻"立题，研究楚汉战争中刘邦的权谋，再到西汉的"和亲政策"；有的学生可能喜欢军事，那么可以以秦国大将蒙恬为突破口来看秦灭六国时的宏大场面，分析陈胜吴广起义失败的原因；或许还有学生喜欢社会生活，那么可以从秦汉饮食、服饰入手，研究到张骞通西域后习俗的改变……从不同的角度、不同的视角可以列出不同的课题，学生们会在这个学习过程中带上自己的个性，对每段历史的掌握都有个人的看法，同时也完成了这一段历史内容的学习。

创新思维并非无中生有的遐想，而是对已有知识资源的重组和突破，因此，创新思维的基础虽然与先天的智力条件（如直觉的反应能力、发散性思维和抽象归纳能力）有联系，但创新思维主要在后天的学习和实践中养成，并形成创新思维的各种功能区位和表达形式。其中，中小学历史教育与其他学科教育相比较，有自己的独到之处。一部人类发展史，本身就是一部创新史，创新是历史与时代共同赋予历史教育的理念。

广义的历史学习是对人类以往积累的各种经验和知识的概括和梳理，它的知识包容度在各门学科中是最高的，它所要求的思维方法也最具宏观性，属于战略型思维方式。这种思维方式可以开阔人们的视野，提升人们思考问题的层次，也有利于人们从既有知识的总体性把握中激发灵感，推陈出新，形成新的综合和认识上的飞跃。正是在这个意义上，马克思和恩格斯说："我们仅仅知道一门唯一的科学，即历史科学。"也正因为如此，人们从历史知识中获取的智慧被认为是人类智力活动达到高级程度的产物，成为雄才大略的政治家、军事家不可缺少的基本素质，文学巨匠、艺术大师必备的修养和科学家、工程师从事创造性劳动的思想源泉。从根本上说，现代学科体系是由原生态的历史知识系统逐步分化、发展而成的，而且每一门学科也都有自己的发生、发展史，所以从思维发展的角度看，任何一种具体的创造性思维都离不开历史思维。当我们惊叹于伟大的科学发明或流连于杰出的艺术创造时，当我们感佩于高明的政治决策或振奋于壮观的工程奇迹时，都能从中发现历史智慧的闪光。

历史学习和研究需要创新，这对于培养学生的创新能力具有十分重要的意义。创新不仅需要知识的积累，还需要沟通各类知识、重组知识体系的中介性思维工具，这种中介性思维工具就是一种思维方法上的创新。它的主要内容涵盖八个方面：一是换位创新，即变换位置，活用教材，冲破思维定式的束缚，培养学生活泼开放的创新意识；二是对照创新，即把历史人物或历史事件互相对比参照，从中发现新的东西，产生新的认识；三是反推创新，即突破传统思考方法，采取反向逆推的思维方式，从而创造出一片新的天地；四是矛盾创新，抓住矛盾进行教学，新的认识也会随之产生；五是重组创新，英国已故科技史专家李约瑟曾说："水排加风箱等于蒸汽机"，水排和风箱是我国汉代和宋代的发明，并一直在民间广泛使用，可惜我们祖先的这两项发明并没有被后人重组到一起发明蒸汽机，因而与工业文明失之交臂；六是挖潜创新，人类的历史是一个伟大的宝库，可以进行永恒的开发，不同时期、不同的人，可以从不同的方面进行不同的概括和分析，得出新的结论；七是发散创新，即从一个基本史实生发开去，让学生来个"公说公有理，婆说婆有理"，打破思维定式，突破陈腐观念的束缚，鼓励学生发表自己的见解，激发学习兴趣，培养学生求异、扩散的创新思维能力；八是辩证创新，即在辩证唯物主义的指导下，从世界的整体性着眼，从事物之间的联系性着眼，以强烈的探索动机，对相关的历史信息，经过存疑、联想、假设、推理、顿悟等环节，辩证开拓出历史认识的新领域。总的来说，历史教学要求培养个体的创新意识和创新思维，它始终是学生、教师、文本之间在对话过程中所迸发的激情、智慧、灵感和创造。

中小学历史教学所面临的前途不是衰败，而是一个新的抉择；历史教学的危机所反映的不是历史学科价值的缺失，而是社会文化发展的危机。正因为如此，我们必须以一种新的理念去审视和实施中小学历史教育。苏霍姆林斯基说："教育的力量和可能性是无穷无尽的。"当代教改提倡素质教育，高考命题由知识立意转入能力立意，未来还一定会走向素质立意，三个阶段的实质都在于拓展教育影响的可能性。而素质是一个可变值，既要正视先天素质，确保因材施教，更要重视后天塑造，这也是教育价值的前提。而在后天素质的塑造上，中小学历史教育能贡献的就是充分发挥和展示它的三大学科功能。

主要参考文献

［1］何兆武. 对历史学的反思：读朱本源《历史理论与方法论发凡》［J］. 史学理论研究，2006（4）.

［2］柯林武德. 历史的观念［M］. 北京：商务印书馆，1997.

［3］罗素. 论历史［M］. 何兆武，肖巍，张文杰，译. 北京：生活·读书·新知三联书店，1991.

［4］章开沅. 论史学与政治及其他［J］. 华中师范大学学报（人文社会科学版），1998（2）.

［5］章开沅．史学四题［J］．华中师范大学学报（人文社会科学版），1998（3）．

［6］陈国灿．论史学功能的文化形态［J］．中州学刊，2001（1）．

［7］李永福，郑先兴．历史学的功用及其在当代的发展趋向［J］．安徽史学，2003（4）．

［8］牟维珍．论历史学的社会功能［J］．黑龙江教育学院学报，2002（5）．

［9］瞿林东．史学：我们的一个精神家园［J］．安徽师范大学学报（人文社会科学版），2006（5）．

［10］叶传声．浅议史学十大功能［J］．文科教学，1995（2）．

知识只有在帮助学生做好人时才是最重要的

——素养养育是历史教学的核心目标

中学历史教学有着比知识传授、能力培养更重大的使命——素养养育，铸造未来国民的核心素养、让他们的精神站立起来是历史教育的终极目的。历史学科的真正价值不在于教与学的法则，而在于学习历史对学生的成长、成才、成功、成人的养育价值，即对人性的养育价值。当历史教学还在普遍流行历史知识传播手段或传授技术上的不断花样翻新、想尽各种办法与招数解决学生"怎么吃"的问题时，我们经常会这样问自己："对于一个几近成年的高中学生来说，历史课堂教学是告诉他们'怎么吃'重要，还是'吃什么'更重要？"理所当然，中学历史教学最重要的不是告诉学生"如何吃"的问题，而是要基于成长的需要，解决"吃什么"，提供什么样"营养"的问题，"吃什么"比"怎么吃"更重要。成长需要营养，它不会管太多这个营养是怎么吃进来的，如同现实生活中，绝大部分人吃鸡蛋是因为它有我们所需要的营养，而不是天天去研究这个鸡蛋是哪个母鸡生的，是怎么生下来的，我怎么把鸡蛋吃下去。因此，以养育学生人格人性为主要目的的历史教学内容选择与历史教育价值的挖掘就显得比传授知识、培养能力要重要得多了。知识固然可以产生力量，过程与方法也能培养能力，但从历史知识中挖掘出的价值观却能决定方向，用真的史实和美的方法养育善的价值观。历史知识只有在帮助学生追求真善美时，才是最重要的，智慧与价值观比知识与能力更重要。素养立意与养育是中学历史课堂的核心目标与最主要的追求。

一、笨鸟也有矮树枝：人人都是爱因斯坦的人才观是素养养育的基础

斯黛芬在《这才是判断一个人是否受过教育的标准》一文中认为："真正的教育，是自由的精神、公民的责任、远大的志向，是批判性的独立思考、时时刻刻的自我觉知、终身学习的基础、获得幸福的能力。"新教育的代表人物之一王雄也认为"让每个生命成为最好的自己"，"新教育拓展生命的长宽高，自然生命强调长度，社会生命强调宽度，精神生命强调高度"，"学校要通过各种方法，把人类最美好的东西在学校里呈现出来，让每个学生在和伟大事物相遇的过程中不断发现自己、找到自己，最终成就自己"。① 而中学历史教材描述、记录和呈现的大部分都是历史上的"伟大事物"，历史课堂就是直接让每个学生与"伟大事物"经常相遇的场所。要让每个学生都能在历史课堂上相遇伟大的事物，历史教师首先就必须具备全面的人才观。因为每个生命都会有自己的光芒，这也是中学历史课堂进行素养养育的基础。

第一，人才不再只是精英的专属。当今世界既需要少数的高精尖人才，也需要大量做普通事的大众化人才。任何人只要遵纪守法，对社会有所贡献，被这个社会所接纳或需要，他就是人才。我们的教育应该分层培养，重点应该放在普通人才培养上，不能为了培养少数精英人才而让大部分普通人才陪玩"高尔夫"。随着 4D 工业时代的到

① 朱永新. 每个人都有责任书写自己的历史［J］. 中学历史教学参考，2015（9）.

来，社会对人才的需求趋向多元化和个性化，人人都是爱因斯坦，乔灌各擅其美，每个人都是这个社会不可缺乏的人才。乔木大材可以做高大上的栋梁或桌椅板凳；灌木在社会上同样不可缺少，可以绿化这个世界，改善人类所需要的空气，也可以减少雾霾，还可以制药，或制成黑粗茶或普洱茶。当人们把乔木制成栋梁之材时，灌木黑粗茶也会因为收藏时间长而变成人们口中的宝贝。因此，当今的教育必须伴随社会的进步与发展，从能力为中心的教育体系走向"素养"为中心的教育体系，让教育不再只是为培养少数几个精英分子服务，它必须面向所有学生，为所有学生的成长和提高素养提供"有机肥"。

　　第二，大众教育时代的来临，大学教育从精英化走向基础化、通识化和大众化。这种普遍化的大学教育，已无法为学子们提供"超额利润"，知识已不是改变命运的唯一途径了，也不是通向成功的唯一阶梯。从概率上讲，社会所认可的世俗成功，往往只是少数人的成功。事实上，现在的高考早已不再是选拔几个尖子学生了，大学也不仅仅是培养少数几个顶尖人才。当大多数人都有机会读大学时，中学历史教育就必须要服务于广大平凡之辈的人性与成长，以良好的心态、健康的身体坦然面对生活挫折与苦难，培养平凡、平淡、平坦、平静、平常的幸福快乐人是今后中学历史教育的主要任务和常态，不歧视甚至要鼓励学生成为幸福的普通人，历史教育不但要为精英服务，更要为平常人服务。

　　第三，健康、普通而幸福地活着也是人生的成功。教育的核心目标就是养育人格，让他们的精神站立起来，帮助他们找到幸福的生活方式，而不单单是世俗认可的升官发财、事业有成。"三平两健康（三平是平淡、平凡、平常，两健康是指身体健康、心理健康）"同样是一种成功，是一种社会上绝大多数人拥有的成功。当学生在今后人生道路上遭遇命运的反复无常或不公平时，他能笑着说："我依然能保持着美丽的心灵，继续追求做一个善人、好人，因为历史让我对未来不再恐惧！"

第四，适当与适度的知识传授与能力培养才是最好的教育。过去，特别是改革开放初期，基于知识的贫乏和知识对改革开放的重要性，人们对知识十分渴求，如同一个人要解决温饱一样，中国初步形成了以"知识"为中心的教育体系。应试教育成了学生发展的全部内容和唯一追求，白加黑（白天加黑夜），横七竖八（每周课程表横着看七天，竖着看每天八节），争分夺秒，目的是为了获取最多的知识。殊不知，当教师的知识传授过度或热衷于满堂灌的时候，学生知识过量摄入就如同吃得太饱一样，容易成为不谙世事的书呆子，容易导致学生想象力和创造力的发展水平下降，严重挤压学生未来的发展与提升空间。随着现代化进程的加快，在全社会形成了以"能力"为中心的教育体制和氛围。的确，成长期间，学生的主要任务是学习知识，培养能力，但这个主要目标不是学生成长的全部，要给他们留足自我成长的时间与空间，让他们更好地为自己的人生发展做好充分的准备。真正的教育既要为学生的成长打下坚实的知识与能力基础，又要为他们未来的发展预留足够的空间。

二、用良知点燃课堂：历史教学能让学生习得终生受用的素养

"素养是教化的结果，是自身努力、环境影响的结果，由训练和实践而习得的思想、品性、知识、技巧和能力。其中，尤其能促进人生命成长、人生发展，可提升、可进阶的就是核心素养。"[1] 一个人的综合素质是由遗传、环境、社会来决定的，其中的学校教育对个人素质的形成起着关键性作用，而这种关键性作用又主要体现在中小学教

---

[1] 陈文强. 核心素养如何转化为学生素质 [N]. 光明日报，2015 – 12 – 09.

育阶段的各个学科和它的核心素养中，多个学科的核心素养目标共同组成和形成了学生个人的素质。当学生走向社会时，他们也许早就忘记了所学过的历史知识，但他们学历史时所形成的核心素养却让他们终生受用，他们与那些没有学过历史的人在素质方面特别是情商方面会有不一样的表现。历史学科在养育学生过程中所体现出来的独特核心素养包括时空逻辑、史料实证、发展眼光、多元联系、客观评判、置身理解等六个方面，能够让学生在今后的人生中，时时、处处、事事具备"基于时空与实证、立足发展与多元、善于理解与评判"的价值理念与素养。①

（一）时空逻辑

任何历史事物都是在特定的、具体的历史时间与地理条件下发生的。历史时空观具体落实到中学历史教学中，主要表现为：了解历史发展过程中的时间逻辑与空间逻辑，通过分期、分段、分地域、分国家、分民族的方式来描述和认识人类过去的发展历程，并将史事置于历史进程的时空框架当中，考察与理解它们存在的意义。

时空逻辑对学生进行人文养育的主要表现有：一是认识到任何事情都是建立在时空基础上的，这是对学生未来做人处事的基础要求；二是时、空、事三者共生相继，历史事件一定发生在特定的时空中，时间到了，空间也具备了，我们就应该做完我们应该做的事情，要理解世间有很多事情不能错过一定的时间与空间；三是要善于把握事物在不同的时间和空间里意义会不一样，效果和影响也可能是决然不同的；四是掌握事情发生、发展乃至整个进程的具体时间和地理环境，并能正确理解事物的变迁、延续、发展、进步等意义，正确对待自己

---

① 本部分观点与主张启发于 2015 年初魏恤民老师在东莞非正式组织的历史学科素养畅谈会，并部分采用了魏老师在会上提供的汕头朱命有老师的一些观点。

人生过程中所遇到的人和事，或对整个社会的人和事都能做出正确而且合理的解释。

（二）史料实证

历史是一门注重逻辑推理和严密论证的人文社会科学。任何历史结论与评判都必须基于真实的、可靠的历史史料，自觉养成以史料为依据的证据意识，有一份材料说一分话，孤证不立，能够把有价值和意义的史料作为论证历史结论的证据，形成历史论证的实证意识。

史料实证对学生进行人文养育的主要表现有：一是史料实证至少能够养育学生在今后的人生与社会生活中，特别是在待人处事过程中，形成自觉的实证意识，养成在浩如烟海的资料中发现线索和有效信息的习惯，并经过自己的思考与比对判断信息能否作为实证的证据；二是不仅要善于搜集信息，还要善于判明它的可信度和使用价值，史料来源要具有广泛性，以客观的态度辨析史料的可靠性和史料价值，准确判断所选史料的价值，能够从史料中提取有效信息；三是形成较高水平的实证意识，并能从信息中形成新的问题，建构属于自己的价值叙述和情感态度；四是学会在论证过程中注重逻辑推理，论证过程严密，结论必须建立在真实客观的史实基础上，只有史实史料真实了，结论才可靠。

（三）发展眼光

人类历史是永无止境地向前发展的，这是任何人、事、物都无法阻挡的趋势。它在中学历史教学任务中具体体现为：了解历史发展进程中的线索、变化和发展的基本情况，辨明发展过程中的各种形态，认识和把握历史发展的总体趋势和潮流。

发展眼光对学生进行人文养育的主要表现有：一是培养学生具有基本的对历史进程中变化、延续、继承、发展的总体把握能力和具体辨明历史发展变化基本形态与类型的能力；二是人类历史是发展变化的，是在继承与发展中不断前行的，它不是九斤老太口中的一代不如一代，即便历史有停滞或后退现象，那也只是发展过程中的暂时曲折，学生学习到的不仅仅是历史学科知识的延续、变化和发展，更重要的是让学生认识到只有具备历史发展变化这个宏大的视野，才能准确把握历史发展和自己未来发展的总方向和总趋势；三是理解不同时期历史发展的差异性与演进的关联性，明了不同时代之间、过去与现在的共同点与区别，以及历史的传承，认识和理解历史发展的借鉴性与现实性。

（四）多元联系

历史不但是发展的，而且其联系是多元的，这种多元联系往往表现在历史发展的复杂性、多样性、具体性与特殊性之中。历史的多元联系落实到中学历史教学中主要表现为：多元联系既体现在民族、国家、地区之间，又体现在政治、经济、社会、文化、科技、宗教、意识形态等各个领域，也体现在社会中每个个体存在的不同经历、想法、信仰与态度上。了解人类历史在各个地区、国家、民族以及各个领域的多样化发展情况及纵横联系，需要我们精准把握和认识历史与现实生活之间的关联。

多元联系对学生进行人文养育的主要表现有：一是学生未来的人生和所处的社会与我们学过的历史一样，存在着各种各样的有机关联，具有多样性、复杂性、具体性、特殊性，常常表现为内外联系，如纵横联系、古今联系和中外联系等；二是学会从整体上关注、把握和解释事物发展的多样性和普遍联系，不能单一地、独立地、分散地看待事物；三是具备历史发展存在多样性与多元选择的观点，既要看到人类社会发展的共同规律和趋势，也要看到各个文明的独特性、交融共进及相互影响；四是重视现实与历史之间的联系，立足现实，追溯历史，研究和借鉴人类文明的有益成果；五是既要善于把各国文明纳入到世界文明发展大背景中进行综合考察，也要善于挖掘各国文明的影响与价值，为人类文明的共同发展服务。

（五）客观评判

冀朝鼎先生在《中国历史上的基本经济区与水利事业的发展》一书自序中认为："新的经验会导致新的历史见识，而根据新的见解，又可以阐述新的问题，可以重新审查新老论据，可以从大量似乎无用的资料中挑选出颇有意义的事实来。因此，历史必须不断地加以再写，才能满足各个特定时代中人们的需要，再写历史是人类为驾驭历史力量所作努力的一部分，而在历史过程的每一转折点，这一任务都变得特别迫切。"克罗齐也认为："从观念形态上看，一切历史都是当代史。"历史评判是建立在对史实的掌握、理解、解释的基础上，任何历史叙述实质上都是对过去的阐释与评判，不仅包括对史实的描述、整理、组合，也包括叙史者的立场、观点与方法，如历史观、价值观和世界观，不同人对历史的解释与评判是不同的，是多元的，甚至同一个人在不同时期，对历史的解释与评判也有可能不同。客观评判落实到中学历史教学中主要表现为：能够区分历史叙述中的史实与阐释，辩明导致历史解释与评判不同的原因；能够对史实进行实事求是的判断，全面客观地论述历史问题；能够运用正确的史观，全面清晰地论述自己对历史的看法，论从史出，史论结合。不能预设结论进行推理论述，要么一否到底，缺乏必要的敬畏与温情，要么顶礼膜拜，满是盲从与妖媚。温情敬畏、折中持平、严厉谴责等都可以是自己的观点与结论，但这种结论或观点不能是预设好的，否则就严重违背论从史出的研究逻辑。

客观评判对学生进行人文养育的主要表现有：一是历史评判必须建立在真实可靠的史实基础上的，历史不是胜利者的宣言书，也不是失败者的墓志铭；二是立足于当代社会需要，置身当时历史情境，思考历史事件、历史人物和历史现象的重要性；三是接触不同的史料的历史叙述，理解别人的历史评判是如何通过不同手段和不同方式形成对历史的解释，并探究其意图，客观评价各种历史解释的意义和价值，了解为什么不同的时代、不同的价值体系会导致不同的评价；四是通过对历史进行实事求是的阐释与评判，反思历史，汲取历史经验教训，形成自己对历史的正确评判，让本质性的认识成为历史教学的灵魂与学生成长所需要的人文素养，让学生对未来不再恐惧，使学生通过客观评判历史获得学习自主性与创新性的养育。

（六）置身理解

置身历史理解是指历史本身的发展和人们对历史理解的认识过程。前者以史料为主，后者以历史概念、历史范畴为主，后者以前者为基础和内容，是前者的理论再现，两者不能等同。后者是抛弃了历史发展中大量非本质的、支流的、偶然的东西，集中反映历史发展的本质的、主流的、必然的东西，从而形成了客观的历史理解；后者反映前者不是对历史的背离，而是以严密的逻辑、前后一贯的形式对历史的深刻的反映与认识，它主要体现在客观解释历史、认同历史之中。置身理解具体表现为：能够理解各种历史叙述的内容含义与要点；能够设身处地认识具体的史实，对历史形成合理的想象与理解；认同并理解历史上的变化与延续、继承与发展、动机与效果、偶然与必然。这种建立在历史解释基础上的历史认识，不但是中学历史的灵魂，更是学生成长需要的人文素养，历史让学生对未来不再恐惧。

置身理解对学生进行人文养育的主要表现有：一是将历史放置在特定的历史条件下进行具体考察、阐释与理解，设身处地理解其必然性和偶然性；二是让思维回到历史现场，正确认识和理解历史事件的发生、过程、结果、性质、影响和历史人物的言行、贡献、历史地位；三是从历史的角度尽可能客观地、实事求是地看待和理解过去的事物，不能用现代人的价值观或标准苛求于古人，从而分析概括出事物的特征、性质、意义和影响；四是理解是基于一定的人生观、世界观和价值观的，反过来，历史丰富的思想观念、文化传统、情感认同、价值取向有助于养育上述"三观"。历史学科的社会功能不仅是机械地传递人类自己的记忆，更重要的是为当前社会发展提供历史经验教训与人类共同追求，为社会个体提供成长养分与人生启示，五是形成对国家、民族的认同感，从历史的角度认识中国的具体国情，形成对中华民族的认同感，理解中华文明的历史价值和现实意义，认识到国家统一、民族团结和社会稳定是中国强盛的重要保证；六是形成正确的国际理解意识，理解、尊重世界各国、各民族的文化传统，形成面向世界的开放心态与胸怀。

三、心中时常有风景：历史教学素养目标的挖掘与制定

2014年3月教育部出台了《关于全面深化课程改革落实立德树人根本任务的意见》文件，文中首次提出了核心素养概念，并特别强调它是深化课程改革、落实立德树人的根本，是新一轮教育改革和课程改革的终极目标和导航仪。历史教育的本质是养育人格，最终目的是让他们的精神站立起来，提前准备好从事各种职业或事业所要求的素养基础，尽量避免德不配位。当一个人智商不够、能力不强时，超强超足的情商、品德和素养都可以弥补其不足，可以让他事业成功，人生幸福。但是，当一个人智商超高、能力超强而情商、品德和素养严重不足时，高智商和超能力根本无法弥补德行和素养缺陷，他的人生很难获取成功，容易遭遇各种障碍，甚至毁灭性打击。因此，中学历史要善于挖掘、制定、落实每一个历史知识的素养目标，让它们为学生成长服务。

1. 挖掘与制定素养目标不可缺失的观念

以素养养育为核心的中学历史教学目前存在六大问题：一是对历史教学素养概念的认识和界定摇摆不定；二是对每个或几个历史知识点素养目标的制定含糊其辞；三是对历史的解读与认识是一知半解，或过度解释；四是围绕素养养育核心目标的教学设计是两张皮；五是价值观引领容易扭曲变形；而当前我们的历史课堂主要存在的是第六大问题，即课堂以展示教的优秀为主，远离以学生为核心。课堂教学中表演的丰富性、游戏比赛与讲故事的灵活性、演讲与对话的新颖性等都是用来佐证上课老师的卓越，而不是用来服务学生的；不断让课堂来展现上课教师的幽默风趣的语言、超群的专业技能、新颖的教学方法、灵活的教学手段等，让学生完全成为课堂中的配角；学生之间的交流与合作也主要是为衬托老师而作秀，课堂的讨论、合作、思考和多姿多彩的活动只是为了制造学生在课堂上积极参与的假象，即便是这样的作秀也被严格限制在某一特定的时间段，以不影响展示教师的优秀为目的。学生的讨论与真正意义上的探究都是蜻蜓点水，始终处于变相的被压制状态，深度思考与思维发展更是浅尝辄止。上述这些不良现象在各级各类优秀课、示范课、比赛课中表现得更加严重。正是基于当前的历史教学现实，素养目标的挖掘与制定必须具备几个不可缺失的观念。

其一，学生是一切素养目标的最终目的，是历史课堂的出发点和根本所在。养育学生素养、为他们成长提供合适的营养是中学历史课堂最主要的目标和功能，基于如此，历史教学目标的合理设定、历史教学内容的恰当选取、历史教学流程的合理编排、历史教学评价的选择与使用等都必须建立在"一切为了学生、为了学生一切、为了一切学生"的基础上。课堂是全体学生的课堂，知识构建与技能训练、能力培养与个性形成、合作竞争与交流互动等都是所有学生的事，人人有份。历史课堂教学的最优化效能是既能让学生广泛参与，又能满足学生个性需求。

其二，素养目标对中学历史学科教学起着指导、引领、辐射作用，是学科素养目标的上位目标，是建立在"目"基础上的"纲"。知识与技能产生力量，过程与方法培养能力，情感、态度、价值观决定方向，简言之即是"知识产生力量、价值观决定方向"。过去，知识立意与能力培养是学生的整个世界，但知识与能力也如同喂养孩子的母乳，开始不吃，成长会受一定影响，但如果一直吃下去，就一定会营养不良。现在，我们的中学历史教育的核心目标已从知识体系和能力体系走向更为本质的素养体系，因此，再丰富多彩的教学手段都不能成为课堂教学的主角或主旨，课堂的主旨是学生的需要与对他们成长的养育，教学手段与教学方法永远只能服从学生素养养育的需要。没有图片、音乐、视频、动画的历史教学课堂，只要它符合上述要求，同样是精彩的课堂。图片、音乐、视频、动画等教学手段或教学方法再精彩，也只能是一种辅助性的传播手段，是以服务课堂、服务教师、最终服务学生为主旨，万千课堂，唯此为大。

其三，评价一堂课好坏的根本标准是对学生素养养育程度的高低。一堂优秀的历史课可以展示教师播音员般的普通话、幽默风趣的语言、前沿的教育思想、先进的教学理念、渊博的专业知识与技能、灵活丰富的教学策略、独特新颖的教学方法、灵活多变的教学手段，也可以展现整堂课的丰富性、灵活性与新颖性，让教学有难度、思维有高度、发展有长度、拓展有宽度。无论是前者还是后者，上述所作所为都必须以养育学生素养为中心。基于学生成长需要的历史课堂应该是朴实简约重于奢华花哨、内容效果重于形式氛围、价值导向重于知识能力、素养养育重于考试分数的课堂。如果基于学生的素养目标无法成为历史课堂教学中的导航塔，或被严重弱化和边缘化的话，本该简约而养育人生的历史课堂教学会让学生在烦琐、杂乱的人灌或机灌面前无所适从。同时，中学历史课堂还应该注意的是：不能把一堂课的功能无限放大，严重挤压学生成长与养育的时间、自主发展的空间。高效不等于容量大，好课不等于目标多。适时、适量，能够让大部分学生吸收和消化才是理想的课堂容量追求。确定一两个教学目标，解决一两个教学问题，运用一两个教学策略，传授一两个学习技巧，完成一两个教学任务，养育些许人生素养。因此，一堂好的历史课必须以养育学生素养为核心，教学容量简约而不简单，教学活动适度而不纷繁，不能弱化学生的主体地位，教学手段可以丰富多彩但不能变人灌为机灌，更不能眼里只有优秀生而没有全体学生。

其四，历史基础知识是能力培养与价值观养育的基础，"任何认识和结论的得出都要建立在坚实的史实之上，从历史的角度发现问题，思考社会和人生，没有历史知识作为思考的原料和进行比对的参照，也不可能真实、准确和有实效。从历史素养的高度看，历史知识既是具体的，也是整体的，既是独立的，也需要前后贯通、上下相连、左右相逢，既要保证知识的完整和独特，也要对它进行消化、加工、提炼。"① 高中历史学科的课程标准和高考考试大纲均对学生所需要掌握的历史基础知识做了明确的规定，如高考大纲规定了28个一级知识点，90个二级知识点。如果没有历史基础知识作为依托，学科能力培养与学生人生养育就是无源之水、无本之木。

2. 如何挖掘与制定一堂历史课或一个知识点的素养目标

庸师堆砌史料，能师提炼史料，经师阐释史料，人师立意史料。当素养立意落实到每堂历史课或每一个历史知识点时，核心目标就成了它们的必然选择。素养是一个统一的整体，是一个复合与综合的概念。稳定的心理素质、良好的思维方式、和谐的人际交往、正确的三

---

① 吴伟. 历史学科能力与历史学科素养［J］. 历史教学（中学版），2012（11）.

观等都是素养高低的外显与内在特征。其中历史知识是素养的基础，而建立在历史基础知识上的能力目标则主要体现为科学素养，它包含了相互影响、相互联系的历史方法、历史能力、历史态度、历史情感等，体现着个体能力的大小与强弱。奠基于知识与能力的素养目标是每个人都可以孜孜以求的极致，但它与能力大小不一定成正向比例，当然也不一定成反向比例。它是一种为人处世的基本的"德行""价值观"和"人生哲学"，是意识、态度、情怀、精神与价值取向，是对人类生存意义和价值的关怀，是追求人生和社会的美好境界与推崇人的感性和情感，等等。正是这种人人都可以追求的高尚品格与人格修养，使中学历史教学挖掘和制定每一堂课或每一个历史知识点的素养目标显得格外重要和不可缺少。而一个完整的核心目标由知识目标、能力目标、素养目标三个层级构成，学会知识是基础，培养能力是重点，养育核心素养是皇冠上的明珠。

"教育是人的灵魂教育，而非理智知识和认识的堆集"，是"一棵树摇动另一棵树，一朵云推动另一朵云，一个灵魂唤醒另一个灵魂，如果一种教育未能触及人的灵魂，未能引起人的灵魂深处的变革，它就不成其为教育"。"有灵魂的教育意味着追求无限广阔的精神生活，追求人类永恒的终极价值——真、善、美、爱和智慧、公正、自由、希望，以及建立与此相关的信仰，真正的教育理应成为负载人类终极关怀的有信仰的教育，它的使命是给予并塑造学生的终极价值，使他们成为有灵魂有信仰的人，而不只是热爱学习和具有特长的准职业者。"[①] 因此，核心素养养育是中学历史课堂教学与教育的灵魂和最高追求，要让每一堂课都立足于情感、态度、价值观，立足于素养育人，自觉把课堂历史教学上升到以养育学生人格为核心目标的历史教育，

---

① 李政涛.没有灵魂的教育［J］.现代大学周刊，2015－10－28.

由重学走向重育。要把"素养养育"作为核心目标融入历史教学中去，充分挖掘和发现历史学科独特的素养养育功能和养育内容，做到既立意高远而又落点较低，让学生在每堂课上都能受到正确价值观的导引和养育，充分发挥历史学科的教化功能，让灵魂与素养跟上知识能力的步伐。

第二辑

02

用细节打造活色生香之课

春风不度玉门关

——在现实课堂中遭遇"二律背反"

历史是由无数个精彩或繁复的细节构成的。"细节"在《汉语大词典》中被解释为"细小的环节和情节",细指小,节指单位或要点。历史细节即是历史的细枝末节,是构成历史事件的最小单位,是历史诸要素的微观分解,也是历史这座大厦的每粒沙石和每一片砖瓦。它们渺小而真实,琐碎而粗粝,细致而精巧,既有偶然的意外和激情的迸发,也有愚蠢的笑料与错失的遗憾,恰如在我们眼前蹦跳的活化石——真真切切、实实在在。当我们在享受它的质感与品味别样精彩时,我们也感受到了理想丰满与现实骨感的"二律背反":一边是"工厂"生产的大量历史细节困在书斋,无法走向"市场";而另一边却是中学历史课堂因缺乏历史细节变得低效,具有独立史学价值和教育价值的历史细节还远没发挥出自己最大的功用和效能。

第一,后现代主义史观与社会史观已成为史学研究的新热点,为中学高效课堂提供了大量好用的历史细节,但这些历史细节却被束之高阁,并没有完全走向中学课堂。

后现代主义史观研究的视角集中在日常生活史和微观史,重点关注宏大社会背景下的日常生活、底层人物、突发事件、精神疾病等微观层面的历史细节。略宏大叙事、拒上层精英、反基础、去中心,斥整体、远结构、非理性等，成为后现代主义史观的典型特征和追求目标。本理查德·扎克斯所著的《西方文明的另类历史》已明白无误地向我们说明，后现代主义史观的史学着眼点已从决定历史发展的精英转移到老百姓，从政治军事等重大历史题材的社会主线细化到艺术、犯罪、医学、宗教、政治、商业以及日常生活等历史细节的涓涓细流。从大处着眼走向小处着手，以小见大，把晦涩拗口、养在深闺人未识的"宏大历史"还原成下里巴人、人们喜闻乐见的通俗小历史和社会历史细节。社会史观实际上类似于后现代主义史观，其研究视角与后现代主义史观基本相同。它同样是采用"自下而上"的方式研究历史上的社会结构整体、组织及其运动、社会行为及社会心理。

无论是后现代主义史观，还是社会史观，它们之间最大的共同点就是挖掘和"生产"出了千万个社会史的主要表现形式——历史细节，客观上为中学高效课堂提供了大量好用的历史细节，如叶曙明的《重回五四现场》、王国华的《你不知道的历史细节》、曲爱静翻译的《一点都不靠谱：不可不读的历史细节》、茅海建的《天朝的崩溃——鸦片战争再研究》、焦润明苏晓轩的《晚清生活略影》、赵英兰的《民国生活略影》、黄仁宇的《中国大历史》、王家范的《百年颠沛与千年往复》等。但是，这些鲜活的"旧时王谢堂前燕"，却还远没有"飞入寻常百姓家"，历史细节仍困在书斋中，仍被束之高阁，或弃而不用，几乎没有走进中学历史课堂。

第二，中学历史课堂教学却因为缺少历史细节而低效。

历史本来就是美女杨贵妃，丰腴、肥美，有血有肉，美不胜收。自古以来多少学者为其魅力痴迷一生。可是，就是这般诱人可爱的"杨贵妃"却被我们的中学历史课堂用六大要素、教学重点、知识体系与框架、抽象概念、发展线索、宏大叙事、逻辑关系、考试升学等"酷刑"整成了一具吓人的骷髅，大量丰富的历史细节和精神世界及愉悦体验湮没其中，40 分钟的教学过程也变成了"骷髅"的不断展示过程，或者是"丰富鲜活的历史被卸成血肉模糊的碎块"①。再加上教科书受篇幅的影响，或言简意赅却语焉不详，或提纲挈领却过于简单，缺乏生动诱人的历史细节，无法让学生感受历史鲜活的生命力和震撼心灵的魅力。结果让历史课堂离学生越来越遥远，许多学生对历史课没有好感，课堂上昏昏欲睡，历史课学习效率低，学习效果也是事倍功半。

以上情况说明，纯粹意义上的过去式历史已满足不了当代学生的要求了，他们更迫切希望和需要能够让他们内心产生共鸣、与他们日常生活有着某些联系的历史。正如名牌教研员夏辉辉老师所言："学生对历史课堂的冷漠与网民对历史细节的沉迷，让历史教师情何以堪。"② 放眼我们今天的历史课堂，历史好像遥不可及，历史感与时代感风马牛不相及。我们的历史课堂要能够让学生得到一种现实的启示，既能够让他们自己穿越到历史情境中去"以古鉴今"，也能够回到现实中"彰往察来"。正如王秀青所分析的："历史感和时代感之间，有双向借鉴的意义，教师从现实问题，特别是贴近学生生活实际、学生感兴趣的话题或问题入手，创设丰富的教学情境，激发学生的学习动机，培养学生的学习兴趣，充分调动学生的学习积极性。在这个基础上，再引入历史课堂学习的主题内容，这就是从现实到历史的过程。在学习中，教师再设计一些现实问题，让学生通过分析、比较、归纳和概括等，完成对学习内容的检测与巩固，提高运用所学知识分析、说明现实问题的能力。而这个过程就是一种从历史到现实的过程。"当然，要顺利实现这个过程就只有靠我们自己去灵活运用千万

---

① 夏辉辉. 问题解决：历史教学课例研究［M］. 北京师范大学出版社，2012.
② 夏辉辉. 问题解决：历史教学课例研究［M］. 北京师范大学出版社，2012.

个历史细节，一如大历史就必须靠广大人民群众一样。

实际上，史学工作可分为两部分（部分采用了瞿林东的观点）：一部分是研究历史，知道我们这个民族的由来、历史和发展规律，并进而认识历史前途。另一部分是把史学研究成果普及给社会，让大众都能懂得一些历史，进而看清历史前途。前者注重"宏大历史"，给社会理性；后者注重"历史细节"，给平凡人激情，走红的"百家讲坛"就是因为历史细节的丰富性和广泛性而拥有了广泛的社会覆盖面和影响力。故此，在中学的历史课堂上，关注和运用历史细节不但是一种理性与激情的融合，也是上述两者的相互促进与相得益彰。一根火柴，可以照亮一片星空；一片叶子，可以倾倒一个季节。

第三，社会史中的历史细节已大量进入高考试题中，并为高考命题提供了丰富的材料来源和新的视角。

基于高考的公平性与公正性，历史学科的高考题一定要考主干知识。但直奔主干知识的直接命题，不但不能体现命题者的命题智慧，也不能有效考查学生的知识和能力水平。所以，命题者往往会找一个让人意想不到又在情理之中的角度，这个角度就是通过无数历史细节来见证宏观大历史，见微知著，实现一沙一世界，一花一天国，让考生从命题者选定的细微的社会历史细节中分析宏大的历史趋势或历史规律。历史细节的大举"侵入"高考试题，说明历史细节已成为高考命题材料选取的"汪洋大海"，取之不尽，用之不竭。江松贵在《社会史：历史高考命题的重要趋势》一文中统计指出："近年来，社会史试题在全国各地高考，尤其是新课程改革省区的高考中频频出现。2007年上海卷出现上海移民题、美国新泽西种族与城市问题共计17分，占历史分值的34%。2007年山东卷出现服饰变化题、传统家庭观念、民生问题共计33分，占历史分值的40%。2008年宁夏卷出现十二生肖题、地方大姓题、太监拉火车题、元旦民俗题、珠海城市发展题、罗斯福新政的民生题共计 57 分，占 50%。2008 年广东卷出现叶氏支祠题、乌木题、苏联地名变更题、西汉农民家庭收入题、中国形象题共计 45 分，占历史分值近 50%。"这还是 2008 年的统计结果，现在，社会史在高考命题中所占比例已越来越大，2012 年全国卷和各省市卷均已超过了 90%。例如 2012 年广东文综历史题至少有 90% 以上的题是用一个或多个历史细节（如考古、后人评说、标语口号、争论分歧、精彩比喻、多元评价、报刊资料、日常生活变迁、个人文集、不同时期流行语及含义变化、文物照片、人物画像、文献摘录、统计资料、文学艺术作品、名言名句、漫画插图、名人言论、史书摘记等）作为试题的中心环节，取材广泛，设问灵活。这种建立在历史细节基础上的试题构思巧妙，考点新颖，活而不偏，新而不怪。不仅丰富了 2012 年试题的表现形式，使试题生动活泼，而且成了 2012 年高考历史试题中的点睛之作，充分体现了史学的丰富多彩和博大精深。

社会史之所以在中学越来越受重视是基于以下几个原因：一是社会史所彰显的学科特征与《普通高中历史课程标准》基本理念高度契合，突出了时代性和现实性，把社会变迁史、社会习俗史、社会日常生活史、社会政策史、社会问题史等融入社会史的内容，关注普通人的生活，拓宽学生视野和提高人文素养。同时，新课程改革倡导的研究性学习、校本课程开发、乡土史教学都与社会史内容紧密相连，与社会史的研究方法、视角不谋而合。二是高考命题寻求新突破的最佳视点。家庭史、商人史、人口史、教育史、生态史、抗灾赈灾史、社会结构变迁史、社会生活史（饮食、服饰、住房、交通、娱乐、婚丧节令、人际交流）等，都是全国和各省高考命题的材料来源，并通过这些如汪洋之水的材料，把社会史中那些看似琐屑细小却与百姓生活环境息息相关的世俗生活内容引入高考试题，实现拓展学生历史视野、体验历史丰富多彩、形成整体历史观的目的，弥补了传统课堂教学中学生被动接受"灌输"的缺陷，便于学生直接、多渠道地接触历史，增强了学生对历史的体认和感悟。

第四，历史细节如何运用于中学课堂教学几乎没有专家学者涉猎。

高校及历史研究机构可能认为中学历史课堂如何运用历史细节是"小儿科"，所以基本上无人对它进行研究，有关中学历史课堂教学怎样处理历史细节与中学历史学科教学关系的专著到现在还未见到过，甚至在学科教学论中，也未见分章、节谈到过该问题。在中国知网上能搜索到的中学历史课堂运用历史细节的论文不到20篇，而且论述者绝大多数为中学一线教师和极个别历史学研究生。他们都是从举例的角度对如何把历史细节用于中学历史课堂教学之中进行一些零散研究，大都不够深入，也不成系统，如哪些历史细节适合中学课堂用？中学历史课堂怎样选用历史细节？用多少、用的原则、方法、要求和策略是什么？它对高效课堂的影响和作用如何？只有一位名家发表过一篇论文对历史细节的运用进行了举例式的论述和提倡，即中国教育学会历史教学专业委员会副理事长兼学术委员会主任、首都师范大学历史系教授叶小兵在2005年第9期《历史教学》杂志上发表了《细节的重要》一文，他在文章中认为："细节往往是具体的、形象的，可以使已经逝去了的历史重现出有血有肉、有声有色的原状，使学生感受到历史的真实。细节往往又是典型的、有特色的，可以以小见大，于细微处见精神，使学生更真切地了解和认识所学的史事。细节还往往具有启发性，通过细节可以引发学生的联想、想象等思维活动，加深对所学知识的认识。"他还进一步论述："从信息的性质上讲，细节有一种活的属性，这种信息传递时最容易被接受，又不容易被遗忘。这对历史教学来说是太重要了，因为运用细节能够在一定程度上避免教学的抽象、枯燥和乏味，还可以解决在教学中一些难以处理的问题。"在如何运用历史细节上，他分析后提倡："首先，是细节的来源。真实的细节出自可靠的资料，特别是第一手的原始材料……教师要了解和掌握史事的细节，需要平时广泛阅读，留心搜集，尤其是在备课时认真查阅有关的资料。特别应注意的是，在叙述细节时不要随意地编造、想象和拼凑，否则细节就失去了教学的意义。""其次，是细节的选择。史事的细节有很多，不可能在课堂讲授时都用得上，这就需要对细节进行筛选，根据教学重点选取最有代表性、最生动的细节。""再次，是细节的运用时机。精彩的细节只有用在精彩之处才会精彩。"最后他提出："对于历史课堂教学来说，忽略细节还不至于造成教学的失败。然而，注重细节，肯定有利于教师教学的成功，所以值得我们的教师加以关注。"

事实上，"无论多么伟大的历史事件，都离不开微小的细节，对细节的高度重视不仅是历史研究、历史学习的基本要求，也应该是我们日常生活必备的心态和素养"①。"历史的发展并非简单直线前行而是充满了变数和曲折，许多看似无关紧要的细节有时能够决定重大历史事件的航线方向。"②"作为中学历史教师的我们，应该充分领悟和发掘这座丰富的宝藏，将其转化为滋润学生心灵的无声细雨，提高历史教育的有效性。"③ 因此，在中学历史课堂教学中，最能让学生体验历史的生动快乐美、和谐韵律美、整体纵横美、真实本真美的就是感性的历史细节。我们在尽力打造宽松、自然、愉悦、和谐的灵动课堂时，历史细节的巧妙输入和灵魂追问不仅仅是一种理念，更是一种历史教学艺术和教学智慧。充满鲜活历史细节的课堂是师生们共同成长、共同释放个性、共同展现活力、交融共生灵感与智慧的"快乐

---

① 陈年冬，刘玉广. 中学历史课堂应致力于灵魂教育［J］. 中学历史教学参考，2011（6）.

② 同上

③ 同上

园"。如果说我们历史的课堂已把"杨贵妃"变成了"骷髅"的话，当下我们迫切需要做的就是把"骷髅"重新变回美丽可人的"杨贵妃"。教师要敏锐地捕捉典型生动的历史细节，恰当灵活地运用历史细节并挖掘其中的意义，让历史课堂尽快恢复它鲜活的生命力和震撼心灵的魅力，让学生的历史学习过程成为欣赏、感悟和提升的过程。

映日荷花别样红

——运用历史细节的价值诉求

历史的发展过程是由一个个的细节构成的，对历史的深刻认识一般都是从细节入手的。它如同医学的切片检查，一根发丝、一滴血液、一块指纹……可以见微知著，可以层层探秘。如果我们能够敏锐地捕捉到历史的关键细节，并恰当运用于课堂，它就可以重建现场、点化课堂、打通现实、润泽生命，呈现别样的精彩。

一、重建现场、呈现进程

细节是历史的颗粒、过程的链条，它虽然琐碎、零散、无序，但它的积累和串联可以重建现场、呈现进程。只要我们能够抓住几个关键性的细节，就能了解古今人事的变迁，探寻历史发展的规律，洞悉历史的发展趋势，更好地从宏观、系统、整体、逻辑等方面来理解历史。它的具体作用表现为五个方面：一是用细节敲开历史的大门，获得通向历史的"绿卡"，尽管这张"绿卡"可能只是历史的"夹缝"或"边角料"。二是用细节构建现场、营造氛围、创设情境，用生动的细节构成生动的历史课堂。三是用细节激发兴趣，拉近与历史的距离，构建生动活泼的课堂。四是用细节调动学生已有的知识、经验和心智技能，形成一种自主参与学习过程的积极心态。五是拓展教材，积累更为精彩和开放的课程资源。

例如，教授《甲午战争》一课可补充两个历史细节让学生近距离感受历史的真实，如闻其声、如见其人、如临其境。让学生在痛心疾首之余认识到，甲午战争失败的根源是封建制度的腐朽没落。

历史细节一：甲午海战前夕，日本无必胜把握，明治天皇召见首相伊藤博文和海军大将东乡平八郎到殿前咨询。君臣三人的对话：

天皇：能打败北洋舰队吗？

伊藤、东乡：能打败。

天皇：理由？

伊藤：战斗力胜过清朝海军。

天皇：如何得知？

伊藤：北洋舰队纪律松弛，应战准备缺乏。

天皇：何以见得？

伊藤：士兵将衣服随意晾在船舷和大炮身上。

东乡：我曾上"镇远""定远"号参观过，管理混乱、纪律松弛、缺乏战斗力。随处摸几下，白手套变黑手套了。而我军斗志高昂、纪律严明、官兵齐心。

最终，明治天皇认可了伊藤、东乡的判断，决心与清朝开战。

历史细节二：中日实力对比：中国海军居世界海军第 6 位，日本海军排在第 16 位；北洋水师的铁甲舰"定远""镇远"是亚洲国家最令人生畏的军舰；在陆上作战中，日方投入作战 17 多万人，中方投入约 25 万人；在武器装备上，当时清军使用的是欧洲毛瑟枪和后膛连发枪，火炮多用克鲁勃大炮，而日军主要使用国产步枪和山炮，火炮不过 300 门，武器性能和数量均不如清军。然而，战争开始后，北洋舰队在海战中作战效能极其低下，完全像一支未加训练的舰队，战争中日舰平均中弹 11 发，而北洋各舰平均中弹 107 发。日舰火炮命中率高出北洋舰队九倍以上。

二、释疑教材、点化课堂

历史细节如同影视剧中的一个个镜头，在"原生态"的历史沧桑中点拨重点、阐释难点、探究疑点，不断让学生在感受历史的成败兴衰与酸甜苦辣中释疑教材和点化课堂。

一是点拨重点。历史教学重点是依据教学目标，在对教材进行科学分析的基础上确定的最基本和核心的教学内容。它是一节课必须要达到的目标，也是围绕教学内容"牵一发而动全身"的关节点。如果我们能及时恰当地运用历史细节，就必然会使学生看得真切、听得有味、悟得透脱、学得有趣，进一步加深学生对历史重点知识的掌握、理解和运用。如利用历史细节创设"现场"，导引学生"感受历史"；发掘蕴含于历史与现实中的历史细节，推动学生"亲近历史"；整合众多历史细节为"重点"服务，帮助学生"融入历史"。

二是阐释难点。历史教学中的难点是指学生难以理解和难以掌握的抽象、复杂、深奥、隐蔽的内容，也是学生学习中阻力大、难度高的地方。而历史细节是一种活的属性，运用在历史教学的难点中，可以化繁为简、化难为易、化抽象为形象、化枯燥乏味为生动快乐。如对抽象问题，历史细节可以使问题具体化、形象化，把具体感知与抽象感知相结合，减少学生理解抽象问题的困难。又如对复杂问题，历史细节可以把问题"拆开"或重新"组装"，便于学生理解和掌握。再如对隐蔽和深奥问题，可以用各个击破的方法，从日常生产生活中学生熟悉、掌握的知识入手，由浅入深、由易到难逐一解决。

三是探究疑点。亚里士多德曾经说过："思维是从疑问和惊奇开始的。"宋代朱熹也说过："读书无疑须有疑，有疑定要求无疑。无疑本自有疑始，有疑方能达无疑。"他们所说的"疑"在中学历史课堂上大多时候都表征于历史细节，历史细节既能释疑，也能激疑。因为疑点是每个学生或每堂历史课无法避免的，疑最容易引起思维的不断深入，有疑才能不断拓宽思路。同时，历史细节还可以巧妙地设"障"立"疑"，创设思维空间，使学生产生新奇感和求知欲，积极主动地去探索历史知识，解决心中的疑点。没有对历史细节之疑的魂牵梦绕，就没有锲而不舍的探究，也不会有众里寻她千百度的执着和蓦然回首的惊喜。

三、深化认识、彰显多元

历史细节如同海滩上色彩斑斓的贝壳，捡得越多，对历史的认识就能越多元。宏大叙事的大历史有大亮点，小人物和小叙述的历史细节也有自己的小亮点，这些小亮点中同样有着影响大历史前进的能量。当历史细节的客观性与每个学生不同的性格爱好、气质、生命体验的主观性交融共进时，立体和饱满的历史细节就能让学生心灵的翅膀无限舒展。因此，要练就一双善于发现历史亮点细节的慧眼，特别是要注意那些诱思释疑的亮点细节，它们往往容易成为激活历史课堂、激发智慧火花、充分把玩与品味历史的引擎：一是重要而典型的历史细节，可以颠覆人们原有的判断，细节越丰富多彩，认识和评价历史的视角就越多维。二是从历史的正光处入手，依据翔实的史料，勾勒历史全貌，为历史铺陈另一种色调，作另一种可能的注解。三是着眼于历史的背光处和阴凉处，于历史的众多资源中拾捡有用的细节，使历史更加丰满、明晰和真实。

四、钩沉思想，养育灵魂

聂幼犁教授说过"史学博大精深，不是因为史学可以研究一切，而是因为这些研究给我们带来更为丰富的思想及方法"，要"通过史实及其思考",让"我们懂得世界,认识自己,知晓现实,憧憬未来",要让我们的课堂在历史细节的流淌中闪烁思想火花,创造性地挖掘细节背后蕴含着的思想。要让历史细节如同星星之火,不断催生和点燃学生的激情与智慧,成为他们的精神密友、生命知己、灵魂导师,不仅能搭建智慧的阶梯,也能舒展心灵的翅膀,扩展仰望思想的星空。

历史细节是历史这首"大风歌"的每一个音符,课堂上的适当运用可以让它奏出美妙的音乐。当历史细节在课堂教学中准确定位历史的高度、深度挖掘历史所处环境、细致展现历史的核心时,未成年学生一定会感受到心灵的震颤,或精神与灵魂的净化和洗礼。如何在历史细节中钩沉思想?一是要选择具有特别丰富情感因素的历史细节,因为历史细节也是对人类追梦过程的记载。二是能通过历史细节中的小人物和小叙述来反映历史的精英人物和宏大叙述。三是要选择符合学生心理发展水平、具有较强感染性、能让学生产生共鸣并升华其情感的历史细节。

时节好雨春发生

——运用历史细节的原则与要求

细小琐碎的细节在历史的长河里仅仅是看似毫不起眼的几朵浪花。然而，正是这些细枝末节让我们的历史课堂能牵一发而动全身，见微知著，一花一天国，一枝一世界。当我们的每一堂历史课都在运用这些精彩的历史细节时，历史学科的魅力将因直抵人们的内心而不朽，或因无限超越时空而永恒。不管我们走了多远，始终不要忘记我们是因何而出发的，求真、助主、合时、适度是课堂运用历史细节的原则与要求，也是我们永远不变的情怀与追求。

一、求真：让每个历史细节因真实而崇高

大历史是真实的，构筑起大历史这栋"高楼大厦"的每一块砖和每一粒沙等历史细节也必须是真实的，历史细节不能因为小而乏真，只有每一个细节都是真实无误的，大历史才能真实可靠，"真"是我们在课堂教学中使用历史细节的"生命底线"。

第一，每一个历史细节都要尽量源自"名门正派"，具有无可争议的真实性。所谓"名门正派"是指历史细节要出自可靠的资料，特别是第一手的原始材料，如考证过的或权威学术资料、名人传记、回忆录、最新的学术成果等。千万不能让"假冒伪劣"的历史细节大行

于课堂，甚至毁掉"正品"和"行货"。为了让课堂活色生香，个别历史老师不惜随意地编造、想象和拼凑历史的"细枝末节"，把影视剧中和文学作品中的一些虚构的情节，当作真实的历史细节来使用。前几年，有些老师为了增加学生对历史的理解与感悟，杜撰了一些历史小人物（如帕帕提、二毛、阿牛等），本来是几个教学效果非常好的历史假设，却被今天的一些历史课堂当作真实的历史细节来广泛应用。笔者在一次历史学科会议中随意问了五个历史老师，他们都一致认为帕帕提就是一个真实的历史细节，这与原创者的初衷和目的已相距甚远。因此，我们特别强调运用历史细节要像法院判案一样以事实为依据，立足于证据。要尊重和维护历史细节的尊严，让每个历史细节因真实而崇高。

第二，每一个历史细节的运用还要具有科学性。科学性包含三个方面：一是教师在平时的阅读和学习过程中要有一双慧眼，能从浩如烟海的历史文献史料中收集到真实正确的、用得着的、鲜活感人的、生动有趣的、经得起检验的、十分典型的、具有穿透力的历史细节；二是善于探寻历史小细节中蕴含着的大历史，为构筑大历史"铺路架桥"；三是对历史细节的叙述语言要客观、理性、准确、到位，既不能因个人好恶或某种需要作神话般的夸大描述，也不能够持相反态度一贬到底，走极端化道路。

二、助主：历史细节的选取必须为一堂课的"灵魂"或"主题"服务

"助主"就是提倡历史细节的选取和运用必须围绕、从属、服务于一堂课的"灵魂"或"主题"，要为某一堂课的历史教学目的服务。如果历史细节不能围绕主题，缺乏灵魂统率，为渲染课堂气氛随心而用、率性而为，甚至歪曲史实或凭空想象，生硬拼凑，就对解决历史

课教学中的重难点毫无用处。因此，围绕"灵魂""主题"的细节筛选异常重要，要把那些紧紧围绕教学目的和教学重点的典型历史细节在教学最佳时机抛出来。

例如，东莞高级中学赵晓东的《近代中国社会经济结构变动》①（省市一等奖课）一课就是一堂非常成功地让历史细节"助主"的好课。

《近代中国社会经济结构的变动》是岳麓版高中历史必修二第二单元《工业文明的崛起和对中国的冲击》中的一课，主要讲述了鸦片战争后在外国资本主义冲击下，中国社会经济所发生的一系列变动。该课主要有以下两个特点：一是时间跨度大，从 19 世纪 40 年代一直到 19 世纪末 20 世纪初；二是概念多，头绪杂，涉及小农经济解体、外资企业、洋务运动、民族工业等方面的内容。

上这一课，如果"以教材结构为基础，依次推进，着重阐述各个概念，来完成教学任务……显得内容干瘪、枯燥，概念深奥、繁杂，学生很难接受"。因为它只是"书本上知识点的堆砌，只关注历史事件本身，而忽略了事件中人物的活动。原本丰富多彩、有血有肉的历史事件黯然失色。要解决这一问题，就需要关注人物活动"。要从历史细节入手，通过一个历史人物的履历来反映近代中国经济结构变动的大历史，把近代经济结构变动这一学生感觉陌生、枯燥的历史事件通过历史细节的承载使它亲切化、生动化，避免了一味地"填鸭"与空洞的概念解析。一番寻找与纠结，在否定了曾国藩、李鸿章、张之洞、张謇、周学熙等人后，赵老师发现郑观应这个历史人物就是贯穿全课的"近代中国经济变动的缩影"。

第一次教学试课，赵老师由于"迷失在冗长的人物经历里，整堂

① 夏辉辉. 问题解决：历史教学课例研究［M］. 北京师范大学出版社，2012.

课构建在郑观应年谱的基础上，依赖郑观应的经历，听完课后感觉授课教师在不断地重复一个工作——郑观应在某年做了某事。他的'无所不在'冲淡了本课主题，这堂课似乎由'鸦片战争后中国社会经济结构的变动'变成了'鸦片战争后一个人物的成长历程'"，历史细节喧宾夺主。

第二次教学试课，由于"游离于重要的主干知识外"，主题或灵魂虽然得以回归，但一大堆的历史细节使"整堂课乱而散，眉毛胡子一把抓，课堂容量很大，涉及知识点太多，重点不突出，课程内容游离于重要的主干知识外，老师'很忙碌'，学生'很茫然'……很多学生记住的只是鸦片战争、太平天国运动、第二次鸦片战争、火烧圆明园等史实和一些历史细节，而对本课核心——经济结构变动这一问题却感到很陌生……"，"未能将人物个案的经历与课本知识紧密结合，说是以郑观应的活动为主线，但实际上这条主线没有起到凝聚课堂之'神'的作用。郑观应只是在导入部分和每个阶段的开头部分露了一小脸，而后便退居幕后，静观课堂的发展了。郑观应由上一节课的'无处不在'变成了本节课的'可有可无'。"历史细节被严重矮化与弱化。

第三次教学试课，赵老师"强化郑观应的经历与课本知识的结合。既要让郑观应的经历贯穿始终，又要达到'不是为了讲郑观应而讲郑观应'，而是'通过郑观应的经历来反映近代中国经济结构变动这一宏观历史现象'"。"再次试教，课堂上学生兴趣盎然，气氛活跃，踊跃参与，积极思考。整堂课一气呵成，教学效果良好。经过反复锤炼，最后定稿的这一设计既较好地实现了人物经历与课本知识的结合，又突出了本课主旨——经济结构的变动，郑观应这条主线不再是若隐若现、可有可无，而是贯穿始终，真正起到了统领本课的作用。"历史细节紧紧围绕本课的主题和灵魂发挥了服务作用。

郑观应个人经历：

少年时代（1842－1858）——看风云变幻：传统的小农经济开始解体

青年时代（1858－1873）——闯荡上海滩：中国出现外国资本主义企业和洋务企业

中年时代（1873－1884）——商界"白骨精"：民族资本主义经济出现

暮年时代（19世纪末）——著书述理想：民族资本主义经济初步发展

三、合时：历史细节运用时机要如同知时节的好雨，当春乃发生

精彩和典型的历史细节要用在恰当的时候才会产生事半功倍的效果，就像"好雨知时节，当春乃发生"一样，精彩的东西只有用在恰当之处才会春光无限。

恰到好处是历史细节运用的不二法门。在一堂精彩的历史课中，历史细节一般用在六处地方，即用在导言处、用在转折处、用在疑难处、用在启发处、用在矛盾处、用在空白处。只有这样，才能发挥出它的最佳效果，才会使历史事件的高潮更加激动人心，才会使历史人物更加丰满和栩栩如生，否则就会过犹不及。

例如，东莞高级中学曹军辉的省市一等奖《圣雄甘地》一课①，就在"导言处""疑难处""启发处"恰到好处地运用了历史细节。

首先，在《圣雄甘地》一课教学中，学生困惑不已，什么是非暴力不合作运动？甘地是怎样将印度民众团结起来的？甘地为什么会选择这种斗争方式？非暴力不合作运动为什么会成功？等等。面对这些

---

① 夏辉辉. 问题解决：历史教学课例研究［M］. 北京师范大学出版社，2012.

环环相扣的问题，学生很难寻找到突破口，特别是对甘地思想和做法的理解更有难度——这完全不是中国人的思维。甘地的思维和精神超出了学生的认知程度。针对这个问题，曹老师在课堂上巧妙借助爱因斯坦对甘地的评价这一历史细节和一句流行语言（不要迷恋哥，哥只是个传说！）活化了历史人物，演绎了"以问诱趣"的精彩作用，创新性地激起了学生的兴趣与思考，没有走模式化、标牌化的老路。整堂课紧密围绕"哥是否真的只是一个传说"和"是否要迷恋哥"这条主线，将甘地的一生和他的非暴力不合作内容巧妙地纳入一个极富历史逻辑的思辨体系中。不但用历史细节和流行语言架起了一座沟通历史的桥梁，把一个看似与自己完全没有关联的历史对象变成了一个可以与之交流的古今对话情境，并能通过这种历史与流行语言的对接，正确认识历史过程和历史人物，拓展历史思维，汲取历史智慧，学会用全面、辩证、客观、发展的历史眼光来评判人类社会的各种复杂纷繁的现象。而且还能让学生深入历史，与历史人物共喜悲、同爱恨，感同身受，让遥远枯燥的历史知识变得鲜活生动，富有生命张力和时代感。

其次，学生对甘地的"非暴力主义"的内容和他的斗争方式很难理解，认为非暴力不合作太懦弱、太窝囊、太没劲，一点也不痛快、不过瘾，没什么可以学的。当学生处在"疑难处"时，曹老师选用了影片《甘地》中"食盐进军"这段真实的历史细节解惑（片段梗概：1930 年，印度殖民当局制定了《食盐专营法》，大幅度提高食盐的价格和税收，引起了人民的强烈不满。在这种形势下，甘地毅然领导了"食盐进军"的斗争。甘地带领 78 名信徒，在炎炎烈日下徒步进军，要到遥远的海边去煮盐，迫使殖民当局让步。经过挑选的一队志愿者从人群中走出来，他们越过壕沟，向铁丝网靠近……突然，一声令下，一大群印度警察扑向迎面而来的示威群众，他们手中的包铁长棒雨点般地落在志愿者的头上，但没有一名示威者举起哪怕一只胳膊抵挡一下落在头上的棍棒。他们像九柱戏里的木柱一样栽倒在地……但示威者只管前进，直到被打倒为止)。“视频的冲击力很快地显露出来，不同的学生都说出了自己心中的感受，都对‘非暴力’有了自己的看法，虽然有些不深刻，但是他们已经开始用他们自己的心灵去体会甘地了。这里的讨论可以看出许多学生对‘非暴力’的做法产生了质疑，尤其是提到‘为什么是一排排走上去而不是一齐走上去’这个问题，意味着学生通过观看视频这个细节已经觉察到非暴力这一抵抗行动在策略上的与众不同。这种历史细节所带来的直观现场体味，有助于学生进一步理解甘地的思想和抓住本课的灵魂。”即甘地用爱把印度人民团结在一起，用非暴力不合作的方式使印度成了一个独立的国家，探索出了一条赢得国家和民族独立的独特之路。这个通过历史细节勾勒出的教学主题或灵魂，既源于课程内容，又高于课程内容。

再次，对于甘地的评价，史学界历来都是极富争议，无论对于他的敌手，还是他的亲密同事，抑或一般群众来说，他始终是个谜，人们对他的评价也是众说纷纭，毁誉不一。在一些人看来，他简直是“神的化身”“真理的代言人”；在另一些人看来，他是“欺世盗名的救世主”“矫揉造作的阴谋家”“印度封建主义不折不扣的辩护士”“帝国主义的帮凶”“群众性民族解放运动的主要叛卖者”等。在课堂上，曹老师及时捋出和抛出多元化的历史评价，于甘地一生无数历史细节中钩沉出他本人的三句名言（“在坚持真理的同时，宁愿牺牲自己也不向敌人施加暴力。”“人必须有勇气接受多次打击，表明自己虽不还手但绝不退缩，以唤起人的本性，使对方减少恨意，起尊敬之心。”“对我而言，羔羊生命和人类的生命一样珍贵。我可不愿为了人类的身体而取走羔羊的性命。我认为，越是无助的动物，人类越应该保护它，使它不受人类的残暴侵害。"）引导学生说出"我眼中的甘地"。通过"完美风暴品甘地"活动，让学生在为甘地的各项指数打分（包括大爱指数、感动指数、勇气指数、智慧指数、实用指数。如果学生有其他观点和看法，还可以增加添加项，目的是进一步拓展学生的思维空间）和激烈的争论过程中，钩沉出了智慧的思想，润泽了学生的生命。例如，学生在经过激烈讨论后，基本理解了甘地的非暴力主义是印度 20 世纪上半叶国情的产物，明白了"印度还是一个种族混杂、宗教信仰根深蒂固而复杂多样、种姓隔离和被英国实行分而治之的殖民地国家"，单纯用爱国主义和民族主义很难把民众发动起来。更值得大家高兴的是，学生们不但认识到了非暴力道路是印度特殊的国情决定的，还认识到了中国选择的革命道路也同样是中国国情所决定的。

四、适度：历史细节是课堂的"鸡精"，但过犹不及

任何一个历史事件或一个历史人物都是与众多的历史细节紧紧联系在一起的，而一堂历史课又只有 40 分钟或 45 分钟，有限的课堂不可能呈现所有的历史细节。怎么用？用多少？都是我们要特别注意的。一是历史细节的使用量不能太大，适量的围绕课堂主题或灵魂的历史细节可以激发学生兴趣，活跃课堂气氛。二是细节使用不能喧宾夺主，不能冲淡教学主题。三是要适合学生的思维习惯和思维能力的强弱，不能超越他们的理解范围和能力范围，一切都要从学情出发。四是教材资料上已有的历史细节不重复使用，以免影响学生的兴趣，或扼杀学生的热情。

叶小兵教授说："历史是具体、动态的，历史课要讲得真实鲜活，就离不开细节。"因此，典型而关键的历史细节能让课堂有声有色、有血有肉。可以掘深拓宽历史，实现微窗眺远景，也可以让历史课堂

因势借力和转型换态，把历史细节熔铸成灵动课堂的"合金"，不断展现历史的多面风采，"或于趣味盎然中打通现实，或于感人泪下中点化课堂，或于发人深省中润泽生命"。这便是历史细节在高效课堂中的精彩演绎。

主要参考文献

贲新文，刘建峰．提升教学智慧打造灵动课堂［J］．中学历史教学参考，2011（5）．

第三辑

03

让田野式研究变成教学常态

淡妆浓抹总相宜

——新办学校和谐运行规律探析

和衷共济、内和外顺，协调发展的素质教育模式，是以校园为纽带的各种教育要素的全面、自由、协调，整体优化的育人氛围，是学校教育各子系统及各要素间的协调运转，是学校教育与社会教育、家庭教育和谐发展的教育合力，是以教师发展、学校发展为宗旨的整体效应。它的运行不是常态或静止的，是在不断运行和变化中体现着自己的运行过程和规律，即松散运行期、联合运行期、形核运行期、和谐运行和协调发展期等四个运行阶段。各运行阶段具有不同的质和量的规律性，但同时又是相互联系的，每一运行阶段是前一阶段运行的必然结果，又是后一阶段的必要条件。不同的发展阶段在构建和谐校园过程中的各具作用而又相互关联，他们各自发展的质量以及他们之间相互耦合的程度，从质和量上规定着和谐校园的发展。只有运行过程中的诸要素不断组合、匹配、调整或重建优化，才能最终达到整体和谐运行的目标。

一、松散运行期

学校刚刚组建，教师之间还没有必要的了解，有的甚至连姓名都叫不上来，教师的兴趣、爱好、能力、需要更不为他人所知，学校运行难以步调一致，有时虽说形式上是同步的，但缺乏实际意义上的深入了解和情感上的有机联系，倘若遭遇困难，不能进行意志的努力。教师难以从学校运行中获得乐趣，学校对他们还不具有吸引力，学校每一个人还是孤立的个体存在。其中的活跃分子跃跃欲试，企图寻找伙伴，但常常受阻；大多数教师还在旁观、等待、徘徊；个别不适应的则往往有心理空虚、烦躁等表现。整个学校处于松散的、无联系的运行状态之中。

在这一阶段，学校不仅要充当指导者的角色，更重要的是应关心、爱护、帮助教师，使之有安全感和亲切感。要设法让教师刚置身于新的学校，就感到亲切、温暖、和睦，宾至如归，在新教师来学校之前，要把学校布置得整洁、优雅、美观、舒适、和谐，一幅山水画，以唤起教师美的感受；一条警句书法，可以使教师悟出某种生活的哲理；一盆美丽的鲜花，可以让教师领略到勃勃生机。学校还要认真了解和研究每一个新教师，熟悉他们家庭基本情况，包括经济条件、父母关系、业余生活、教育水平等，以及教师在家庭中的地位和表现；熟悉他们在原来学校或大学的基本情况，包括同事关系、同学关系或师生关系、工作业绩、学业成绩、兴趣特长等。并且为每个教师建立健全的档案，不仅有利于针对教师的思想进行适时的适当的教育，而且有利于对教师作更深一层次的研究。若能在与教师见面之前记住教师的姓名，并能在初次见面时直呼其名，说出他在原单位或原大学的"闪光点"，对教师来说，无疑是一种莫大的荣幸和亲切的关怀。另外，还应设法让教师通过多种中介作用来相互了解，增强情感的联络，把教师关系导向正确的轨道上去，以利于今后教师间的和谐相处与工作。

二、联合运行期

到了这一阶段，一些教师已经成为合得来的朋友，形成不同的小群体。首先是同科组、同乡或来自同一个学校和大学等一些距离相近的缘故而构成的小群体，我们称之为地缘小群体。其次是兴趣相投、需要相近、性格互补、目标一致等内在引力而构成的小群体，我们称之为志趣小群体。这些小群体并无严格的组织，一个教师可以因为来自同一个地方或学校，或毕业于同一所大学而参加这个群体；也可以因为兴趣爱好而参加另一个群体；或者其他多方面的原因而同时参加几个群体。相对分散的个体存在而言，教师在这些小群体之中，可以比较好地满足自己的兴趣爱好和发挥能力特长。因此，在这个阶段，与其说是学校对教师具有吸引力，毋宁说是小群体对教师具有吸引力。学校中的小群体不仅存在于学校和谐运行的前期阶段，而且也存在于后期阶段，只是它对学校和教师个体的作用有程度上的差异而已。

在联合运行期，学校要深入研究教师中的各种小群体。教师的小群体是自发产生、自由参加、自觉活动，且人数较少；情感性质比理智性质强，自觉程度比强制程度大，因而具有较强的内聚力和较明显的暗示性；信息交流的渠道多、时间快，往往以情感为纽带，成员之间有一定的默契，不仅无话不谈，而且有时不需要言语手段，仅借助某种手势、暗号即可达到交流信息的和情感的目的；小群体领袖的作用和权威是绝对的。基如此，学校一定要合理利用小群体凝聚力强，能较好满足教师社交、归属等心理需要的特点，开展适宜他们的八小时之外的活动，让他们有适当的自我实现的机会，强化教师的团结与合作精神。利用小群体成员的义务感、责任感和荣誉感，引导教师进行友好竞争，高质量、高速度完成教育教学任务。另一方面要针对性控制和避免不良小群体的产生。采取有力措施转化已形成的不良小群体，用兴趣转移的方法，把不良小群体的兴趣爱好转移到以教书育人为主的兴趣上来。用情感沟通的方法，密切教师关系，加深相互了解，消除情感隔膜，使小群体同集体在目标和行动上逐步配合起来。教师是小群体的成员，同时又是学校的成员，担负多种角色。学校要精心计划和组织共同活动，使教师亲身感受到学校能实现在小群体无法实现的目标，能够享受较小群体中有更大的交往乐趣和成功喜悦，强化集体成员角色观念，增加集体成员角色的吸引力。

三、形核运行期

学校运行到这个阶段，每一个小群体都会自觉或不自觉地产生成员共同"拥戴"的领袖人物，大家之所以拥戴他，是因为他的组织能力和活动能力或其他的特殊能力超然出众。全体成员都心悦诚服接受他的领导。在学校运行过程中，小群体的领袖总是抛头露面、负责发动组织服务等工作，因而渐渐成为全校大多数教师所熟知和了解，也正是在这个过程中，群体内部各成员的地位得以巩固或变化，一些能力更为突出的教师成为全校教师共同拥戴的领袖，对学校产生重大影响。这个时期学校这个群体已开始有了一定的教育功能，它常常是通过这些领袖的影响而实现的。因此，学校要积极向组织推荐干部，推荐时除了考虑必需的一定思想、政治、业务素质外，这要有坚实的群众基础，要尽可能选拔那些在教师中有一定威信的小群体领袖担任学校干部。由于学校干部与小群体的领袖不一定完全统一，因而需要学校善于调节他们之间的关系，并且在工作中逐步树立他们的威信，为学校在本阶段运行选择最理想的"带头大哥"。

对于一般教师，学校要通过各种活动，帮助他们在学校群体中寻找相应的、能充分发挥其能力、展示其个性的位置。活动越多，位置就越多，每个教师就越有机会找到自己在这个群体的位置，产生归属感，不断感受来自学校和谐运行对他的鼓舞，强化主人翁精神和参与意识，为学校的形核运行奠定基础性的元素。

在学校的共同活动中，教师逐渐感觉到学校这个群体有着小群体无法比拟的优越性，能通过学校以教育教学为主的运行活动来发挥自己的聪明才智，找到自己合适的位置、满足归属的内心需要。并在此基础上形成明确而统一的奋斗目标，成文或不成文的共同生活准则，以及左右学校教师行动的舆论和良好的心理环境。教师把运行中集体当成实现自我的实质内涵，把集体荣誉视为自我荣誉，把集体耻辱视为自我耻辱。到此时学校已开始成为一个融洽的运行整体，开始产生强大的凝聚力。

四、和谐运行和协调发展期

这个阶段是校园和谐运行的最高阶段，也是和谐校园所追求的终极目标。它的主要标志是校园的运行逐步形成良好的校风和教风，具有良好的人际关系，教师之间既能友好竞争，又能密切合作，为实现学校的共同目标和个人价值而相互促进，教师在学校和谐运行过程中具有了自我设计、自我教育、自我调控、自我管理的能力。学校能及时根据教育要求和本校实际，不断更新奋斗目标，教师也能及时把学校的奋斗目标变成自己的自觉行动。学校具有融洽的心理环境，教师在这个环境里，既感到催人奋进，强化和保持奋发向上的力量，又感到心情舒畅。运行组织的配置与实际运行十分协调，并不断完善，运行过程能不断吸取新的活力。其具体表现在以下四个方面。

1. 明确的运行目标

每个组织都有自己的目标，它标志着这个组织必须通过自身活动去达到的某种事实或未来状态，代表着一个组织的未来和发展方向。教师作为学校运行的基本元素之一，有它自己特定的目标系统，这个目标系统是学校运行的依据和动力。在很大程度上，学校的运行要依靠这个特定的目标来维持其存在的，失去目标就意味着学校失去其合理性。学校的运行活动都要围绕这个目标来进行，制定学校运行的规划和大政方针政策以及为实现之而开展的系统活动，都要以学校运行目标为基础，以达到这个目标。由于目标在学校运行的显要性和目标使每一个教师都在规划未来，并推动他们参与共同活动，并且在活动过程中对个体结构具有指引作用和标准作用，让目标逐步内化为学校运行中的个体成员的精神需要，使每个教师的认识、情感、意志和行动同学校运行的要求统一。促进学校和谐运行在个体互化中形成，个体在学校和谐运行中成长作用的发挥。因此，目标系统就成为学校运行中构成整体的第一要素。

学校运行中的教育目标作为系列又是在结构和层次上按照一定比例组合而成，它的系列化过程表现为近期目标、中期目标和远期目标，综合目标和单项目标，学校目标和个人目标，他们之间是一个对立统一的动态过程。如果说教育目标是学校运行中目标系统的依据和根本，那么，学校运行中的管理目标是对学校运行过程中结构要素和管理功能的状态、程度、效能水平的质量标准。如在学校运行过程中的结构要素方面，就有目标的整合程度，人际吸引力，团体凝聚力。心理气氛、士气、个体归属等参数，在学校运行管理功能和测定中，既要看学校运行中组织教育、教学活动的质量水平，这要看教师个性心理品质的全面充分和自由发展的程度。

学校运行过程中的目标系统，包括因此而产生的一系列的共同活动，是学校和谐运行的基本条件和前提，根据教育目标来调控整个学校向预定的目标和谐运行。

一是要有思想性和针对性。既符合国家素质教育的要求，又能围绕学校的中心工作，同时又要代表教师的利益和教师实际，有利于调动教师的主动性和创造性，并具有诱发、导向、激励等功能，从而把整个学校共同的行为状态推进到一个新的阶段，为学校的和谐运行准备条件。

二是研究制订目标管理计划。在研究教师分析校情和明确任务的基础上确定目标，要分阶段提出多层次目标，既从大处着眼，又从小处着手，把远景目标、中景目标、近景目标有机结合起来，激励教师朝着远大的目标前进。心理学研究表明，价值较高的长远目标，其激励程度高于价值较低的眼前目标，而长远目标如果遥远得看不清时，其价值再大也无法激起强烈的行动，在设置远景目标的同时，注意中近景目标，注意目标的阶段性和层次性，当一个具体目标实现后，要及时引导学校运行到另一个新的更高的目标，使之永远保持积极向上的势态，而且这个目标应该是教师"跳一跳"则能实现的目标。

三是形成可控的目标管理实施程序。

四是注意评估反馈。即根据学校和谐运行的标准和目标管理计划，分阶段定期测试，分析及时反馈校正，消除其在运行过程中所产生的负效应。

2. 和谐的人际关系

从广义来讲，和谐校园的构建就是各种关系调整和重建的过程。和谐的人际关系是学校和谐运行和协调发展的基石，它是以具有集体主义性质为特征的。当学校运行中的人际关系逐渐由杂乱趋向有序，单一趋向丰富时，其和谐运行就具备了可靠的基础，即所需求的内化环境或"精神共同体"。反过来，理想的人际关系又是孕育完美个性的肥沃土壤，促使教师优秀品格在学校和谐运行中进一步完善和趋向稳固。

学校运行中的人际关系按交往的方向可分为：垂直关系：如领导与教师；水平关系：如同事关系；交叉关系：如非正式群体与正式群体之间的关系。按人际关系的内在本质来划分又可划分为责任依从关系（即公务性关系）和情谊性关系。他们在运行中和谐发展与统一，缺一不可，如果只强调责任依从关系，其生活必然单调苍白，枯燥贫乏和公式化或呆滞的程序化；倘若情谊关系占统治地位，责任依从关系变成了可有可无的陪衬，则必然会变成一盘散沙，毫无章法可言，甚至四分五裂；学校的和谐运行和协调发展就要求两者统一起来，交相辉映，让个体在人际交往中显示和完善自己的品格，显示它的光彩，并对他人施加影响。形成完善个性的过程，实际上是建立协调和谐的人际关系，培养学校和谐运行所需求的条件的过程。

培养和构筑学校运行中理想的人际关系有以下几个方面的工作不可忽视：

一是指导交往。

只有在活动和交往中教师间的人际关系才能建立和发展，他们之间的团结才有了基础。离开了交往，学校的运行组织会形同虚设。学校应经常在校园生活的背景上研究各个教师的交往特点，承认交往风格的差异；努力创设条件，为教师排除交往障碍；同时干预异常交往，让教师正确判明交往情境，懂得如何避免和解决冲突。要给选择性交往留有席位，导引教师逐渐把与公务性交往结合起来，并逐渐开展深层交往，交知心朋友，组织开放性交往，使教师之间建立起一种和谐与信任的交往情境。

二是把握人际关系的脉搏。

要重视即时性研究，测定校内人际关系的现状，界定每个教师在人际关系中所处的地位，发挥情感调节器的作用，及时调整教师之间等各种关系。特别是教师个人的"入世精神"和"人际态度"十分重要。

尊重他人，核心是尊重他人的人格，不论他的地位和处境如何，在人格面前，人人都享有受尊重的权利，也负有尊重他人的责任。人既有物质需求也有人格尊严的需求，在特定情形中，人格尊严更显现个体价值的主导性诉求。人格尊严的受损是导致个体心理畸变的主要成因之一，尊重无疑是维系人际和谐、校园和谐的纽带。和谐是一个历史的动态的概念，矛盾和冲突是其演进、形成和保持的推进力量，但这些矛盾和冲突囿限于良性而非恶性。这是学校所必须要调控的。

三是控制交往情境。

充分利用自然情境，努力创设人为情境，如信任情境、成功情境、选择情境、集体讨论情境和系列情境等，在变式活动中引进新事物和创造成分，形成集体评价，刺激集体感受，使教师之间的关系得到巩固，经受锻炼，并变得更加丰富。

四是正确对待非正式群体。

采用群体领导或角色转换等手段，使它的目标、价值规范等内在成分逐步与学校整合一致，让每个教师在学校运行内部有自己的定位，有存在感和被重视感，如采用展示其特长或教育教学业绩，增强对他人的影响力使每个教师逐渐为同事所重视，使他们感到自己在校内是不可替代的一员，以得到情感上的满足，发展自我意识，强化与学校密切相关的感受，并经此积极地反馈给这个交往集体，增强学校运行的凝聚力。

学校运行中的美好交往和理想的人际关系能给教师带来愉悦的情感体验和精神享受，由此而建立的和谐的人际关系则会产生经验沟通和情感交融的作用，从而成为直接作用于个性的良好影响和联系学校的坚韧纽带。

3. 有序的自我管理

学校的和谐运行和协调发展是建立在有序的自我管理的基础上的，它的特质主要表现于：运行中的成员置于主人翁的角色，主动评价往事；在创造既有民主又有纪律的学校运行中表现强烈的责任感和使命感；个体的身心、情理、德智、言行、识能谐调发展；宽容大度、坦诚无欺、友善待人、淡泊名利、心态健康；理性与激情有机交织；

教师每个人的和谐为整个学校乃至整个社会的和谐提供了条件。并且有一支受大家拥护而形成的具有一定权力的领导层，这种权威不仅表现在集体成员出自内心的信服和自愿服从的威信中，并能把学校运行中的个体成员结合成一个有机整体，起着黏合剂的作用。它的显著性标志是：教师的工作独立性逐渐加强。多种自我管理机构趋于协调。运行中的民主和纪律水平逐渐提高。自我管理机构逐步向创造精神焕发的自适系统发展。善于把较为抽象的中景、远景目标加以具体化，确立当前应当完成的任务和相应的活动，发挥目标的动力作用。有效控制目标偏差，随情况变化而调整活动。正确评价自我管理活动的效果。

有序的自我管理要求根据教师的年龄、学校运行的特色和具体活动目标条件进行适度调控，既不能越权，也不能放任自流，着重在指导上下功夫。

一是"啦啦队长"。一支球队在比赛中获胜，"啦啦队长"的助威作用是不可忽视的。学校要经常为教师的工作开展打气鼓劲，对开展的每一项活动或布置每一项任务，都要寻找机会宣传动员，为他们成功组织每一次活动摇旗呐喊。

二是"场外指导"。即使是一支精悍强干的队伍在球场上龙腾虎跃，"场外"也少不了一个多谋善断的"场外指导"。要为他们出谋划策，或启发，或暂停，或面授机宜。

三是"随队医生"。当教师在学校运行中出现一些问题或矛盾时，要当好"随队医生"，帮助分析问题产生的原因，研究改进的方法，及时诊治。

四是"后勤部长"。教师在学校运行过程中不仅需要心理上的支持，同时也需要物质上的保障。应主动积极为运行准备好"粮草"。

4. 健全的法治理性

和谐校园的运行和发展，必须要有一套符合组织目标的抽象的运行原则，它界定了学校和谐运行的程序和要求以及内部诸要素之间的关系，是教师参与活动的准则。它在运行过程中具体表现为健全的法治理性。

法治是现代校园和谐运行的基础，也是它的基本精神和价值选择，它能最大限度地寻求利益的平衡，尽可能地消解冲突，以维护多方的利益为基础，建设和谐关系，追求正义、公平和平等，讲究社会成员间利益的平衡与协调，是刚与柔、疏与密、宽与严的均衡配置。和谐校园运行中的法治体系主要涵盖了以下三个方面。

一是国家法律法规呈现出强制作用。校园内的法治是通过制度性约束来实现它的有序运行，它追求内在的制度性和谐，并以此为基础化解矛盾，消除冲突，形成共同的价值观念、道德追求，实现行为选择的协调。可以说，在法律、制度的规制下所形成的合理校园主体关系体系和行为体系，井然有序，和而不同；运行中的协调性、有序性、平衡性、完整性和谐而错落有致。它要求我们以法治的精神改革和更新学校的管理机制、激励机制和制约机制，自觉贯彻现代社会法治的基本人权保障原则、权利救济原则、正当程序原则、权力的公开公正合法行使的原则，结合学校实际进行制度创新，建设更加合理、公正和人人心情舒畅的和谐校园。

二是建立在国家法律法规基础上的体现学校特色的有形的规章制度呈现出有形作用。规章制度通过约束教师的行动来介入学校的和谐运行，它的作用是有形的。它使教师的行为具有某种导向性和行动协调一致性，通过内在维持模式和外在维持模式两种形式使教师学习、模仿、理解规章制度，并将规章制度内化于自己的意识当中，自觉遵照规范行事；得到不同程度的暗示，产生教师间的相互模仿，形成一种压力，这种压力使大多数教师表现为"从众"而逐步形成规范行事的习惯，即被动执行规范——较自觉执行规范——自我订出规范并内化成自觉行动的良性过程。

三是无形的健康舆论或心理默契所表现出的民主氛围呈现出无形作用。

学校和谐运行和协调发展需要有强大而健康的舆论来肯定或否定学校运行的动向和成员的言行，它所呈现的作用是无形的。它可以使成员自觉地调节个体和集体的关系，改变与之不相适应的行为。健康舆论和民主氛围的形成是学校和谐运行的重要标志。

综上所述，新办学校的和谐运行和协调发展能产生一般群体所没有的新质功能，具有全面对应、全方位作为的强大功效和不可替代的奠基功能、中介功能、推进功能和整合功能，是校内外多元力量的交织点，对教师个体有着重大的陶冶和制约作用。它在运行过程中能够集中个体成员的一切优点，并以最佳的方式发挥出来，弥补个体成员的某些不足，使教师之间互相关心、相互帮助、相互谅解，形成一种乐观舒畅而又催人奋进的气氛。

论四维合作学习模式的主体构造与流程

四维合作学习模式是东莞高级中学部分班级和学科正在实施和探究的一种富有创意和实效的教学理论与策略体系，合作交流作为新课改中学生学习模式的中心环节，它将个体之间的竞争变为团队之间的竞争和个体间的交流，有利于发展学生群体的优势智能，有利于学生之间的交流和沟通，有利于促进学生的自我反省和自我完善，有利于培养学生的合作意识、团队精神和集体观念。它在具体操作过程中体现为着眼实际的分组策略、立足交流的座位排序、准确导航的合作准备、因材施教的分层巩固等四个阶段。

一、着眼实际的分组策略

四维合作学习模式的基本单位是小组，分组是四维合作学习模式的外在组织方式，合理进行分组是四维合作学习模式的前提。四维合作学习模式小组构建的好坏直接影响到四维合作学习模式活动开展得是否成功。尽管四维合作学习模式在本质上是要发挥学生主体之间的交往和互动作用，然而四维合作学习模式却有多种组织形式，也就是说，主体的参与情景或方式是多种多样的。从分组来看，科学、合理的分组，能使小组成员间产生积极的相互促进作用，避免组际间的不公平竞争。因为四维合作学习模式下的合作小组不是班级内原来的那种共同值日、共同学习的小组，而是为了实现共同的目标，建立起相互依赖、相互帮助、在竞争中充满合作气氛、同学间彼此共同提高的小组。

1. 分组原则调控：组间同质，组内异质

几年的实验证明：四维合作学习模式在分小组时，一定要宏观调控，一定要保证在一个班级内所分的几个组实力是基本相当的，各小组之间应大体均衡，形成可以相互比较的小组联合体，即组间同质。这样就可为各小组间的公平竞争创造条件，同时也为小组成员之间的互助合作奠定基础。至于组内则可以采用异质分组，即小组内允许各成员间有性别、学习成绩、能力、家庭经济、社会背景和性格、兴趣、脾气等方面的差异。让不同能力的学生产生互补性和更深刻的思考，有更多的表达自己的观点和倾听他人观点的机会，有助于把所学习的内容置于一个非常广阔的背景之上，从而提高理解的深度、推理的品质和永久记忆的精确度。

由于每个小组都是异质的，所以就连带产生了全班各小组间的同质性，组内异质为小组成员内部互相帮助提供了可能，而组间同质又为全班各小组间的公平竞争打下了基础。克服了以往能力分组或兴趣分组所带来的盲目自信或过度自卑的心理，让学生懂得，每一个人都有长处和不足，人的智能、个性、才干是多样的，只有既善待自我，又欣赏别人，既知己又知人，才能发挥出最大的团队学习成效。如把不同层次的学生组成一组，在优等生的带领下，中等生有了提高，学习基础较差的学生有机会向同伴学习，并能得到同伴帮助，增强学习信心。

2. 分组人数调控：二到六人

实施合作教学，首先遇到的问题就是分组，而分组首先必须考虑小组的规模。一般认为，四维合作学习模式最理想的小组规模应当是

2~6人。当然，分组目的和标准不一，小组规模自然也应有所变化，它不应一成不变。如果活动时间短，小组规模就应当小一些；如果时间长，小组规模则可以大一些；如果学习任务重，困难比较大，则小组规模则可以大一些。大组和小组各有其自身的优势和不足，教师可以根据具体任务和条件来确定学习小组的规模。

尽管四维合作学习模式在本质上是要发挥主体之间的高度的交往和互动作用，然而四维合作学习模式却有多种组织形式，也就是说，主体的参与的情景或方式是多种多样的。我们应该认真地去研究各种形式的交往和合作形式对四维合作学习模式效果的影响度，以便根据具体的教学任务，建构最优的四维合作学习模式的教学模式。从四维合作学习模式的外在组织方式的角度考虑，课题组分别研究了二人小组，三人小组，四人小组，五人小组，六人小组和七人小组的四维合作学习模式。在不同人数小组的学习中创造了"丁"形排列，"U""田"形排列等排列方式。并对各种情况做了研究。得出的结论是：小组四维合作学习模式在分组时，人数不超过六人效果较好。但这一结论也不是绝对的，尚待进一步检验。

3. 学习成绩调控：均衡配置

每个小组都应包含学业成绩高、中、低的学生，也就是说，要保证同一个四维合作学习模式小组内混合学习成绩好、中、差的学生各个小组的平均成绩大致相同。好学生通过向其他同学讲解学习内容可以增加他的认知、推理水平，通过参加小组活动，可以培养好学生的责任感，互助合作的良好品质；差生则可以得到教师以外的来自本组其他同学的更多帮助，与其他同学共同学习可以降低他们的焦虑程度。不论如何，差异是一个永远不能回避的问题，我们应该尊重这种差异，承认和接受这种客观存在。问题是我们应该注意在差异存在的同时，每个学生是否得到最充分的发展？在四维合作学习模式中主体的参与度到底有多大？我们能否尽可能地使每个学生都主动地参与到四维合作学习模式中？至于对个体发展的评判，我们应该采用长短结合的方法，即时的学习成绩当然应作为评价的一个指标，但依此思想而培养的学生的合作意识与合作能力及其强的社会适应性却是最最重要的而一时不能看出来的，这就需要较长期的跟踪研究，方能定论。

4. 分学科建组调控：学生在不同学科中应属不同合作小组

不同学科的四维合作学习模式应有不同特点，四维合作学习模式作为一种教学思想和教学方式，必定不是孤立存在的，而是要体现在具体的"实实在在"的课堂教学或其他教学活动之中。在体现这一思想的过程中，除了应有一些较一般的规律在各科教学中都发挥作用外，更有学科特点及学科认识特点所决定的学科四维合作学习模式的特点。如在充分发挥学生的主体性方面，学生在各个学科的四维合作学习模式中可能表现出不同的行为特点，对这些特点进行认真的分析，综合探索出有利于所有学生充分发展的四维合作学习模式的组织形式，这对教学理论与实践无疑都是一个不小的贡献。从活动特征来说，数学四维合作学习模式中学生需要高度的抽象思维能力，合作者之间进行的互动作用也要体现在积极的思维活动中。而在外语教学中，思维虽然也很重要，在推理方面却与教学学习上有明显不同，四维合作学习模式的互动作用则主要表现在以语言实践活动为主的听说读写的训练之中。

因此，合情合理地分好合作小组是有效地组织开展小组四维合作学习模式的基础，是小组四维合作学习模式的第一步。应根据学生的认识基础、学习能力、心理素质等进行综合评定，然后搭配成若干学习小组，每个小组注意男生与女生的搭配，优等生与后进生的搭配。缩小小组间的差别，便于小组之间的竞争，从而真正体验在合作的基础上竞争。

二、立足交流的座位排序

教学环境也是制约教学活动的一个重要因素，不同的教学环境会对教学形成不同的影响。因此，设计、调控教学环境是教学设计的一个重要方面。在四维合作学习模式中，学生的座位排列方式直接影响到学生合作与参与的方式和程度。在传统教学中，学生的座位安排一律是学生面对教师方向的"秧田式"排列形式，它所演绎的是演讲者与听众的关系，只便于同桌的两位学生之间的双边交流与合作，不利于2～6人的分组四维合作学习模式的多边交流与合作。也就是说，如果在更大范围的合作就容易形成信息的单向传递，不利于创设一种合作的氛围和环境，不能向学生提供合作的客观条件。合理设计和编排课堂座位，充分利用座位的变式适应四维合作学习模式目标和教学情境的变化，有利于四维合作学习模式实验的高效推进。在实验过程中，我们初步探索出了圆形排列法、会议式排列法、小组式排列法、U形排列法、T形排序法、田形排列法等多种座位排序方法。这些座位排列方式的不同变式，有利于师生、生生之间多角度交流，课堂气氛宽松，学生容易进入学习状态，教学成效明显。

在实验中，我们主要采用以下几种课堂座位编排方式：

第1，秧田式排列法。秧田式排列法是中小学最普通、最常见的一种传统的座位编排方法。自班级授课制创立以来，这种座位模式就一直主导着中小学的课堂座位安排，直到20世纪三四十年代，一些新的课堂座位编排方式才逐渐引起人们的注意。秧田式排列法是伴随着班级授课制产生的，因而它最适合于大班教学。研究表明，在这种座位模式下，所有的学生都面向教师，教师容易控制学生，容易发挥自己在教学活动中的主导作用，因而传授知识的效果比较理想。亚克塞罗德等人的研究发现，安排就座的学生比围桌而坐者显示出更理想的学习行为。但这种座位模式的不足之处是，学生之间几乎没有什么交往活动，不利于学生的社会化成长；从空间特点上突出了教师居高临下的地位，客观上造成了师生在空间位置上的不平等，不利于平等民主的师生人际关系的建立。这种座位编排方式比较适宜于四维合作学习模式中的老师对新知识的讲解与演绎。

第2，圆形排列法。圆形排列法也是目前我们在实验中比较常见的一种座位编排方式。按照这种座位模式，教师可以根据需要将课桌椅布置成一个或数个圆圈，让学生围坐在一起参与学习和讨论。这种编排方式特别适合于各种课堂讨论，它可以大大增加学生之间、师生之间的言语和非言语交流，最大限度地促进课堂中的社会交往活动。并且，由于圆形座位从空间特性上消除了座位的主次之分，因而有利于师生和生生之间形成平等融洽的人际关系。

第3，会议式排列法。会议式排列法类似于一般会议室的布置，它是将课桌椅面对面的摆成两列，学生分坐两边进行交流活动。在人数较多的班级，也可将课桌椅摆成四列。这种排列法的优点与圆形排列法相似，即特别适合于课堂合作讨论，有利于课堂的社会交往活动，有利于增进学生间的相互影响。

第4，小组式排列法。小组式排列法是将课桌椅分成若干组，每组由4~6张桌椅构成。这种排列法比较适合于合作讨论、作业课，它能最大限度地促进学生之间的相互交往和相互影响，加强学生之间的关系，促进小组活动。

第5，U形排列法。又称马蹄形排列法。它是将课桌椅排列成U形，教师居于U形开口处。这种排列法兼有秧田形和圆形排列法的某些特点，它既可以充分增进师生之间的交流，有助于问题讨论和实验演示，同时又可以突出教师对课堂的控制，发挥教师的主导作用。

总之，不同的座位编排方式具有各自不同的特点。既有各自明显的优越性，也有应用上的局限性。很显然，在实践中不存在对于所有班级、所有学习状况和所有的教师、学生来说都很理想的座位安排方式。关键的问题是教师必须根据四维合作学习模式教学目标和课程实施的要求，灵活运用各种不同的座位编排模式，使座位编排与教学活动的性质及参加人员的需要协调一致，使四维合作学习模式活动在相应的座位模式下获得最大效益。从实验中我们发现，学生围坐在长方形桌上时比围坐在 V 形桌上更能体验到平等感。当座位安排成长方形时，学生最初喜欢同坐在对面或邻座的同学合作讨论。但是，一旦有人坐在长方形桌的另一头（即主席位），这种交往形式就会发生戏剧性的变化，学生们在此时更愿意同坐在自己对角线位置上的同学合作讨论，这种合作讨论的比例比与对面学生合作讨论的比例高六倍，比与邻座学生合作讨论的比例高两倍。当座位编排成较小的圆圈时，学生一般倾向于同对面的人合作讨论。当圆圈较大时，则更多地倾向同邻座的人合作讨论。如果将教师的座位不设在圆圈的中心，学生会表现得更为积极主动，会提出更多的观点和想法。

三、准确导航的合作准备

准确导航的合作准备就是教师与学生对教材所呈现的教学内容进行重新编排。裁剪、充实，活化教学内容，使教学素材既符合知识本身的逻辑结构，又符合学生的认知规律，达到教学素材处理上的优化。

1. 合作时间预设

首先，四维合作学习模式的次数要得当，一堂课的分组讨论不宜过多，只有次数适宜，小组四维合作学习模式才能集中、深入，才能获得较高的质量。

其次，每次合作讨论的时间要科学控制。在教学实践中，有的教师见学生"滔滔不绝"，总不忍心打断，以致学生没有紧迫感，拖拖拉拉，浪费时间。有的教师为了按时完成教学任务，学生刚入角色，思维刚被激活，就急于总结，导致小组四维合作学习模式流于形式。因此，教师在进行教学设计时，要对小组学习的时间做一个大致的估计，做到心中有数；小组合作时，教师要下组参与学习、讨论，随时把握各组的学习情况，灵活地运用教学机智，调整学习时间。

2. 角色预设

"角色准备"包含两层意思：其一，学生能意识到"我"是与他人，尤其是教师，是平等的学习者；其二，学生能意识到"我"应该是一个积极的说话者和谦逊的倾听者。这样的角色意识是任何一种形式的讨论得以展开的前提。平等的师生关系是讨论得以深入开展的前提。因为只有当教师不再以权威的姿态出现之时，学生才能自信地思考，自信地提出个性化的见解，而非一味揣度教师的标准答案。今天，"对话""交往"等理念正频繁地出现于课程和教学理论当中，其目标就是要建立平等、互动的师生关系。当然，这样一种师生关系是在日常的学习生活中逐渐养成的，在具体的讨论情境中则表现为，教师和学生对同一个问题怀有同样的好奇心、探求欲，共同思考、彼此交流。意识到自身的说话者角色和倾听者角色，也就是要确立一种良好的讨论"礼仪"。比如，乐于与人分享自己的见解；发表自己的观点时紧扣话题；一定的范围内一次只有一人发言；给他人开口的机会；尊重他人的观点；能对他人的观点作出建设性的批评等等。在实际的讨论中，经常出现尖子生操纵着讨论，而那些不善表达和反应较慢的学生则仅仅充当听众的现象。因此，讨论之前，教师有必要就讨论问题作出一定的暗示或适当的说明。

3. 问题预设

问题是讨论的一个引子。问题的好坏影响着讨论的质量，问题的来源则具有着耐人寻味的意义。好问题具备哪些特征呢？显然这一问题的答案是"丰富多彩"的，因为具体情境中的问题必然有着具体的特征。但我们若从已有的经验出发，作一些归纳和反思，就不难发现，作为讨论引子的好问题少不了一些共同特征。譬如，在语文阅读教学中组织小组讨论时，能引起学生讨论兴趣的问题大致要满足这样一些条件：问题本身明白易懂；问题的答案离不开文章的支撑，但又不拘泥于文章本身；问题是诠释性的问题，需要学生有自己的立场；这是特定的课文所具有的特定的问题；在解答问题的过程中会衍生出子问题，从而推动讨论深入下去……正是为了确保问题的质量，很多教师在组织讨论之前会将自己精心设计的问题呈现给学生。教师的良苦用心基本上能取得其预期的效果。但教师若仅仅停留于"自己问学生答"，也就无意间错过了一些"学生问学生答"的境界中潜在的智慧火花。因此，教师不仅要鼓励学生尽情地说，也要鼓励学生尽情地问。

四维合作学习模式总是围绕某些问题来进行的，学生要学习和掌握的内容通常是以讨论问题的形式出现的。因此，教师在设计讨论问题时一般应注意如下几点。

第一，小组四维合作学习模式前，教师在备课时要深入研究教材，明确所要体现的新课标和新理念；还要吃透学生，抓住学生的质疑，精心设计问题；且有一定的开放性。

第二，讨论题要围绕课程标准和教材的重点和难点进行设计，题的数量要适度，不宜太多，更不能散，要避免随意设题。

第三，讨论题的难易要适度。一般来讲，教师提出的讨论题要遵循"难度大于个人能力，小于小组合力"的原则。难度大于个人能力，使小组合作成为必要；小于小组合力，可保障小组合作的成功。教师设计的小组四维合作学习模式的问题要有一定的挑战性。问题不能太难，不能超出学生的能力范围，若是问题太难，学生不知从何入手，不但解决不了问题，还造成了学生望而生畏的恐惧心理；若是任务指向不明，学生丈二和尚摸不着头脑，也无法讨论。但也不能过于简单，过于简单就会使四维合作学习模式流于形式。若是不假思索就能解决的问题，就会流于浅层的思维，不能对问题进行实质性的探究，表面看起来气氛活跃，久而久之，学生容易形成思维惰性，不利于创新意识的培养。根据维果茨基的最近发展区理论，问题的难度要处于最近发展区内，这些问题不能离开学生已有的知识结构，也不能超越学生当前的认识能力，这些问题经过合作小组的努力应该能够得到解决。只有这样的难度才会激发出学生合作的潜力，也才能实现真正意义上的四维合作学习模式。

第四，讨论题要有一定的梯度和层次。教师在设置讨论题时，要考虑到这些讨论题是否能够有利于促进学生积极动脑思考和主动探究知识，要尽可能多角度设问，设问梯度由易到难，由表及里，以便拓宽学生思维的广度和深度，同时也要考虑到满足不同水平学生的需要，充分发挥合作的功能。

第五，讨论题之间有一定的内在联系，有一定的逻辑性，以保证所学知识的完整和系统。

第六，在设计讨论问题时每门学科都可以结合现实来进行设计。

第七，设计问题要有敏感点，不能为设计问题而设计问题，不能为了合作而合作。

4. 观点预设

讨论是在观点的碰撞中展开并走向深入的。如果在一特定的讨论情境中，学生已基本具备了"讨论者角色意识"，并且已诞生了若干"好问题"，但却依然出现好学生控制整个讨论或小组成员先不着边际地闲聊一番的现象，那么其主要原因就在于，学生并没有带着观点步入小组讨论。教师是课堂教学的组织者，由教师来宣布"开始讨论"与"讨论结束"，是顺理成章的事。但是，如何在特定的时机实施相应的教学环节，却是每一位教师需仔细研究的课题。我们经常能看到这样的现象，当一个值得讨论的问题呈现以后，教师便立即兴奋地指挥大家分组讨论。然而，"胸有成竹"的教师忽略了一点，不给学生属于自己的构思时间，何来"百竹争秀"？只有在学生带着自己的观点或观点雏形参与到小组讨论中去的时候，他（她）才能真正体验到讨论给人带来的挑战性以及与他人分享思想果实的快乐。因此，观点预设十分重要。

四、因材施教的分层巩固

作业是完成教学目标的重要环节。传统教学模式下的作业负担极其繁重，内容枯燥，形式机械，效率低下，是教学改革的一个死角。四维合作学习模式下的作业应该成为学生生命成长的有机织成部分，是学生超越自我、表现自我的一个平台，是教学各环节中最具活力的一项，即着眼创新的分层巩固。

1. 练习、作业分层

针对教学内容和学生实际学习能力，教师分层次选编基本巩固性练习、拓展性练习、综合性练习。对 C、B 层学生要求紧扣课本，C层学生能完成课本上大部分练习和 A 组作业题，会做其中基础题；B层学生能完成书上全部练习和 A 组作业题，选做 B 组题；A 层学生另外增加变式题和综合题。练习、作业可分为必做题和选做题。必做题全体学生都做，选做题由 B 层学生选做，A 层学生全做。学生完成各层次相应练习和作业后选做高一层次练习、作业。由于减负，量力而行，低层学生也能有兴趣按时完成练习和作业，集中精力解决基本题，从而培养基础性学力；中高层学生则能拓展思路，在培养基础性学力的同时，提高发展性学力和创造性学力。这样可解决以往统一习题、作业时，高层学生"吃不饱"、中层学生"吃不好"、低层学生"吃不了"的矛盾。

2. 辅导分层

平时利用第二课堂对学生进行分类辅导。对 C 层学生辅导主要是调动非智力因素，培养师生和谐感情，激发学习兴趣，指导学习方法，面批部分作业，个别辅导重点突出，选题简单、基础。对 A 层学生鼓励拔尖，挑选 A 层学生进行竞赛辅导，主要是培养创造性思维与灵活应变能力。针对学生要求成功的心理，将学生按学习水平重新分班，进行同质班分类辅导。让每一类学生都摆正位置，在学习"最近发展区"学有所得，尖子生尽其所长，后进生打好基础，各类学生各得其所，信心足，动力大，迅速地提高了教学质量。

3. 分层测试

阶段性测试具有比较全面、及时反馈各层次学生阶段学习效果的作用和激励作用。把握试卷的密度、难度，按层次编制测试题，大部分为基础题，少部分为变式题、综合题，其中基础题量占70%，在一份试卷里分为必做题和选做题，选做题以二道为宜。必做题各层次学生都做，B 层学生选做选做题，A 层学生则做全部选做题。

4. 分层评价

分层评价是根据不同的教学目标，用不同的标准来衡量不同层次的学生，对处于不同学习状况的学生及时进行激励调节工作。

（1）教学过程中针对不同层次的提问、练习、作业等及时作出有效的、鼓励性的评价。

（2）以分层测试成绩作为分层评价基本依据，以学生自己每次分层测试成绩多做纵向比较，考察各层次学生在本层次达标及递进程度。对各层次达标学生给予表扬，让有进步的学生及时递进到高一层次，鼓励低层次学生向高层次努力。对达不到原层次目标的学生及时作心理辅导，解决智力与非智力因素中所存在的问题。对部分学习不到位的 C 层学生加强心理辅导和学习辅导，让所有学生在分层测试后保持良好的上进心态，感受成功的喜悦，增强自信。

（3）教师针对阶段教学效果作自我反馈、自我调节。主要是在分层施教这一环节调整教学设计，改进教学方法和教学手段，进一步使"教"适于"学"，提高四维合作学习模式的效率。

立足起点看进步

——东莞高级中学构建"教"与"学"质量评价新模块

东莞高级中学在新课标背景下，实施了从"从起点看进步"来评价学生的学习成绩是否提高、"从所教学生成绩提高幅度"来评价教师的教学实绩的新的评价方案，重构了教与学质量（专指学科考试成绩）评价新模块，取得了比较好的效果，本科升学率一直位居全市前列。

一、评价祈向：构筑评价新模块的现实诉求

在东莞高级中学实际工作中，教师的"教"与学生"学"质量评价，始终是个热点和难题；缺乏一种全新有效的具体评价手段，无法使教师教与学生学的质量评价真正做到合理、公正、客观。

问题之一：平均分的高低不能有效反映实际工作成效。当前，相同学科，或不同学科教学质量的高低，都是通过班均分及格率、优分率、差分率来比较的。而平均分评价教师及学生的教学状况优劣，在大规模考试试题难易适中且考生成绩正态分布时，较能反映一定的教与学实际情况。但是，平均分存在一个缺点即易受班级最高分最低分影响。如果一个班级绝大多数学生成绩较高或较低，而其中一个数值（学生考分）极低（或极高），由于每个学生成绩都参加班级均分计

算，使计算出的算术平均值大大下降（或上升），这个算术平均分数不足以表征这个班级典型水平，同时以均分评价师生前提是每次考试的试题难度、信度、效度、区分度均基本不变而且每次考生的成绩是正态分布。然而，我们目前的考试，通常仅以认知目标以及技能目标的笔头考试形式为主，并且考试试题编制仅以覆盖教学大纲或教学目标的广度为标准，个别时候兼顾难题，而试题的难度、区分度、信度都有没有依照 MET 试题题库要求进行常模参照对比，这样考试题的难度、信度、区分度、效度总在随人为因素起伏不定，不时大起大落，出现负偏态及正偏态现象，对教学质量很难全面科学地认识和把握，加之同学科及相同学科教学成绩缺乏统一参考点及统一单位，既不能相加也不能相比。依据传统数据库进行评价分析，掩盖了许多教师教学和学生分数表象上偏低而实际却成效显著的现象，极大程度地挫伤了他们的积极性、创造性。

问题之二：学科之间无法比较。如语文教师的语文统考平均成绩 70 分与数学教师的数学统考平均成绩 80 分对学生而言，单凭这两个原始分能否说数学一定比语文好呢？显然失之偏颇，对学生而言，也同样如此，如果该班大部分学生语文成绩均在 60 分以下，那么 70 分就表示该学生成绩好，如果该班大部分学生数学成绩均在 90 分以上，说明他数学成绩差，所以单凭两原始分 70 分 80 分既看不出该生水平高低，也不能确定他哪门功课好。同时，不同学校之间，也由于生源质量不等，升学率、优秀率和平均分等项目均无法进行比较。

二、从起点看提高：构筑评价新模式的主体内容

教学质量高低是教学活动的成效性外在表现形式，而良好的教学评价对教学质量有导向、促进、激励及调控功能。在教学活动中需注意教师为主导，学生为主体的双方协调作用。单方面忽视了教育的主体或客体，都不利于教学质量的提高。而单纯评价学生的学或单纯评价教师的教，也有失偏颇。全方位、多层面、科学合理的为改善师生教学活动，提高教与学质量的评价分析是教学评价的本质目的。因此，"从起点看进步"评价学生的学习成绩是否提高，"从所教学生成绩提高幅度"评价教师的教学实绩。成为了东莞高级中学构筑课程改革教与学质量评价新模式的主体内容。

1. 关于"教"的评价：立足起点的标准系数评价

确立衡量一个"教"的质量标准，充分发挥教育评价的导向、激励、改进的功能。通过评价过程的反馈、调控的作用，促进每个教师不断总结、不断改进自己的工作，调动广大教师的工作积极性和创造性，全面提高教育教学质量。

（1）起点如何确定。起点是一个动态和不断变化的过程，它的确定是学生原有的知识基础层次，它具体表现为前次或前几次考试的分数之和排序在全校或年级所处的名次位置，我们给每个学生的年级名次位置给予一个规定的标准系数，一般是多少个学生即给出多少个标准系数，不管多少个学生，成绩最后一名学生给他一个标准系数，即"1"。500 名学生，成绩第一名学生即给 500 个标准系数；1034 个学生，成绩第一名学生即给 1034 个标准系数。然后以班为单位，把该班每个同学所得的标准系数累加除以该班总人数得出该班的基础实力，这个基础实力就是该班的起点。这个基础实力的生成可以是一次考试排名所得的标准系数，也可以是多次考试成绩综合排名后所得的标准系数。

如某校高中高一年级共有 1034 名学生，把学生考入高中时的初三语文中考成绩依分数的高低排出 1034 个名次，年级语文个人成绩第一名的标准系数是 1034，第二名是 1033，最后一名（即 1034 名）的标准系数是 1。如果是 1055 名学生，则第一名的标准系数是 1055，最后一名的标准系数也是 1。得出每个学生的语文标准系数后，以班为单位，累计相加该班学生的语文成绩所得的标准系数除以该班总人数，得出该班语文成绩的人均基础实力。其他科以及班级基础实力乃至校际之间的算法均与上述算法相同。

（2）如何利用起点评价当前当次的考试成绩

评价各班各科目当前考试的情况，各班在各科中的基础不尽相同，单以平均分来评价很准确地反映各班各科在每次考试中的进退步情况；只有立足基础实力，然后对应本次考试年级排名情况，依据上述标准同样计算出该班的本次学生人均实力，然后把本次人均实力减去基础人均实力得出正负分，两相比较，得分比基础分多（本基分差为正）的说明本次考试该班进步了，反之就是退步了。如高一某班的期末全市统考语文成绩在全校排名中所得标准系数为 1014，55 人，人均实力约为 20，而原来该班前三次语文统考的综合排名所得出的基础实力为 934，人均基础实力 16.9，前后相减，得正分为 3.1 分，说明前一段该班的语文成绩进步了，任课教师的工作很有成效。反之，则退步了，需要总结教训，引起注意。其他科目以及班级总成绩乃至校际之间的比较，算法均与上述算法相同。

2. 关于学生"学"的评价：定位于动态性的基础分与提高分

动态性基础分与提高分是基于这样一种评价理念，设立一个动态的基础分，让学生在这个基础上通过更加努力的学习，提高学业成绩，当成绩好于以往时，学生即可得提高分。

第一、教师要为每个学生的每个学科设立一个基础分。这个基础分是根据这个学生在本学科的多次测验中所得的平均分，然后学生依据其测验分数与基础分进行对比来为自己的进步增加积分。值得注意的是，基础分不是固定不变的，在几次测验之后，基础分也得随平均得分的情况而有所变化，因此，基础分是动态的，不能把学生始终固定在某一个基础分上。

第二、提高分的具体计算方法。学生赢得进步分数的多少，取决于他们的提高分，即测验分数超过其基础分的程度。一般的标准是：低于基础分10分以上，则提高分为1；低于基础分1到10分，则得提高分10分；高于基础分10分以内（含基础分），则得提高分20分；高于基础分10分以上或完全正确的测验卷（不管其基础分是多少），均得提高分30分。一个月、半学期、一学期、一学年下来把学生自己的提高分，中途或许有降低分，正负相加，然后得出总提高分，以班或年级为单位排出提高分的名次，并给予奖励或多种形式的鼓励。

运用基础分和提高分的目的在于尽可能地使学生都能为自己的进步赢得最大的分值，即强调学业上的进步，而不管他们以前的成绩如何，把学生的成绩与他们自己以往获得的成绩相比来表示学业上的进步，这是公平的，充分考虑了学生之间不同的知识水平和技能以及不同的认知准备。

第三、奖励标准。对表现优异的学生，可以用三个不同等级的奖励进行认可，认可的依据是提高分之和：提高10到15分的为良好，15到20分的为优秀，20分到30分的为超优秀。教师在其中可以尽可能地发挥自己的想象力去创造更多更好的认可和奖励形式，不必拘于一格，只要能达到奖励和认可的目的，使学生受到激励即可。如证书、班报、板报等等。

学生提高分值的多少，与历次考试试题的难易有较大的关系，因此，我们在评价测试学生中应坚持这样的理念，考试是一种水平性测试，其主要目的是考查学生是否达到了课程标准所规定的目标，是否实现了预定的学习目标。坚持命题依据课程标准，杜绝设置偏题、怪题的现象。除注重基本知识和技能的考查外，在考试内容上，要加强与社会实际和学生生活经验的联系，重视学生分析问题、解决问题能力的考查。在考试方式上鼓励各种改革上的尝试。除传统的纸笔闭卷考试外，鼓励进行开卷考试。如让一个小组共同完成一个考试任务。教师还可以尝试学生出题考自己、学生出题考同伴、家长出题考子女等方式。不以一次考试确定学生的水平，或用适当的方式将平时成绩与期末考试成绩相结合，或给每个学生两次或两次以上的考试机会，以最好的一次作为学生的得分。但必须指出的是，考试改革不能一味标新立异或迎合学生的兴趣，必须保证考试有效地考查学生是否实现了学习目标，以及能否实现考试的诊断与发展性价值，要在调动学生考试积极性，减轻考试负担与确保考试的可行性和有效性上找到合适的平衡点。

综上所述，东莞高级中学这种教与学质量评价新模式的构筑从理论上来说是具有较大推广价值的。因为长期以来，我们大多都是以升学率、优秀率以及及格率等的集中量数来衡量一个学校或者教师的"教"和学生"学"的质量，一个重点中学和一个基础薄弱学校相比除了教学环境和一些教学物质条件会有不同外，学生整体的素质（在此仅指学科文化素质）差距会更大，不可能处在相同的起跑线上。即使是同一个班的学生，由于多方面的原因，学生的起点也不可能相同。而现实中我们却是用同一个标准在衡量一个学校、教师、班级、学生个人的教与学质量，严重缺失公平性。如果应用立足起点看进步这个标准系数的变化来评价，则可以去除传统评价模式中的不公平，既可以用来自查自比；也可以用于学校与学校、班级与班级、学科与学科之间的对比。

三、三维审视：新评价模块的"概率"不平等

教师的"教"与学生的"学"质量评价新模块的构建是基础教育改革的重要组成部分，对新课标的顺利推进有着极为重要的现实意

义，新的评价模式能比较公正客观地满足两个学校或者同一学校不同阶段、不同班级、不同学科的成绩比较。但我们在实际操作过程中发现新评价模块仍然存在弊端和误差，定量上的精确度与"概率"还有待进一步深入研究。

第一：假设某一班级的学生全是优等成绩的学生，这些学生已经处在前5%内，显然教师无论怎么努力工作，学生无论怎么学习，其进步体现在Z分数上的变化量总是很小的。而另外一个班级的学生处于中等水平，其进步的潜力显然远远大于前一个学校或班级，进步的概率自然大很多。这两个班级如果单看标准系数的变化值的大小将不是十分公平，因为付出同样的劳动而取得的成就大小的概率不一样。

第二：排名相对落后的5%的后进生，进步的幅度和体现在Z分数上的变化量也是很小的，出现了与优等生相类似的情况。

以上"两头概率不平等"的缺失，有没有办法更合理呢？这正是我们在实验过程中所遇到的困惑和正在努力研究解决的另一个问题。

在工作中研究　在研究中工作

——广东省特支计划教学名师毛经文工作室工作方案

2015 年，东莞高级中学历史特级教师毛经文被评定 2014 年广东省特支计划中小学系列首批十位教学名师，获研究经费奖励 30 万元，全省中学历史学科仅一人获选，东莞市教育系统当年也仅一人入选。2015 年 12 月，毛经文完成了研究团队组建工作，正式定名为"广东省特支计划教学名师毛经文工作室"，并相应制订本工作方案。希望把广东省特支计划教学名师毛经文工作室建设成为一支师德高尚、业务精湛、底蕴深厚、引领性强、影响力大的莞派名师队伍，充分发挥名师在高中历史教育教学中的示范、引领和辐射作用。

一、教育思想与理念

1. 幸福的生活方式。我们认为：大众教育时代的来临，大学教育从精英化走向基础化、通识化和大众化。当大多数人都有机会读大学时，中学历史教育就必须要服务于广大平凡之辈的人性与成长，以良好的心态、健康的身体坦然面对生活挫析与苦难，培养平凡、平淡、平坦、平静、平常甚至平庸的幸福快乐人是今后中学历史教育的主要任务和常态，不歧视学生成为幸福的普通人，历史教育不但要为精英服务，更要为平常人服务。健康、普通而幸福地活着也是人生的成功。

为了成功而折寿，或变成了高学历而野蛮的人绝不是教育的最终目标。历史教育的核心目标就是养育人格，让他们的精神站立起来，帮助他们找到幸福的生活方式。

2. 全面的人才观。我们主张：随着4D工业时代的到来，社会对人才的需求趋向多元化和个性化，人人都是爱因斯坦，乔灌各擅其美，每个人都是这个社会不可缺乏的人才。乔木大材可以做高大上的栋梁，或桌椅板凳；灌木在社会上同样不可缺少，可以绿化这个世界，改善人类所需要的空气；也可以减少雾霾；还可以制药，或制成黑粗茶或普洱茶。当人们把乔木制成栋梁之材时，灌木黑粗茶也会因为收藏时间长而变成了人们口中的宝贝。因此，当今的教育必须伴随着社会的进步与发展，从能力为中心的教育体系走向"素养"为中心的教育体系，让历史教育不再只是为培养少数几个精英分子服务，它必须面向所有学生，为所有学生的成长和提高他们素养提供"有机肥"。即使是一只笨鸟，上帝也为他准备了矮树枝。

3. 价值观比知识与能力更重要。我们践行：以养育学生人格人性为主要目的的历史教育教学比传授知识、培养能力要重要得多。知识固然可以产生力量，过程与方法也能培养能力。但从历史知识中挖掘出的价值观却能决定方向，用真的史实和美的方法养育善的价值观。历史知识只有在帮助学生追求真善美时，才是最重要的。智慧与价值观比知识与能力更重要。如果我们的课堂教学缺乏价值引领和价值担当的正确选择，就很容易培养有学问甚至是有艺术修养的恶魔，或精神变态者；任何机会都有可能变成陷阱与危害，能力越大，破坏性越大。毕竟希特勒的阴影仍在人类上空盘旋，随时都在寻找新的代理人。因此，素养立意与养育是中学历史教育的核心目标与最主要的追求。

4. 发挥工作室作用。工作室是我们研究与成长的平台：以科学发展观为指导，以本工作室为载体，通过高雅健康的内容、生动愉悦的方式、春风化雨般的方法、潜移默化的影响，来陶冶工作室成员的情操。并在营造宽松、和谐、积极、向上的研究氛围中为工作室全体成员建立起积极的思维模式、健康的行为模式、高效的工作方式、友善的交往模式。使工作室每位成员都具有敢为人先的创新勇气、敬业乐教的责任意识、与时俱进的学习态度、海纳百川的宽宏气量、勇往直前的竞争意识、诚实守信的合作精神，使工作室成为一个具有强大影响力的学习共同体和研究共同体，成为各位成员成才、发展、提高与腾飞的"延安"。

二、培养目标与愿景

（一）总目标：潜心以史育人，成就莞派名师。

（二）具体目标

1. 提高工作室成员的师德水平和专业水平，既是专业知识的传播者，也是道德规范的引领者。

人品做到：敦厚宽容、崇实笃行、尚力穷理，见识节高。

精神追求：在无私奉献、团结合作、勇于创新的基础上坚守与追求史学之安顿心灵、抚育精神、提升情怀、守护灵魂。

专业争取"四有"：有扎实的专业知识，有宽广的学科视域，有丰厚的文化底蕴，有宗教式的教育情怀。

事业追求：为学生幸福人生奠基，为教师专业成长领航。从优秀走向卓越，知新致远；敬畏历史，养育生命，爱其所同，敬其所异；让灵魂跟上应试的脚步，成长比成材重要，成人比成功重要；尽快成为"三师"，即立足经师（教知识点是为经师），成为明师（拓思维度是为明师），追求人师（启价值观是为人师）。

2. 提高工作室成员的教育教学能力，初步形成自己的教学特色或教学风格；在学科素养的以史育人中起示范作用；力争成为全市乃至全省全国有一定影响力的学科带头人或莞派名师。

3. 争取"基于家国情怀运用历史细节的策略研究"（初名）在省市立项，并以此课题为科研平台，培养和提高工作室成员的教育科研素质、科研能力和水平，增强其自主科研、积极科研意识和在教学行动中反思的意识。酌奇而不失其真，玩华而不坠其实；既要上得了课堂，又要写得了论文；既要种得好学生的田，也要不会荒自己的地；在田野式的草根研究中蕴积灵动的历史教育智慧，收获先进的教育理念和思想。

三、工作思路与要求

1. 目标上大小结合：力求工作室的总目标与工作室成员的个体目标相互结合、相得益彰。目标结构实现多元性，目标实施体现差异性，目标成功追求教育个性或个体特色。

2. 内容上完成"五个一"：带一支队伍、建一个网站、研究一项课题、出一批成果、推一批高中历史学科的莞派名师，在优秀的基础上追求卓越，成为学生的精神密友、灵魂导师、生命知己。

3. 管理上追求"三精"：精致、精湛、精英。

工作室建设要"精致"：广东省特支计划教学名师毛经文工作室建设要突出整体性、高品位、有内涵，彰显厚重底蕴和现代气息，具有浓郁的书院韵味。要超越世俗功利，散发高雅品位，凸显文化气息；要力求整洁和谐，突出教育意义，真正让工作室的每一面墙壁的张贴、每一处设施设备、每一件小摆设、甚至是每一丝流动的空气，都散发着积极向上和浓郁的历史教育科研氛围。

工作室管理要"精湛"：广东省特支计划教学名师毛经文工作室管理以"民主、和谐、进取"为核心，具备六种意识：团结意识、大局意识、危机意识、争先意识、主动意识、表率意识。管理理念追求科学化、管理策略追求人文化，管理过程追求精细化。

工作室人才培养要"精英"：具有中学历史学科的学术领袖气质和大气卓越的精神品质：师德高尚、学养深厚、教艺精湛、科研优良，具有优秀的专业素养和高超的教育教学技能，力争成为初高中历史学科的领军人才和莞派名师。

4. 步骤上分四个阶段实施：广东省特支计划教学名师毛经文工作室的建设可分四个阶段（从纵向角度而言）由浅入深、由表及里逐步进行。即表层的环境建设、浅层的行为规范、中层的规章制度和深层的价值认同。广东省特支计划教学名师毛经文工作室是在巩固表层环境建设和浅层行为规范的基础上，着重推进中层规章制度和深层价值认同。逐步从经验管理走向制度管理，并最终过渡到价值认同，价值认同包括心理认同、思想认同、精神认同、价值观的认同。具体步骤可分为：

确定目标：心有所向，优秀走向卓越。

拓宽视域：先利其器，提升学术素养。

教而为谁：养育生命，学会哲学思考。

大道至简：守护灵魂，具备宗教情怀。

5. 运行机制上"四制并行"：本工作室以五年为一个工作周期，在刚性规范、柔性服务、活性激励的基础上采取以下运行机制。

导师领衔制：本工作室实行导师领衔制，东莞高级中学毛经文老师为本工作室导师。领衔导师力争：做好学科素养的研究者，在责任与创新上下功夫；做好学科素养理念的解读者，在培训与服务上下功夫；做好学科素养课堂的推动者，在热情与参与上下功夫；做好学科素养课堂的引领者，在合作与指导上下功夫。

课题推进制：以工作室群体智慧为依托，围绕课题"基于家国情怀运用历史细节的策略研究"（初名）开展研究，力争研究过程清晰，研究成果显著。

通过专家引领（有关历史学科素养养育的专题讲座、学术报告等）扩大历史视野。

通过案例分析（有关历史学科素养养育的课堂实景、经典课例等）提升教学技能。

通过问题探究（有关历史学科素养养育的专业热点、教学难点等）提高科研能力。

通过主题攻关（有关历史学科素养养育的历史专题、核心知识等）强化教学质量。

成果辐射制：在五年工作周期内（2015—2019），工作室的相关成果以论文、专著、研讨会、报告会、名师论坛、公开教学、专题视频、现场指导、指导读书、观摩考察等形式在全市全省范围内介绍、推广。

岗位淘汰制：在五年工作周期内，成员未能较好地履行职责，工作效果较差，经考核不合格的自动淘汰。

6. 课题研究上常用三副"镜"：天文望远镜（仰望历史的星空）、360度广角镜（全方位多层次认识历史）、高倍显微镜（关注历史细节）。"基于家国情怀运用历史细节的策略研究"课题具体研究思路与过程及要求是：史海掏取细节，源自名门正派。用如时节好雨，旨在素养养育。彰显核心目标，追求课堂素养。养育学生人生，成就莞派名师。

四、特色形成与要求

在工作室发展与追求上，"潜心以史育人，成就莞派名师"是毛经文工作室的主要特色与追求，正如工作室对联所写的那样：上联："梦想、理想、莞派名师之想，想想就做"。下联："国事、家事、以史育人之事，事事能成"。通过多维探究和研讨"基于家国情怀运用历史细节的策略研究"来实现"以史育人、成就莞派名师"目标。使本工作室成为一个在全市、全省及全国范围内拥有较大影响和示范性的品牌工作室。

五、预期成果与达标

本工作室以公开教学、论文、专著、研讨会、报告会、名师论坛、专题讲座等形式向外辐射，示范引领全市或全省学科课程教学改革，为全市全省教育的均衡发展、教学质量的提高和教师的专业成长做出一定的贡献。

1. 建立成员电子档案，提高工作室成员教育教学、教科研能力、水平，确保80%以上的成员成长为莞派名师。

2. 建设工作室专题网站或专门博客，形成高水平的现代教学资源库。

3. 汇编"基于家国情怀运用历史细节的策略研究"的优秀教学设计、论文、专著等，形成高质量的文集，争取在省市以上范围内交流、发表、出版。初定出版两本书，一本是毛老师个人专著《素养皇冠上的明珠——特级教师毛经文对历史教学中"家国情怀"的零思碎想》。另一本工作室成员的集体合著《善的价值观比知识能力更重要——广东省特支计划教学名师毛经文工作室对"家国情怀"的探索与思考》。

4. 借助东莞市继续教育中心管理平台、东莞市名师平台、中学历史教研平台、工作室平台，形成良性运行与协调发展的教研机制，使"基于家国情怀运用历史细节的策略研究"研究活动有效化、常态化，并能一直持续下去。

六、指导专家与顾问（略）

教育，因课题研究而精彩

说明： 毛经文老师是一个追求"在研究中工作，在工作中研究"的特级教师，酌奇而不失其真，玩华而不坠其实。他认为：水本无华，相荡乃生涟漪，因而主张"教而不研则浅，研而不教则虚"；提倡中学老师要多进行田野式的草根研究，小菜可以炒出大味道，小打小闹同样可以出大成果。教育科研课题让我们在动态中分析出了静态，在复杂中厘出了简明，在多维中透视出了方向。教育，因课题研究而精彩！下面选取的文章就是他多次应邀到东莞市一些中小学校、幼儿园进行教育科研指导的发言稿和文字点评稿。

信心 让期待更殷切

——开题报告会点评课题《幼儿感恩启蒙教育的实践研究》

在这寒冷的冬日里，能有机会参加东莞市"十一五"第五批立项课题《幼儿感恩启蒙教育的实践研究》的开题报告会，本人倍感激动与温暖。在开题报告会之前，我已多次与课题组主要负责人周淑贞园长就本课题进行了电话探讨和邮件互动，在相互交流过程中，我总是不断地被以周园长为首的课题组成员的创新精神和认真态度所感动，因此，我们完全有理由对本课题充满信心；并因为信心的灿烂，让我们对本课题未来的发展充满了无限的期待。

　　之所以对本课题充满信心，完全是因为课题本身的创新性和它的社会价值以及不凡的教育意义。如课题组在选题上就走出了非常成功的第一步，课题组能从大处着眼，小处入手。所选幼儿感恩启蒙教育课题立意高、起点低、范围广、问题小、视野开阔，能从当代教育发展的总体趋势出发，选取具有代表性的，被普遍关注而又亟待解决的幼儿感恩启蒙教育问题，选题贴近实际，做到了"真、小、实"；避免了"假、大、空"。它的创新性具体表现在以下"三个第一个"上：

　　第一，是全省幼儿园系统"第一个"对幼儿进行感恩启蒙教育研究的课题。感恩教育在国内一些地区中小学受到了重视，也已取得了一定的成效。但收效并不理想。在幼儿园系统全面深入地开展幼儿感恩启蒙教育实践研究的非常少，目前在广东省内除万江区中心幼儿园外还没有发现第二家。

　　第二，抓住了小孩子系统学习的"第一个"学段。幼儿期是性格、品行形成的关键期，也是接受感恩启蒙教育最理想的时期。"知恩"才会"报恩"，要先引导幼儿了解他人对自己的恩德，然后才能培养起幼儿对他人的尊重。幼儿园是人生进入系统学习的第一个学段，也是感恩教育的最佳时期。

　　第三，是东莞市"第一个"还在课题申报阶段就引起了媒体广泛关注的研究课题。课题申报前，该园对感恩启蒙教育已进行了一些具体做法上的探索，引起了媒体的广泛关注。周园长的感恩教育论文《弘扬传统文化，建设和谐校园——浅谈〈弟子规〉在幼儿教育中的作用》被推荐在广东省幼儿园园长高级研修培训班结业典礼上宣读并进行课件演示，之后，该课件又被广东幼儿师资培训中心的后期园长上岗资格培训班多次引用；2008年8月，以幼儿感恩教育为主题的首届"礼乐伴我行"亲子音乐会被东莞电视台报道，音乐会的活动过程后被深圳弟子规公益网引用，该音乐会现场视频还被优酷网转载；"首届亲子读书节"，被《东莞青少年网》转载；集体庆祝母亲节活动，《南方都市报》刊登了题为《三鞠躬谢母恩》的文章，对该园的幼儿感恩启蒙教育进行了报道，东莞市妇女联合会《莞邑妇女》网转载了该项活动，并以一篇题为《阳光亲情活动感动母亲》的文章作了进一步介绍。媒体的广泛关注和轰动式的社会影响及良好的社会效益，已为课题组进一步研究奠定了良好的基础。

由于本课题精致独到的选题和课题组成员卓有成效的前期研究工作等，使我们对本课题的未来发展充满了"五个期待"：

第一，期待课题组成员共同努力，把幼儿感恩启蒙教育这个课题做成一个优秀的课题。课题组的科研能力、水平和前期起步阶段的工作，让我们丝毫都不怀疑本课题能做成一个达标课题。但仅有达标是不够的，它远不是我们课题成员所追求的目标，如果不把本课题做成一个优秀课题，将造成三个方面的浪费：一是浪费了这么一个具备具有创新意义和开垦处女地意义的选题；二是浪费了课题组全体成员的智慧和孜孜不倦的研究工作；三是浪费了领导、专家、同行、媒体对本课题的赏识与关注。

当然，要把本课题做到优秀等级，未来的研究工作仍是十分艰苦和漫长，它更需要我们课题组全体成员团结一心、共同努力。因为"优秀"对于我们这个课题来说包含了三个必须达到的目标：一是要把幼儿感恩启蒙教育作为一个科学的系统的来研究，它包含了幼儿感恩启蒙教育的目的、内容、策略、途径、方法和评价体系及效果等一揽子子课题。各个子课题不但要研究出自己独有的东西，还要把各个子课题整合成一个具有严密逻辑关系的科学体系，使各个子课题之间能够达到良性运行和协调发展。二是要积极参加国家省市级的课题评奖活动。边研究、边参评，及时总结，及时上报，不断提高，要通过参评来促发展。三是要在市级课题的基础上做大做强，争取把本课题做成一个颇具影响力的省级和国家级的立项课题。

第二，期待本课题的研究在"长、宽、高"上有一定的延伸。本课题研究内容的"长"是指研究时间和内容的跨度，学术无止境，科研无终点。"宽"是指研究范围的广度，我们要根据本课题研究目标的需要以及课题组的内部条件和外部条件，力所能及地拓展本课题的研究范围。"高"是指研究水平的高度，是本课题组要尽力达到的水平。以上三个方面要统筹兼顾，都要有一定的延伸，不能厚此薄彼、扬此抑彼，或顾此失彼。

第三，期待课题研究过程实实在在，件件事落地生根。做教育课题研究如同我们写一篇美文一样，要想吸引读者，打动读者，就必须做到：有精彩动人的选题，有优美新颖的研究方案，有传神真实的研究过程，有恰到好处的文献资料引用，有独到深刻的见解，有铁板钉钉的成果。要想达到以上标准，我们在研究过程中一定要经常做到"五要三防"。

五要是指：一要紧扣课题研究目标，不要让课题研究内容偏离课题研究目标；二要把每项研究内容表述明白，不要含糊其辞或模棱两可；三要注重研究内容的整体完备性，不要出现重大缺漏；四要保证每项研究内容的相对独立性，不要产生近似甚至雷同的现象；五要调控每项研究内容的难易均衡性，不要使各子课题的任务悬殊。

三防是指：一防"超载"，每一步的活动量不能超过课题组成员力所能及的工作量；二防"撞车"，每一步重大活动安排要与当地教育行政部门的重大活动安排不相矛盾；三防"误点"，课题设计有自己的时间规定：什么时间开题，什么时候要完成什么任务，什么时间结题，课题组都要有时间观念和研究路线图，保证正点运行。

总的说来就是：从课题研究的空间来看，课题组成员要坚决杜绝

"闭门造车"现象，要把自己研究的重心下移到班级，推进到课堂和学生个人；从研究内容来看，课题组成员要努力实现从单一性研究向多向性研究转变；从研究方式来看，课题组成员一定要尽快实现从相对零乱的事务性工作中走向目标明确的课题系统研究；从个人价值趋向来看，课题组成员一定要超越自得其乐或自怨自艾的个人情绪，追求心怀天下的人生境界。

第四，期待课题组成员在研究和探索本课题的同时一定要注意自己的专业发展。要通过做这个课题研究培养出一大批名师或专家，形成一个课题带动教师专业发展、教师发展促进学校成名校的良性互动局面。具体要求就是：要通过本课题的实践与研究，促进教师专业发展，要让教师在研究本课题之后，教育的支点发生位移，即从功利教育向人文教育迈进，向学生生命原点和师生丰裕的精神迈进，向成全人性的通达迈进。要让教师在本课题的引领下，成为学生的生命知己、灵魂导师、精神密友。

第五，期待课题组能进一步争取领导、专家、媒体和同行们以及社会各界对本课题的关注与支持。在这一点上，我认为课题组已非常有特色，今天那么多的领导专家同行来参加课题报告会和媒体先前对本课题的报道就是最好的证明。下一阶段的内引外联工作建议课题组要特别注意争取四个方面的人支持：一是有权之士。要一如既往地争取方方面面领导的赏识与关爱，领导重视了，什么都好办。二是有识之士。这里主要是指与课题研究内容相关联的各级各类专家，经常咨询他们，有利于课题研究的健康发展。三是有志之士。本课研究是一个系统工程，任务重，难度大，课题组要进一步遍揽各方有志之士，不仅仅是课题组内部的有志之士，家长、社会都可以是我们争取的对象，要组成一个高效率的课题研究航母。四是有财之士。科研需要经费，有时园内经费不够时，我们不妨争取社会有财之士的支持和捐助，以保障课题研究所需要的"粮草"充盈富足。

竹叶青青不肯黄　虚心劲节是吾师

——开题报告会点评课题《建设小学"竹文化"的实践研究》

今天有幸参加东莞市"十一五"第五批立项课题《建设小学"竹文化"的实践研究》开题报告会，激动的心情可以用"三个一"来形容：

来到了一所好学校：石碣实验小学是东莞市比较有名的学校，也是正在形成自己品牌和办学特色的学校。该校在经营品牌学校中，以"竹文化"为自己的办学特色，正在把自己内在的高质量和外在的精包装和谐糅合在一起。我们完全有理由相信，学校通过"竹文化"这个课题，未来的石碣实验小学校园一定会处处流淌着"竹文化"的气息，时时可以感受浓郁的竹林雅趣。它不仅是我们认识和了解实验小学的一个独特窗口，更重要的是学生亲近自然、参与社会综合实践活动的成长乐园。不但处处可以触摸不同的竹种，欣赏到别致精巧的竹盆景，观赏或制作竹工艺品。还可以时时聆听、演奏竹音乐，鉴赏竹画或挥毫画竹，吟诵竹诗文，品尝竹食品的美味。

赶上了一个好课题：校园"竹文化"建设这个课题虽然在全省或全国范围内都不时有学校在做，但在东莞做这个课题石碣实验小学还是第一家（这年头拿个第一次可不容易哦）。它好就好在以赏心悦目的竹林资源以及由此而生发的"竹文化"为主题，利用竹子笑迎风霜雪雨的坚强品格和文静高雅虚心有节向上的美德。通过开发"竹文化"系列校本教材，用竹子精神陶冶学生情操，形成以竹子为核心的校园特色文化，使之成为学校实施素质教育的无形力量。

遇上了一位好校长：打造品牌学校主要取决于校长，校长是学校教育科研的带头人和组织者，是学校教育科研工作的核心。一个科研型的校长，他往往会率先垂范，身体力行，懂得科研，善于科研，精于科研，使广大教师学有榜样，行有带头羊，这样的校长一定会才会带出一群科研型的教师，带出一所教育科研遍地开花、满地结果的学校，这也是江浙产生那么多全国名校和全国名校长的主要原因。许多教育专家都认为真正聪明的校长一定会通过课题研究来推动学校向品牌化和特色化方向发展，黄校长的"竹文化"课题就成功地把握住了这个方向。我们相信：有黄校长这位既亲切随和、开放灵动，又活力四射、时尚稳重的"有权之士"领衔研究"竹文化"课题，再加上课题组这一班"有志之士"和"有识之士"们的共同努力，课题的未来研究一定会灿烂辉煌，一定会成为全市乃至全省甚至全国的品牌课题。

在充分品读本课题意义和价值的同时，我也提三个小建议供课题组在研究时参考：

一是打造校园"竹文化"的品位一定要高起点。学校"竹文化"建设是百年大计，建设一个全新的"竹"校园，既要最大限度地体现"竹文化"的特色，又要尽可能地保持和利用好现有的校园格局。特别提醒课题组一定要邀请有关园林设计方面的专家来校实地考察，本着节约高效的原则做好校园"竹文化"的规划和设计，制订出开发的总体规划，避免走弯路或低层次重复。一定要把校园建设成一个具有高品位的"竹文化"特色学园。

二是以竹为核心开发出一系列校本课程。"竹文化"校本课程应构成具有严密逻辑性的三个层次：首先是"识竹和爱竹"层次，即通过竹的生物性研究，使学生了解和认识竹，培养对竹子的浓厚兴趣和爱竹情感。其次是"颂竹和制竹"层次。即让学生通过画竹、唱竹、写竹，学会制作简易竹制品及竹食品，提高学生实践和创新能力。再次是"品竹和学竹"。即通过对竹精神的挖掘与研究，理解竹蕴涵的情感、思想、品性，学习竹的精神。

三是进一步浓缩和提炼"竹文化"的精髓。"竹文化"是根，竹精神是魂，不要把竹文化弄得太复杂或空灵玄虚，建议课题组紧紧抓住"竹文化"的三大核心精神：虚心、有节、向上（谦虚谨慎是竹的品格，坚韧不屈是竹的气节，无私奉献是竹的风骨，高风亮节是竹的灵魂），并把这三种竹精神渗透到学校办学的各个层面，变成师生骨子里流淌的血液，不断内化为学校的办学特色。如校训、学校教育理念、教育目标、培养目标、校风、教风、学风等都要体现竹子精神。

为明天的太阳奠基

——点评课题《幼儿"四位一体"趣味健康活动的研究与实践》

我非常愿意参加东莞市"十一五"第五批立项课题《幼儿"四位一体"趣味健康活动的研究与实践》的开题报告会。因为参加幼儿教育的课题对我这么一个十分老相的人来说，是一剂最好的美容药方，它让我们心态年轻，让我们充满活力。我相信，今天在座的各位在参加完这个开题活动后，每个人都会年轻 10 岁以上；当然，这也是我新年最美好的祝愿！大家都知道，健康的生活方式其实就是追寻人与自然、人与社会、人与自己身心的和谐发展，这种科学的生活方式也可以称之为"生态型生活方式"。前一段时期，茶山中心幼儿园李园长把本课题的研究方案通过邮件发给了我，我看完后，惊呼"好"；随着对本课题的不断了解和深入分析，我又一次惊呼"很好"；当我看到以李园长为首的一批课题组成员在高效进行课题研究的前期准备工作时，我再一次惊呼"非常好"。

之所以说它"好"。是因为以李园长为首的课题组向我们呈现了一份写得非常精彩的课题研究方案。大家知道，制订课题研究方案如同我们建房子一样首先需要有一个建筑规划与蓝图，它是我们未来课题施工和研究的纲领性文本。有了它，未来的研究照图施工就 OK 了。可以这样说，李园长的课题研究方案是我视导以来为数不多的几个写得最好的方案之一，这个研究方案抓准了研究切入点，成功分解了课题研究目标。既有总体目标，又创造性地把研究主题分解为平行目标和层次目标。研究切入点也体现了课题组成员的研究智慧：一是从基础性的、容易的、关键性的问题中选定的，二是从已经成功经验中去寻找的，三是从幼儿园面临实际问题中去寻找的，四是从幼儿终身发展的需要中去寻找的。

之所以说它"很好"。是因为本课题选题精妙，立意高远。诺贝尔奖获得者杨振宁教授认为："一个好的选题，等于实验成功了一半。"（两次选题都让他获得了巨大成功：一次科学研究选题即 1957 年，与李政道教授共同提出弱相互作用中宇称不守恒原理，推翻了爱因斯坦的"宇称守恒定律"，让他获得了诺贝尔奖。另一次就不说了）。因为选题是一切科学研究的起点，选题过程就是确立研究目的、研究对象、研究内容和研究方法的过程。它不仅是对课题成员的学科知识水平和教育科学素养，以及对教育内外部矛盾认识的深度和广度的综合反映；也是决定研究工作能不能顺利进行、能不能取得成效的基础和前提。本课题的选题有两点特别值得我们提倡：一是选题能够以校为本，是以解决幼儿园面临的实际问题为指向的，紧扣了幼儿园生存和发展的实际需要，以实现幼儿的身心健康为目标，全面提高幼儿对健康的认识水平，培养幼儿的良好习惯，为幼儿未来的健康生活奠定坚实基础。二是选题做到了立意高、范围广、视野开阔。

之所以说它"非常好"。是因为以李园长为首的这个研究团队在前期的研究起动工作中体现出了较强的研究能力、研究智慧和团队合作精神。从本课题研究的组成人员来看，课题研究所需要的四个方面的人士（有权之士、有识之士、有志之士、有财之士）都被延揽在课题组内，初步构成了一个高效率的课题研究航母。我们完全有理由相信，课题组成员在未来的研究中一定会如诗人一般浪漫，怀揣一个追求教育理想的梦想，用细腻的教育情怀、饱满的激情和敏锐的眼光去从事繁杂的日常研究，一定会让课题研究过程充满诗情画意和浪漫情怀。正确的人一定会用正确的方法去把正确的事情做正确。

正如我们科研主任所说的那样：课题研究开题就如同建筑开工一样，万里长征只是走完了第一步。课题组下一步的研究工作一定要照图施工，照方抓药；一定要把整个研究过程做得扎扎实实，千万不要把课题做成豆腐渣工程，贻害后代。在这里，我还想给课题组成员建议"四个结合"。

1. 把课题研究与幼儿园特色化发展结合起来

办幼儿园是一门艺术，它要求园长要有先进的理念，具备超前的眼光和开拓的精神，去实现办学的多样化和个性化。那种单纯依靠追求知识传授的做法已随着素质教育的日益深入人心而在逐步失却其往日的强大吸引力，代之而起的将是幼儿园特色化上的竞争；要在激烈的竞争中立于不败之地，就必须走出一条特色立园、特色兴园的道路，这也是幼儿园在激烈竞争中求取生存和发展的一张王牌。因此，课题组未来的研究工作一定要把课题研究工作和幼儿园的特色化发展结合起来，以理想的教育去实现自己的教育理想。茶山中心幼儿园的立园特色是什么，就是他们正在做的课题。当其他幼儿园在多识几个字和多算几个数上大做文章的时候，他们正在独辟蹊径，以培养幼儿健康生活方式为己任，为幼儿的一生发展开始做一些奠基性的工作。特色鲜明的课题正在成为茶山幼儿园特色化发展的主要内容，正在发挥本校优势，以点带面，实现整体优化，逐步形成的一种特殊的、优质的、稳定的特色办园风格。要让健康生活方式在幼儿心灵中刻下深深的烙印，成为他们今后生命历程中总是在闪烁的那盏指路明灯。

2. 把课题研究工作与幼儿园日常工作结合起来

由于课题研究是把幼儿对疾病的认知活动、体育锻炼活动、爱护环境活动、均衡膳食活动贯穿在幼儿每一天活动之中的。因此，课题组成员在研究过程中一定要把课题日常研究工作与幼儿园的日常工作紧紧结合起来，把工作当作研究来做，把研究当作工作来完成，幸福而诗意地对幼儿进行系统的健康生活方式教育。从某种意义上来说，四位一体课题既是一个幼儿成长与发展课题，又是一个幼儿园管理课题，办园特色的研究与实践本身不是什么新鲜话题，但把特色兴园与幼儿园管理结合在一起进行研究在东莞市还不多见。

3. 把课题研究的近期研究成效与幼儿未来发展结合起来

幼儿期是生活方式形成的重要时期，从小养成幼儿良好的生活方式，对维护和促进人的健康成长具有十分重大的意义。因此，课题组在今后的研究中一定要立足幼儿的长远发展和可持续发展，不搞急功近利和短期行为，不能为了获奖而去违背幼儿认识和发育的规律，搞轰动式效应等等。要从明天的发展来研究今天的幼儿，要让鲜活的生命成为自己的主人，要重点突出幼儿的主体作用和核心地位，一切为了幼儿，为了幼儿的一切，为了一切幼儿。要给幼儿一个自己发展的空间，让他们自己往前走。要给幼儿一个自己发展的条件，让他们自己去锻炼。要给幼儿一个自己发展的时间，让他们自己去安排。要给幼儿一个自己发展的问题，让他们自己去寻找答案。要给幼儿一个自己发展的机遇，让他们自己去抓住。要给幼儿一个自己发展的冲突，让他们自己去解决。要给幼儿一个自己发展的权利，让他们自己去选择。要给幼儿一个自己发展的题目，让他们自己去创造。

4. 把推动课题发展与教师专业发展结合起来

幼儿教师特色化是幼儿园特色化发展的关键，它主要表现为拥有一个或几个优势学科或课题研究项目，并通过课题研究来推动教师的专业发展和名师的产生。具体说来就是要通过做这个课题研究培养出一大批名师或专家，形成一个课题带动教师专业发展、教师发展促进学校成名校的良性互动局面。要让教师在本课题的引领下，有健壮的体脑"载体"，有坚定的政治信仰，有高水准的道德品质，有全面的知识结构，有优化组合的能力"集成块"，有健全的心理构造，有高尚的审美情趣等等。

小课题正在解决一个城市发展的难题

——点评课题《关注新莞人子女教育与成长的研究》

大岭山镇向东小学叶小英老师领衔研究的东莞市"十一五"第三批（规340）立项课题《关注新莞人子女教育与成长的研究》已进入了中期研究阶段，从前段研究情况和网上传送的研究资料来看，研究过程扎实到位，阶段性成果突出，是一个让人充满期待和极具推广价值的社会性课题。研究课题虽然小，却是"小课题　大文章"，它正在解决一个城市发展的难题。基于以上这种特别的课题意义和巨大的社会价值，我诚恳建议课题组在下一阶段的研究中，要在"四个提升"上有所突破。

一、要把对本课题的认识提升到解决一个城市难题的战略高度

在说这一点建议时，我和大家一起来回顾法国2005年城市移民二代青年发生的骚乱事件，那是2005年10月27日，在巴黎附近的克利希苏布瓦市，2名少年移民为逃避警察追捕，躲入一个变电站，遭高压电击致死。结果引发众多青年走上街头，抗议警察追捕导致少年死亡，他们焚烧汽车，与警方发生冲突。骚乱活动愈演愈烈，范围迅速

蔓延到法国全境，涉及比利时、德国和意大利等欧盟国家。为什么这么一个让人称之为移民天堂的国家会发生如此让人痛心的事件呢？当然，其中的原因很多，但有一个原因却是大家公认的，参加本次骚乱者几乎都是移民的第二代、第三代，说明法国人没有处理好和教育好城市发展过程中移民二代问题。因为移民二代已不可能像第一代移民那样有一个良好而满足的心态，"流出地"与"流入地"的生活比较对他们已不具有时代性和现实意义，他们成长或出生在流入地，接受的是当地的法律与人权观念，与他们父辈已"五个不一样了"：眼界不一样了，思想不一样了，观念不一样了，要求不一样了，做人也不一样。再加上法国主流价值观对移民的轻慢和法国政府的多年对"新莞人教育"的不作为，让他们无可避免地尝到了苦果。

法国这次骚乱给我们带来了一个启示。中国目前正处在社会转型的关键时刻，原来城乡分割的二元体制被打破了。如果我们全社会还不赶快对新莞人二代在教育上有所作为，总有一天我们就一定会遭受法国那样的痛苦。因为他们从小生长在东莞，对家乡的记忆、感情和"新旧对比"远不如他们的父辈；从身份上说又不是"城里人"；他们将更无归宿感，更感到没有家园可依，对种种不平等待遇将更加敏感、更加心怀怨恨。如果这种状况长期没有改变，随着他们长大成人，对社会将产生难以预料的影响。因此，全社会和我们的政府必须认真思考这个问题，不要把新莞人子女当成城市发展的"包袱"，要真心实意地为他们着想，真正把他们也当作城市的主人，更好地为他们谋利益、谋发展。作为学校，我们要在政府重视新莞人工作的框架结构下，尽快做好新莞人子女教育这个课题，要让他们尽快融入东莞，对自己的"新家"有认同感、归宿感，真正感觉到这是自己的家园。

在此，我特别提醒课题组研究人员要在东莞"海纳百川、厚德务实"城市精神基础上，把对本课题的认识提升到解决一个城市难题的战略高度。即研究新莞人子女的教育问题同样是在培养城市未来的新公民，同样是在为构建社会主义和谐东莞做奠基性的工作。

二、要把对新莞人子女行为习惯的培养提升到塑造未来东莞人的高度，要为东莞城市发展培养更多的优质建设者和服务者

从东莞未来发展来看，各层次人才都应该是东莞城市建设与发展过程中必不可少的，既要有搞原子弹，也要有卖茶叶蛋的，无论是哪一类型的人才，都是东莞城市的建设者和服务者，都要求要有较高的素质。因此，向东小学叶老师的这个课题研究如果往更高层次来审视的话，他就是在为东莞城市的发展培养数量更多的优质未来建设者。

《大教学论》作者夸美纽斯说过：教育是学生未来生活的预备。课题组应该基于新莞人子女未来在东莞生存发展的需要建立全方位的教育体系，为学生未来在东莞的生存和发展服务，使新莞人子女初步掌握适应城市生活所需要的知识、技能和基本素质，帮助他们获得在城市生存和发展的机会，教育、引导他们积极、主动、善意地适应城市生活，形成良好的审美情趣，养成健康向上的生活方式；拓宽兴趣爱好，发展个性特长，逐步形成自尊、自信、自强等心理品质；逐步提升自主、自理、自立的意识，以及自主学习、自我完善的能力。要让他们在继承和发扬家乡优良传统和文化的基础上，接触、感受、体验东莞的先进文化，激发对东莞的热爱之情，确立"我是新莞人"的意识，树立融入东莞、建设东莞的信心；养成健康的心理品质和审美情趣，为他们今后在东莞的生存和发展打下基础，逐步成长为具有较高文明素养和文化素养的新莞人。

三、要把课题研究的单打独斗或一枝独秀提升到百花齐放群芳争艳的高度，为更多的新莞人子女服务

一枝独秀不是春，东莞有几万新莞人子女在公立学或私立学校读书，如果仅仅是向东小学几位热心老师来做这个课题，它所产生的社会效益毕竟是有限的。因此，我热切期盼更多的学校、更多的班级、更多的有志之士来共同做这个课题，以此来惠及更多的新莞人子女。也正是因为这个课题本身的典型意义和示范性作用及巨大的社会价值，它对我们课题组成员提出更多更高更强的要求：

第一，由于本课题具有极大的推广应用价值，是在解决一座城市发展过程中所面临的社会难题，因而本课题一定要做成功，不允许失败。课题组成员在研究中要有诗人一般浪漫，怀揣一个追求教育理想的梦想，用细腻的教育情怀、饱满的激情和敏锐的眼光去从事繁杂的日常研究，要让课题研究过程充满诗情画意和浪漫情怀，要有把课题做成一个在全市全省全国都有较大影响的优秀课题的远大志向和扎实行动。

第二，由于本课题是面向广大新莞人子女教育的，研究过程的实践性非常高，行动研究是本课题最主要的研究方法，要把自己研究的重心下移与推进到教育教学一线。

第三，从某种意义上来说，这个课题应该由主管部门来做。现在由我们向东小学的几位老师在做了，是好事，虽然少了一些官方色彩；但干实事的人多了，踏实研究的队伍也壮大了，这有利于课题的发展。但同时我还得提醒课题组注意，课题研究的内引外联工作要特别争取主管部门的支持，要一如既往地争取方方面面领导的理解和支持。

第四，课题组在不断推动课题研究的同时，还要利用一切机会，持续不断地为新莞人子女鼓与呼，不遗余力地呼吁全社会来关注新莞人子女成长与教育。我们课题组有这样一个梦想，那就是让新莞人子女能和城里的孩子坐在同一个宽敞明亮的教室里，共同接受高质量的现代化教育，用我们的热情，用我们宽容而又善解他们的心去工作，去呼吁全社会都来关心新莞人子女，实现教育公平，共筑和谐社会。

四、要把课题的个案研究提升到一定的理论高度

如何教育好新莞人子女，是本课题要重点研究的问题，教育好新莞人子女说到底就是九个字："进得来、留得住、学得好"，进得来主要由政府和当地教育行政部门去解决，当前，东莞市政府正在强力解决这一问题，并已取得了不错的效果。来到我们学校后，能不能留得住？能不能学得好？就是我们课题组所要解决的问题。课题组不但要解决好这个问题，而且还要把课题的个案研究提升到一定的理论高度，要成功探索出一条具有东莞特色的新莞人子女教育方法。

关于新莞人子女教育，我在这里还提几个建议供课题组研究时参考：课题要以培养新莞人子女行为习惯为切入点，拉动整个课题向全面而系统教育新莞人子女的方向发展。从教师这个层面上来说，要始终以爱为基础，因材施教，每天爱他们"多一点"：多一点尊重、多一点关爱、多一点表扬、多一点信任。从新莞人子女这个层面来说，要求他们在突出身心健康的前提下，要尽量向品学兼优方向发展。要特别注重新莞人子女的心理健康教育，要通过开设"阳光心理工作室"和"阳光信箱"等多种方式来抹平新莞人子女的心理落差。要尽可能挖掘课堂资源，帮助新莞人子女找到异乡人的自豪感，鼓励新莞人子女，充分展示自己的优点，让他们在勤劳和节俭等方面成为城里孩子的榜样。要时刻提醒他们，干净的仪表和文明的举止是人的第一张名片；要天天告诉他们，自信是照亮自己、温暖他人的良方；要常常教育他们，丰富的学识是现今社会立足之本。

让"艺术达美"成为特色学校的品牌

——点评课题《艺术特色学校建设的研究与实践》

常平镇第一小学陈伟新校长主持研究的东莞市中标课题《艺术特色学校建设的研究与实践》已进入了中期研究阶段，从前段研究情况和网上传送的研究资料来看，该课题的研究团队阵营强大（两个省级名师或先进，两个市级学科带头人），理论水平较高，主要研究人员的文字功夫好，总结能力强，研究过程扎实到位，能着眼整体、立足个体、张扬主体，阶段性成果十分突出（课题中个别子课题已获全国和省级大奖），是东莞市中标课题做得比较突出的一个。

一、前段研究工作的亮点

打造特色学校本身就是一门艺术，做艺术特色学校课题则更是艺术中的艺术，其研究难度可想而知，它要求课题研究人员一定要有先进的理念，具备超前的眼光和开拓的精神。因为，当前学校改革与发展已在很大程度上取决于学校品牌的经营与特色的打造；那种单纯依靠追求升学率竞争的做法已随着教育的发展和全民素质教育的普及而在逐步失却其往日的强大吸引力，代之而起的将是学校特色上的竞争；要在激烈的竞争中立于不败之地，就必须走出一条特色立校、特色兴校的道路，在特色中创新，在创新中立足特色；特色学校建设已成为今后教育竞争中各校求取生存和发展的一张王牌。常平一小正是基于这样一种背景下开展了自己的课题研究，并彰显了课题研究的两大亮点。

第一，正在走一条"错位经营"的好路子。据我了解，以艺术作为办学特色的学校可以说不计其数，只要你百度一下，几十万条相关的信息铺天盖地而来。以常规音乐或出几个尖子弄几个大奖来经营特色学校的课题比比皆是。而常平一小课题组坚持以岭南文化为依托，以民族传统为根基，以艺术教育为特色，以校本教研为抓手。在大量同类型课题相互竞争的态势中，借鉴了企业"错位经营"策略，避开同质化的交锋和无序竞争，在注重学校本色的基础上注重开发岭南民族艺术，将学校品牌特色引入"无竞争空间"中，充分体现了课题组成员在选择和确定课题上的科研智慧。用"错位经营"的理念和策略来研究本课题，这不但是科研方法上的创新，也对学校通过课题研究来提高其社会效益和经济效益、谋求生存和发展、实现学校资本增值、提升学校在市场中的份额以及信誉度美誉度等都有不可估量的意义和作用。

第二，正在找一条让全体学生都能"艺术达美"的好办法。当前，不少学校在做类似课题时走入了误区，以为只要"排练几首乐曲，书画几幅作品，获几次大奖，出几个苗子"，就是学校特色或特色学校。而常平一小这个课题坚决摒弃了这种做法，他们面向全体学生，以培养和提高所有学生的艺术素养（而且是具有民族特色的岭南艺术，内容选取非常独特）为主要目的，重视全体学生的多元性和全面性发展，开发全体学生的内在潜能，促进全体学生的个性发展，提升全体学生的艺术素养。这不但是本课题最大的亮点，同时也是最让人期待的精彩之处。他们正在通过打造学校艺术特色品牌来发展全体学生，挖掘全体学生的潜能，为全体学生的终身发展服务，让全体学生通过岭南民族艺术这个课题实现"求真向善，艺术达美"。

二、对后段研究工作的几点建议

由于本课题研究将学校艺术教育融入特色学校建设的成长和发展中，在为教师专业成长发展打造亮丽精神底色的同时，更主要的是为学生的终身发展奠定良好的艺术素养。因此，我们在充分理解和品读本课题面向全体学生的特殊社会意义和教育价值的同时，也提出我个人对本课题的一些看法，供课题组下一步研究时参考。

第一，校长是打造特色学校的"带头大哥"。特色学校是一所学校在校长个性化办学价值观的影响下，通过长期的教育实践，遵循教育规律，发挥本校优势，选准突破口，以点带面，实现整体优化，逐步形成的一种特殊的、优质的、稳定的办学风格。它能自觉地面对学生和家长对学校教育的不同需求，切实帮助每个学生发展自己的个性和潜能；有独特的教育教学思维和管理战略，以及独特的教育教学工作运行模式。从上述特色学校的概念中，我们可以看到：校长是特色学校形成和发展过程中的核心人物，学校特色是校长个性化和优化的办学价值观的集中表现；再加上校长又是本课题的负责人。两者合一对校长产生了更高更强更多的要求，它要求校长在准确把握特色学校概念的基础上，进一步突出常平一小在办学模式和内容上具有独特性；在办学过程和终端上具有成功性；在办学特色和目标上具有稳定性。我们非常高兴地看到，年轻有为的陈校长已在这一点上正在向高水平和高效率方向高歌猛进。高水平的课题主持人要求其他研究人员具有诗人一般浪漫，用细腻的教育情怀、饱满的激情和敏锐的眼光从事繁杂的日常研究。

第二，准确把握特色学校形成的三个发展阶段。一小艺术特色学校的创建，如同其他特色学校创建一样，其形成过程也必然要历经"特质的孕育""特点的发展""特色的形成"这三个不可逾越或不可缺的阶段。校长和课题组成员在这几个阶段一定要具有强烈的特色意识、渊博的文化知识、独特的教育思想和思维品质、完善的个性和出色的管理才能。也只有如此，才能引导学校特色建设从特质孕育起步，不断向前发展，最后形成特色学校。具体要做到"四个注意"：一是随着社会经济文化的发展和教育改革的深入，学校教育特质（民族艺术）资源开发和利用的战略也应因时而变，在确保基本方向不变的前提下，必须经常地、合理地调整、完善。二是从特质的孕育到特点发展，这是学校特色建设中不可逾越的阶段，也是不稳定不成熟的阶段，因此，急功近利和拔苗助长只能延缓学校特色建设的进程。三是学校特色建设是一个艰苦的创建过程，要有与时俱进、不畏艰难、勇于探索的理论创新意识和实践精神，才能确保学校艺术特色建设朝着健康的方向发展。四是要正确处理创建中的质量建设与特色建设的关系，做好宣传工作，争取教师、学生、家长和社会的全面理解、支持和积极参与。目前，本课题研究已出色完成了"特质的孕育"和"特点的发展"，学校发展和课题研究正在快速向"特色的形成"方向发展，相信不久的将来，常平一小就会以自己鲜明的办学特色（民族艺术和全体学生艺术素养）雄居东莞和广东甚至全国全世界。

　　第三，要做好打"持久战"准备。任何一个真正能够影响人、发展人的艺术项目，都不可能一蹴而就，一劳永逸，需要时间的浸润，岁月的熏陶。以民族艺术为学校特色的形成更是一个长期发展、积累的过程，是办学理念经过几代、甚至十几代人的不懈奋斗、追求，与时俱进，不断积累、充实、提炼、延续，不断升华的过程。它绝不是一招一式就能代表，一朝一夕就能形成的；特色学校建设没有终南捷径，也不能急风暴雨或急于求成，它只能像文火煨汤一样慢慢香。因此，课题组要以显性的东西为抓手，做好打持久战的准备，即使将来课题结题了，或获奖了，也还要继续做下去，因为特色学校建设永无止境。基于此，我们课题组成员要尽可能根据特色项目的特点，整合课时资源，排进课表，做到不增加学生课业负担，又能保证特色目标的实现和健康发展。要重点思考和探索以下十个方面的问题：一是善于发现和挖掘民族艺术特色项目是特色形成的源泉；二是准确确定艺术特色内容是特色建设的核心灵魂；三是培养和构建特色人才队伍是特色学校健康发展的内驱力；四是积累培育提炼艺术特色内容是特色建设的必要过程；五是师生参与艺术特色活动是特色建设的主体，要有时间保障，如果失去时间性保障，就会时紧时松，难以为继，最后自生自灭，不了了之，走上教育浮夸，教育作假的邪路。六是社会支持与监督是特色建设的外部活力；七是有效资金注入和正确合理使用是特色建设关键的物质条件；八是丰富的艺术特色活动和正确宣传是特色建设展示的舞台；九是可持续的艺术特色建设是学校生存发展的不竭动力；十是把艺术特色形成品牌文化是学校特色建设的最终结果。

第四，要继续通过培养名特教师来打造优势学科。教师队伍的素质决定着学校品牌的含金量。学校可以没有高楼大厦，但不可没有名师、良师。当学校通过特色兴校崛起后，教师队伍建设关系着学校发展的命脉，也往往成为制约学校发展的瓶颈。课题组要通过本课题的研究来打造学习型学校，提高教师的学习力，提高教师队伍的整体素质，筑高教师个体发展的平台，登高望远，不断激发教师向上攀登的激情。要通过对名特教师的培养来打造常平一小的民族艺术优势学科；要让全体学生的艺术素养成为特色学校上品牌的招牌菜。

第五，要进一步厘清研究思路。单纯从小学这个层面而言，常平一小艺术特色学校建设的课题思路、研究计划、艺术学校特色规划等都体现出了一流的研究水平和研究成效。我这里还想就研究思路提两个小建议：一是从宏观的角度而言：课题组在研究过程中要注重三个发展，即学生发展、教师发展、学校发展；突出四维目标，即学校有艺术特色、艺术有特色亮点、教师有特色风格、学生有个性特长。二是从微观的角度而言。在艺术特色学校研究这个总课题下面应明确分解为两个子课题，即民族艺术特色班的研究和民族艺术特色队的研究。班重普及，队展特长。如艺术特色班有民乐特色班，合唱特色班、各类音乐特色班、各类美术特色班、书法特色班、硬笔书法特色班、舞蹈特色班及写字特色班等；艺术特色队有"小荔花民乐团""蒲公英儿童美术创作室""荷香书法社""春晖国画园""蓓蕾舞蹈队"等。这样一来，通过"普及"与"提高"这两个子课题的共同研究与探索，凸显常平一小的办学特色，让"艺术达美"浸润每个学生的心灵。

一个"开疆拓土"的好课题

——点评《民办教育质量自我监控的研究》

参加民办学校课题的开题报告会，倍感荣幸与新奇，荣幸是指我第一次指导民办学校课题的机会献给了莞华小学；新奇是指民办学校一切的一切对我来说都还是比较陌生的。因此，我非常希望通过莞华小学这个课题来全方位多角度了解东莞民办学校，感受他们的生存状态和发展状态。前些日子，我认真读了东莞市"十一五"第五批立项课题《民办教育质量自我监控的研究》的开题报告和研究方案，感觉这个课题具有很强的创新意义，选题上能从大处着眼，小处着手，立意高，研究范围广，视野开阔。它以改进民办学校面临的实际问题为指向，重点去解决民办教育所存在的主要问题；而不是空对空"导弹"，或游离于民办学校实际与课堂之外。从民办学校这个层面做民办教育质量自我监控的课题研究，在东莞市莞华小学是第一家；从地方教育行政管理部门的层面做民办教育质量监控的课题研究，石碣教办也是全市第一家，两个第一同时落在一个镇，充分说明石碣镇是东莞市教育科研领域的一匹黑马。可以说两个课题都是在民办教育改革与建设中发掘出来的"开疆拓土"式的好课题。下面我就本课题的下一步研究提五个建议：

第一，厘清"民办教育质量管理"的概念。民办教育质量自我监控其实质上就是民办教育质量管理，只是管理者不是来自上级教育行政部门或业务部门，而是来自学校层级。因此，民办质量教育管理就成为了本课题进行研究的核心概念，课题组必须先要弄清楚它。根据我个人的理解和查阅相关资料，民办教育质量按照国际质量标准的释义，教育质量管理是在教育质量方面指挥和控制学校的协调活动，它通常包括制定质量方针和质量目标以及质量策划、质量控制、质量保证和质量改进。它的内涵反映民办学校总的质量宗旨和方向要求，即学校在质量方面所追求的预期标准或结果，以及学校为实现质量方针和质量目标而进行的一系列管理活动和方法。它主要有以下几个属性：一是全面性。一个民办学校要以质量为中心，将学校所有管理职能纳入质量管理的范畴。即民办学校按照确定的质量方针与目标，对教育教学过程管理、学生管理、人力资源管理、教学设备管理等，全面进行质量设计并全部进行质量控制。二是全员性。民办学校教育质量管理是一项系统工程，与每一个教职工、每一项工作有关，民办学校中各级各类人员都是"服务网""质量链"中的一环，教育质量进步依赖于学校全体教职工的共同努力与合作。要让每一个教职工明确各自的质量责任和权限，并能够正确地行使职权，及时解决各种问题。三是全程性。民办教育质量管理的全程性要求识别和管理学校所应用的过程，特别是这些过程之间的相互作用，并将相互关联的过程作为系统加以识别、理解和管理。对教育、教学工作的各层面、各个环节和过程的每个阶段及"接口"进行设计和控制，以确保学校各项工作围绕着实现教育质量目标和谐、高效地运转。四是规范性。民办学校的质量管理以教育质量管理体系为载体，通过制定质量方针和质量目标，并为实施规定的质量目标开展一系列质量活动来实现。规范性表现为上述活动均按照国际质量标准制定文件化的控制程序并在实际工作中严格执行各项质量管理制度。五是动态性。民办学校教育质量管理的重点是教育活动过程质量的不断改进和提高，"教育质量"被视为一个动态的概念，视为一种促进学校工作不断进步的管理工作。按照国际质量管理体系标准，学校必须通过管理和各种活动对"持续改进"这一信念进行不断强化，使追求教育质量的不断改进和提高变成学校的质量文化，使民办学校的管理始终处于受控、有效、持续改进与提升的状态。

　　第二，明确"自我"是谁。本课题所研究和探究的是民办教育质量自我监控，"自我"到底是指谁，研究方案应更明确一些。根据本课题研究方案和开题报告中所描述的隐性含义显示，"自我"既不是专指民办学校的教师，也不是专指民办学校的学生或其他；它就是指莞华小学，是该校为了提高教育质量、增强办学竞争力、满足社会需求而进行的一个非常现实的课题研究。是莞华小学基于民办学校教育质量自我监中存在的四个主要问题（缺乏先进的学校教育质量管理思想方法和教育质量评价手段、偏重教学质量控制而轻视创建教育质量文化、偏重制定教学质量文件而轻视开展质量管理教育、偏重事后判断的总结性质量化评价而轻视过程改进的形成性质量评价）而进行的研究。

　　第三，建立科学的自我监控系统。民办学校教育质量管理就是对教学质量的全过程和各个环节加以管理，把有关部门、人员协调组织起来，对影响教学质量管理的各种因素进行控制，保证在形成教学质量过程中不出差错或者减少失误。因此，它需要建立起一个科学的、相对健全的、可具操作性的质量监控制系统，这是课题组重点要研究的问题和核心环节。只有这一块研究成功了，本课题才可以说成功了，才能圆满结题。按现代系统论的观点，民办学校教育质量自我监控就是一个系统工程，这个系统工程可以综合为"四维构造"，即树立新的管理理念，构建质量管理体系，运用整套过程方法，建立不断改进机制。如：教学常规自我监控可以系统组建为：备课从严、教课务实、作业求精、辅导宜全、考评必正。又如民办教育质量自我监控的过程一般可分为四个阶段，即计划、实施、检查和处理阶段。具体可以细分为八个环节，即提出问题、分析原因、抓住关键、拟定计划、落实措施、检查执行、总结经验和处理遗留问题。八个环节相互衔接，相互联系，其中某一个环节出现问题，都会影响下一环节以至整个工作质量。再如：我们还可以把民办学校教育质量自我监控分为预防性自我监控、鉴定性自我监控和实验性自我监控三种类型。前者要求民办学校定期或者不定期地多做检查工作，及时了解情况，发现问题迅速解决。中者要求管理者要阶段性地进行质量检查和质量分析，作出质量鉴定。后者要求进行某项工作前，必须先进行科学研究和科学实验，经实验证明切实可行后再逐步推广。

第四，强化教育质量自我监控的三种意识。意识是一种思想，是一种教育质量管理理念。任何学校教育质量的自我监控首先都是质量思想的管理，教学质量的自我监控一定要建立在思想管理之上，这种思想管理在本课题研究中具体表现为三种意识，即全面质量管理意识、全程质量管理意识、全员质量管理意识。

全面质量管理意识是指民办学校教育的目的同样是培养"四有"新人，同样是培养德智体美劳全面发展的人，我们不仅仅要送给学生几条鱼，更重要的是教给学生捕鱼的方法，不要让学生形成"口袋型""仓库型"的人，要培养学生自学与自我教育的能力。

全程质量管理意识是指民办学校教学质量自我监的过程是一个纵横交错的过程，过程中的每一个阶段和每一个环节都对质量的产生和形成有直接或间接的影响。因此，课题组在研究过程中必须把握好每一个环节，建立健全的质量自我监控管理制度，构建过程管理与监控体系，形成严格的奖惩方案。只有立足于整体才能完成质量全过程的自我监控。

全员质量管理意识是指莞华小学的全体教职工或各个部门都要参与教学质量自我监控。一切围绕质量转，一切围绕质量干，后勤服务前勤，全员服从一线。要让每个教师都对"产品"负责，以自己踏实的工作，热情的学习来保证"产品"的质量。

第五，树立精品意识和推广意识。做课题有两种意识一定不能少，一是精品意识，二是推广意识。对于民办学校教育质量自我监控这个课题来说，这两种意识尤其重要。因为东莞市有民办学校558所（这还不包括一些无牌无证的学校），目前只有莞华小学一所民办学校在做这个"开疆拓土"式的课题，这个课题做成功了，它所产生的社会效益和经济效益是不可估量的，不但可以惠及到其他几百所民办学校，甚至对公办学校的发展也会起到很好的推动作用，可以说莞华小学这点星火完全可以燎源整个莞邑大地。因此，本课题一定要做成精品课题，一定要具有课题成功后的推广意识。要善于用细腻的教育情怀、饱满的激情和敏锐的眼光去从事繁杂的日常研究。努力实现从单一性研究向多向性研究转变，尽快实现从相对零乱的事务性工作中走向目标明确的课题系统研究。

一个需要我们"精耕细作"的课题

——点评《小学语文口语交际有效教学的策略研究》

又一次参加石碣镇的教育课题研讨会，我个人有三个最大的感受：一是石碣镇近一年多来的教育科研水平突飞猛进，以让人难以置信的规模与质量让我们大为叹服，石碣教办领导正在以一种非常规手段在强力推行和重视教科研工作。二是序伦小学成为继石碣实验小学后第二个一揭三开题的学校，一次能有三个课题同时展示与开题，这个在全市范围内都不多见的科型典型，却在一个镇区连续出现了两个学校，真是让人佩服，说明序伦小学正走一条科研强校的好路子。三是序伦小学的课题《小学语文口语交际有效教学的策略研究》是一个功德无量的好课题。口语交际能力已成为现代公民必须具备的基本能力之一，培养学生口语交际能力既是社会发展的需要，也是学生终身发展的需要；它不但有助于学生表达能力的发展，也有助于学生良好气质的形成和思维智力的同步发展。就是这样一个对学生终身发展负责任的好课题，让我在激动之余提出三点建议，供课题组研究人员在今后的研究工作中参考。

第一，人家的不足就是我们存在的价值。从宏观的层面而言，本课题研究一定要做到"精耕细作"。小学语文口语交际策略研究对于全国全省来说，研究的学校和教师太多了，随便百度一下，就可以查找到几百万条相关信息（但东莞研究的学校和教师并不多）。从课题的选题上来说，本课题不是"开疆拓土"式的课题，没有那么多好的历史机遇让我们捡天上掉下来的"馅饼"，课题研究产生重大影响的机会也远不可能像开创性课题那样：只要你做了就是创新。因此，本课题要想在众多的研究当中突围出来，就必须在"精耕细作""人有我精"上大做文章，要在课题研究的问题、研究的内容、研究的方法、研究的成果等方面走出一条具有鲜明的东莞地方特色的研究路子来。因此，它要求课题研究人员要具有更高的研究水平和研究能力，要付出比一般课题多得多的时间和精力；要进一步加大力度把课题研究过程中的四大规定动作（即选择和掌握好研究方法，积累经验体会，规范研究行为，抓好常规管理）做好做扎实做到位。当然，本课题虽然有大量的人在研究，不容易创新，也不容易成功；但在挑战的同时，本课题也给我们带来了许多的机遇，这种难得的机遇就是研究者众多，可供我们参考的资料和学习借鉴的机会也特别多，研究的积累过程也显得特别充盈和厚实。同时，大家在研究的重点和热点，我们课题组在研究时可以采取拿来主义的办法，避免走不必要的弯路；更让我们开心的机会是：人家没有研究到的地方或研究不足的地方正是我们这个课题研究的重点，别人的不足就是我们这个课题存在的价值。就本课题而言，大家研究的热点主要集中在语文课堂上如何进行口语交际的有效教学，但在语文课堂之外的社会生活却严重忽视，几乎所有的研究都有意无意地弱化社会生活对小学生口语交际的巨大作用。事实上，生活是口语交际的内容，口语交际是生活的工具，丰富的社会生活给有效训练小学生的口语交际教学提供了活水之源、固本之基。因此，课题组要充分利用他们研究的不足，重点突破社会生活对学生口语交际训练的实际意义，将口语交际的教学延伸到学生的现实生活中，引导学生用学过的知识在生活中发展口语交际能力；充分利用班级、学校及社会上的一系列活动，让学生在各种各样的社会活动中，不断与他人沟通交流，不断提高自己的口语交际实际能力。

第二，我的问题我发现我解决。小学口语交际课题是一个全国性和全省性的课题，它是一个以培养学生的口语交际为核心目标和终极目的的课题，就是这样一个全国各地全省各校不断“撞衫”的课题，在我们东莞石碣镇序伦学校落户后（需要特别说明的是小学语文口语交际课题几乎就只有序伦小学一家），就向我们提出了一个高标准的要求：本课题一定要做出东莞的特色、研究出序伦的新意，只有这样，课题才能杀出重重包围，走向成功巅峰。爱因斯坦说：“研究是从发现问题开始的，发现一个好的问题就等于成功了一半”，我个人认为序伦小学的口语交际课题首先也应该是从发现问题开始，而且这个问题是很具有东莞本地特色的问题，是一个经济发达地区在工业化城市化快速转型过程中所体现出来的问题。课题研究可以相同或重复，但由于不同省市和学校所面临的实际情况不一样，不同学校在研究同一个课题时所需要解决的问题也不一样，即便是同一个问题，研究的侧重点也是不会相同的；假若序伦小学与湖南偏僻山区的一所小学同做这个课题的话，所面临和所要解决的问题肯定是不相同的。因此，建议序伦小学在发现和陈述口语交际所需要解决的问题时要进一步体现东莞或石碣的"本土化"色彩。根据我的理解，这种扎根东莞或石碣的"本土化"问题的提出一定要涵盖以下几个方面的东莞社会现实：一是东莞在快速工业化城市化和经济高速发展过程中，大批外来劳动力涌进东莞，同时也带来了大量外来工子女进入东莞的公办或民办学校就读，口语交际训练过程中所存在的全国性问题：学生张嘴就是土话方言，影响了学生交流；就是这样一个全国性的问题，在东莞却拥有了更多的内涵，东莞或序伦小学所面临的方言土话问题就不仅仅只是石碣本地的土话方言，由于新莞人子女就读本地学校，石碣序伦小学的土话方言十分丰富，可以说是全国方言土话的大会合，它不可能像其他经济欠发达地区一样只是本地的方言土话（或学生胆子小怕说错话，不愿表达，也更多地表现在新莞人子女中。其他一些普遍存在的主要问题有：书本上的口语交际内容远离学生生活，缺乏真实性和实用性；口语交际处于单向活动，缺乏交互性；口语交际只局限于优等生，缺乏参与的全体性；师生关系没有达到和谐的平等交往的程度等等），这就是具有东莞特色的"问题"，面对这种多样性的方言土话，序伦采取什么样的创新措施来解决。这样一来，这个相同的全国课题在东莞所要解决的问题就与全国其他学校完全不相同了。当全国其他地区也像东莞一样进入高速现代化转型、遇到同样问题时，序伦小学的课题研究所探索出来的成果就具有普遍的推广价值和指导意义了，这也是我们做这个课题最值得期待的地方。

第三，精心打造研究内容上的"一体两翼"。据了解：全国省兄弟学校在做口语交际这个课题时，课堂探索与局部探索比较多，研究内容也比较分散，缺乏比较系统的整体研究。因此，我建议序伦小学在研究本课题时，要精心打造"一体两翼"，构建系统的研究内容与研究思路。"一体"就是以提高小学生语文交际能力为主体，"两翼"是哪两翼呢？其中的一翼是指语文教学课堂上的"口语交际情境创设"。它是以创设口语交往情境为主，搭建口语交际的宽阔"平台"，突出情境口语，让学生身临其境，扮演具体角色，承担实际意义上的交际任务，在生动具体的情景实践和双向或多向交往互动中激发学生口语交际的兴趣，培养学生的口语交际能力。以上课堂情境创设的方式和内容如：语言描述创设情境、实物创设情境、多媒体创设情境、学生表演创设情境等等。另外一翼是指口语交际向课外延伸，拓展交流空间。要让学生的口语交际从课堂延伸到课外或社会，让他们发展口语交际的空间更宽更广更多机会。因为课堂的模拟交际在深度和广度上不如社会与生活那么丰富，单靠课堂上的口语交际训练是远远不够的；只有把口语交际的实践延伸到广阔的课外空间去，让学生在日常生活的交往中不断得到语言实践机会，才能较好地把口语交际知识转化为出色的社会能力。

以上"两翼"要不断在我们课题研究过程中联动互促，交融共进，切忌偏颇任何一方，要让两个翼成为学生口语交际飞得更高更快的关键性和系统性措施，成为我们课题成功的创新性措施。

最重要的浮雕是学生生命的光芒

——开题点评课题《浮雕教学特色的创建与研究》

李伟炎老师《浮雕教学特色的创建与研究》课题能从大处着眼，小处入手。所选小学国际理解教育活动课程的课题立意高、起点低、范围广、问题小、视野开阔，能从当代教育发展的总体趋势出发，选取具有代表性的，被普遍关注而又亟待解决的小学国际理解教育的问题，选题贴近实际。本课题最重要和最核心的是浮雕学生生命的光芒，让每一朵花都绚丽开放。

第一，建议课题名称修订为"发达地区城区小学浮雕教学特色的创建与研究"。因为课题名称是课题的灵魂，是课题最高度的概括，是课题研究的出发点和归宿。一个好的课题题目，应该是课题研究主要内容及价值意义的集中凝结和准确体现，既要简明扼要、一目了然，又要特色鲜明，同时还要将研究的新意凸显出来。另外，研究题目表述得好，研究起来也会少走弯路。一个合理而且瞩目的课题名称应当能够反映出所研究问题的最主要的信息。这些信息包括课题研究对象、研究的范畴和研究方法三部分，简称课题名称三要素（其中研究范畴包括时空范围和研究内容，也称四要素）。课题名称多以陈述式句型表述为主，慎用疑问句；不用似是而非的词、口号式或结论式的句型。而且句长一般不超过20个字。尽量新颖、简明扼要、通俗易懂。课题名称典型表述为"运用什么理论，通过什么方式，达到什么目的"。一般有三种表达式：一是点题式，即尽可能表明研究四要素：研究对象、范围、内容以及方法。二是概括式，即直述课题研究的问题，言简意赅。三是结合式，即正副标题式，正标题精练新颖，副标题再作补充和解释。可使课题名称醒目突出，或避免文字表述较多。同时，课题名称的最后往往会后缀研究方法，如：实践、探索、研究、整合等。若用实践、开发、实施词的话，则课题多以活动为载体而展开；若用探索一词的，则课题需要研究者提出有创新的观点；若含有理解一词的，则课题采用的是思辨性方法，或是需要多元方法的组合；若用整合一词，则要把不同的事物与物质相互渗透与交互，资源共享结合在一起，以发挥最大的价值。

第二，建议本课题的开题报告还可以更规范些。开题报告所要求的基本格式都要有，不能缺一少二，或绕道而行。并清晰回答课题组为什么选择了这个课题，课题组凭什么来研究这个课题等。

第三，进一步明确并阐释本研究课题的核心概念是"浮雕教学特色"等。

第四，明确列出本课题研究的重点、难点和创新点。

第五，预期成果应具体一些，不能完全是理论或结论的东西，让人感觉很虚，应该产生一些让人看得见摸得着的物化成果。

继续前行　风景就在前头

在《农村小学开展肖像漫画特色教学的研究》阶段性研究成果报告会上的发言

非常高兴又一次参加大岭山镇第五小学余星华老师主持的市级课题《农村小学开展肖像漫画特色教学的研究》阶段性研究成果报告会。近年来教育局科研办朱主任多次在不同的公开场合对大岭山镇的教育科研工作赞赏有加。的确如此，大岭山镇是东莞市的一个科研强镇，也是课题做得十分规范和到位的一个镇，立项课题、获奖课题层出不穷，已在全市产生了良好的影响。大岭山五小以余老师为主持人的市级立项课题的阶段性研究成果报告会就是这种大好形势下的又一次精彩亮相。如果我们把课题研究的全过程比喻为"凤头猪肚豹尾"的话，我们完全可以用"凤头"来形容余老师课题前一研究阶段已取得了突出的阶段性成果。当然，让我们更为高兴的是本课题正在以强劲的势头向"猪肚"和"豹尾"大步迈进。在这里，我向课题组全体成员表示热烈的祝贺，并对重视和支持本课题研究的各位领导、专家和同行表示崇高的敬意!

下面我就课题今后的研究工作提几点看法。

一是要继续坚持"求真、求实、求精"的研究态度,以课堂为现场,以学生为中心,以解决问题、改进工作为重点,以提高质量为目的,把课题研究和教育教学工作紧密结合起来,做到在教中研、在研中教,在做中研、在研中做,使研究和工作融为一体。课题组研究人员要以反思、批判的襟怀走进课堂,以探究、改进、提高的姿态开展本课题的研究工作,

二是要继续以"行动研究、实证研究、案例研究"为基本研究方法,以服务教学与学生为主要目的。本课题是典型的"应用性"研究和"实践性"研究。因此,我们要更加善于在"行动研究、实证研究、案例研究"中敏锐捕捉研究过程中的关键小事,形成持续不断的研究动力。既要用"微博"直播有激情的教育现场,也可以用"日志"积累有意义的教育生活;既要用"叙事"讲述有原理的教育故事,或用"案例"展示有启发的教育事实,也可以用"课例"再现有深度的教育思考;既要用"报告"总结有成效的教育结果,也可以用"论文"呈现有思想的教育价值。

三是要善于合作交流。本课题研究涉及的面比较广泛,但要做成功离不开学校领导、各级专家、学校老师以及学生与同行的支持。课题组在研究的过程中,不仅需要理论、实践的指导,更需要一个研讨、合作的氛围。因此,课题要主动去和领导、同伴、学生交流、沟通,尽可能得到他们的帮助和支持。他们的建议,有助于我们的研究工作更完善、更有效,一个人的能力是有限的,搞课题研究需要群策群力。同时,课题研究也离不开专家的引领。课题最终是否成功,最现实的是你做的课题能否结题,能否得到专家的认可。因此,做课题还要多向专家请教,多与教科研人员沟通,尽可能得到他们的指点,特别是

镇教办科研管理员的具体指导，他的科研能力和水平是非常高的；这样才会使研究的课题更具有严密性、科学性。当然，在课题研究的过程中得到家人的支持和理解也是非常重要的。尽管我们提倡融研于教，在教育教学的过程中开展研究，但平时肯定要花时间充电、补课，回家要看看书、写写文章。因此，也要取得"家里领导"的支持与理解。

四是要收集保存好研究资料，做到真、实、精。收集保存研究资料是老师们最容易疏忽的工作。那么，在研究中要注意收集保存哪些资料呢？

从资料的内容来分，我们可以把研究资料分为：理论资料，这类资料主要是研究者围绕课题研究搜集、整理的文献资料。方法类资料，是与课题研究有关的方法，以及操作案例等。事例类资料，是研究过程中的调查分析、数据统计、案例等能说明研究效果的材料。实物类资料，包括会议、活动照片、课堂实录、课件、获奖证书、师生作品等等。

从资料的特点看，我们还可以分为：基础性资料（我也把它称为原始资料），包括下载、复印文章、文摘等理论资料，以及国家、市教育局、学校有关的政策、法规、文件等政策性的资料。过程性资料，包括微型课题研究的申报表、研究计划或研究方案、研究目标责任书、教学案设计、调查观察记录、研究日记、会议及研讨活动记录、接受培训及考察学习的材料、学生作业、有关试卷、图片等与研究过程有关的所有资料。结果性资料，包括调查、观察、报告，工作小结，研究课课例、实录，研究报告，随笔、论文，经验总结，师生作品，课件，结题鉴定意见等能反映研究效果的材料。

五是要通过本课题的研究让师生都能够共同成长，争取双赢。大家知道，我们课题研究的终极目的是为学生的成长服务，是安顿心灵、抚育精神、提升情怀、守护灵魂的事业，成人比成材重要，成长比成功重要。我们要始终明白，课题的一切都是基于学生的成长需要，都是三个一切：为了学生的一切，为了一切学生，一切为了学生。追求将来课题获奖当然也是我们的目标之一，但我们更要追求课题研究的精彩和高质量是体现在学生的发展上，课题组要经常问问自己，我们课题研究为学生提供了什么样的营养。同时，我们老师也以随着这个课题的研究成长起来，也要发展自己，不要把学生练上来，把自己练下来，不要做成灰的蜡烛、吐丝后的春蚕。要让教师在本课题的引领下，有健壮的体脑"载体"，有坚定的政治信仰，有高水准的道德品质，有全面的知识结构，有优化组合的能力"集成块"，有健全的心理构造，有高尚的审美情趣等等。

以浓浓的成果意识开展下一步的研究工作

——对课题《优化问题设计，促进小学科学课堂
有效性的研究》的几点建议

韦杰老师的课题《优化问题设计，促进小学科学课堂有效性的研究》是一个好课题。选题精准到位，发现了别人没有发现但又感到困惑的问题，具有很强的现实意义和指导作用。从学校领导的充分肯定，专家的点评与指导，以及韦老师的汇报和查阅相关资料来看，本课题前期研究工作卓有成效，非常值得祝贺！相信本课题未来一定会是一个影响学校、影响东莞教育的精品课题，正是基于这种高端大气上档次的定位，我的总建议是：以浓浓的成果意识开展下一步的研究工作。课题的研究成果主要体现在三个方面：

1. 资料性成果。中学老师做课题研究的大部分成果都是资料性成果，如资料的选取、分析、归类与综合及如何运用于自己的工作中。

就本课题而言，有哪些资料性成果呢？一是为了本课题研究买了多少书，具体购书清单是什么？抑或是借了、参阅了多少文献资料？二是在研究过程中，我们课题组到底在课堂教学中提了哪些问题？哪些是有效问题？哪些是无效问题？特别是有效问题应编制在一起形成一个典型的资料性成果。三是与本课题研究有关的教学设计、课件开发、优课、微课、课堂录像编录了没有。四是有没有准备和编辑与课题有关的论文选辑？等等。

2. 操作性成果，也称过程性成果，是本课题的核心成果，也是本课题研究最为创新的地方，具体表现为五个方面：一是自己课题选的研究问题是不是在本地区本部门或本行业有创新意义。二是自己研究的课题的理论指导是不是有创新的价值，是不是本地区首次使用。三是自己研究的课题内容、过程是不是有创新，这是课题研究最核心的地方，也是课题最有价值之处。四是自己课题的研究手段、方法和策略是不是有创新，课题是不是用了不一样的研究手段与方法，达到了比别人更优的效果。五是自己课题的研究成果是不是比别人更显著些。就本课题而言，最核心也具创新意义的成果是以下几个方面：（1）有效性问题情境如何设置。（2）课堂教学问题如何设计。（3）不同类型的课堂，教学提问方式的如何不同。（4）提问如何分类。（5）有效提问的价值分析。（6）课堂有效提问的原则、策略、方法、技巧是什么。

3. 影响性成果。它具体体现在三个方面。（1）是课题本身所产生的成效成果（直接成果），本课题所产生的成效成果（直接成果）主要由资料性成果和操作性成果组成，这两项成果已有所描述，在本处不再重复。本处重点描述课题研究前后对比调查所产生的变化值，如教育教学成绩的变化值、学生对科学学科的兴趣变化值等。

（2）课题研究过程中所产生的间接成果。具体是指本课题对学生成长、教师专业发展、学校特色发展等方面的影响。

（3）课题的推广性及社会性影响。具体体现在以下三个方面。

一是辑录课题主持人、课题组主要成员在省级以上刊物发表的或获奖的与本课题相关的研究论文。

二是记录和叙述课题主持人、课题组主要成员在省内外进行的各种各样的与本课题研究有关的讲座、上课、送课、竞赛等活动。

三是记录课题研究过程中市内外兄弟学校或科组来工作室和课题组参观学习活动。

特别提请课题组注意的是：影响性成果的纳用与采信，一定要有一个基本合理的因果关系，不能把一些没有任何因果关系的成果也强行拉到本课题里面来，对每一项影响性成果的采信，也一定要合乎情理、法理、科学的逻辑关系。如前一段时期，本人的省市立项课《基于高效课堂运用历史细节的策略研究》对于"研究前后对比调查所产生的变化值，如教育教学成绩的变化值、学生对科学学科的兴趣变化值、教师的变化与发展"等是这样描述的：

（1）本课题在研究过程中，以东莞高级中学2015届高三8个文科班为样本，进行了两次简单表格调查，调查的主要项目是课题研究前后学生对历史的兴趣程度和学业成绩的变化情况。2013年9月，第一次调查421名文科学生对历史感兴趣的47.8%。2015年4月调查，这个比例已上升到了66.3%，增加了19个百分点，提高幅度虽然不是很大，但可以说明历史细节这个课题对提高学生学习历史的兴趣是有帮助的。另一项调查指标是学业成绩的变化，东莞高级中学文科班生源质量在东莞四大名校（东莞中学除外）中排名第三，按常理东莞高级中学学期期末统考历史成绩应排第三名；实验前，东莞高级中学期末统考成绩以第二居多，偶尔排第三；实验后，期末统考成绩较多的时候是排第一，少数几次也排在第二。我们口头调查了部分学生，他们中大部分同学认为：成绩的提高与历史细节运用于课堂有关联，让他们对历史学科产生了兴趣，很想探究历史细节对重大历史事件的影响。其他学校，课题组暂时未作调查和了解。

（2）一批朝莞派名师方向发展的优秀青年教师正在脱颖而出。毛经文名师工作室《基于高效课堂运用历史细节的策略研究》课题研究三年多来，29 位课题组成员以课题研究为成长平台，人人努力、积极肯干、个个优秀，且各显特色，是省市优秀课、教学设计、教学论文、教学课件、公开课、示范课等竞赛活动中的获奖常客。他们正在以自己的努力与勤奋向着莞派名师方向大踏步前进。在描述这些成绩时，作三点说明：一是个人的发展。参加课题研究的老师在这个三年内的提高与发展速度明显高于没有参加本课题研究之前。二是与他人的比较。参加本课题研究老师的提高与发展略优于没有参加任何课题研究的老师。三是参加本课题研究老师的提高与发展都是发生在他们参加工作室课题研究期间，他们自己也认为自己的进步与一些成绩的取得，与参加课题研究存在一定的因果关系，具有一定的关联性。因此，不能排除参加本课题研究是老师们在近三年内提高与发展的影响因素。

当然，以上写法仅作课题组研究时参考。

一山飞峙　双峰并出

——基于课题开题点评厚街中学两个市级课题

其一：方昌文老师的《构建"孝亲敬老"德育模式的研究与实践》

厚街中学是一个教育科研先进单位，领导十分重视，教研成果特别突出。方老师的课题就是一个非常难得、做得非常及时的好课题。

第一，本课题所开展的孝道教育抓住了学校开展高中生道德教育的最底线、最关键的要求。以孝道教育为内容来开展道德底线教育，既符合道德教育的规律，也符合中国的国情。教育者在开展道德教育、知识教育和审美教育的过程中，都必须遵循先近后远、先易后难、由浅入深、循序渐进的教育规律。每个人最初形成的人际关系是亲子关系，然后才会去形成其他的人际关系。因此，在道德教育过程中，教育者教导学生去孝敬长辈、尊敬父母，是学生最容易做到的事情，同时也是最重要的事情。学生只有在尊敬父母的基础上，才能逐步学会去尊敬老师、尊重同学；只有在学会如何处理亲子关系的基础上，才能学会如何去处理师生关系和同学关系。

第二，抓住了课题研究的两个关键性内容：其一：突出培养学生对于父母的责任感。子女对父母尽孝的重要体现就是要对父母负责，要对父母的躯体健康负责，要关心父母的身体；要对父母的心态和心情负责，要让父母能够做到心情舒畅；要对父母的生活质量负责，不能让父母生活在痛苦之中；要对父母对自己所寄予的期望负责，不能让父母对自己感到失望。总之，要有一种强烈的家庭责任感。这种责任感的形成，能够为学生形成其他方面的责任感奠定良好的基础。责任感是现代社会每个成员必须具备的最基本的道德素养，而培养学生对父母的责任感是提高学生责任意识的最好途径。一个对自己的父母都不负责的人，怎么可能会对集体、他人、社会和事业负责。其二：培养学生的感恩意识和感恩情怀。目前，在青少年学生中有不少人缺乏感恩意识，感恩情怀淡薄。据一些媒体报道，已经过世的深圳青年歌手丛飞是一位爱心大使，他用自己义演所得的 300 万资助了 178 名贫困学生，但是在丛飞身患绝症住院期间，那些受过丛飞资助的贫困生，包括一些已在深圳工作的大学生，竟无一人到医院看望丛飞。有人把我国一些青少年学生所存在的一些问题归纳成四句话：对人不感激、对事不努力、对物不珍惜，对己不克制。要培养学生的感恩意识和感恩情怀，孝道教育是最重要的途径和内容。

各位领导专家、课题组全体成员，课题研究开题就如同建筑开工一样，万里长征只是走完了第一步。课题组下一步的研究工作一定要照图施工，照方抓药；一定要把整个研究过程做得扎扎实实，千万不要把课题做成豆腐渣工程，贻害后代。在这里，我还想给课题组成员提三点建议：

第一，进一步体现和关注新时代新时期对孝道教育的要求和新增添的内容。如本课题研究应该是基于匡世医俗的需要、应对人口老龄化的需要、社会稳定之需要。特别是新24孝（1. 经常带着爱人、子女回家。2. 节假日尽量与父母度过。3. 为父母举办生日宴会。4. 亲自给父母做饭。5. 每周给父母打个电话。6. 父母的零花钱不能少。7. 为父母建立"关爱卡"。8. 仔细聆听父母的往事。9. 教父母学会上网。10. 经常为父母拍照。11. 对父母的爱要说出口。12. 打开父母的心结。13. 支持父母的业余爱好。14. 支持单身父母再婚。15. 定期带父母做体检。16. 为父母购买合适的保险。17. 常跟父母做交心的沟通。18. 带父母一起出席重要的活动。19. 带父母参观你工作的地方。20. 带父母去旅行或故地重游。21. 和父母一起锻炼身体。22. 适当参与父母的活动。23. 陪父母拜访他们的老朋友。24. 陪父母看一场老电影。）的内容应该增加进去，充分体现本课题的时代感。

第二，进一步明确孝道教育的不同内容。学生虽然现在都在厚街中学，都在同一个起跑线上，但10年20年以后，他们在社会上位置肯定是不一样和不相同的，谁也不能肯定未来厚街中学不会出重量级的人物。基于这个原因，课题组研究孝道教育也应该参考《孝经》一文，既要对学生普遍进行的"庶人之孝"教育，也要对学生进行普遍的"忠于社会，忠于职守、爱护百姓"的孝道百姓教育。

第三，研究过程中谨防一个误区：泥沙俱下。传统孝道不仅强调子女责任，有些观念也陈腐落后，与社会的文明和进步格格不入。因此，推介孝文化亦应与时俱进，把现代文明理念贯穿其中。千万不要把一些糟粕的东西当作精华传给下一代。

其二：徐丰老师的《学生微博对高中思想政治课德育功能的影响及对策研究》

徐丰老师的课题能紧跟时代的步伐，充分利用科技带来的便利，扬长避短，不断开辟思想政治教育的新渠道、新载体，增强了思想政治教育内容和方式对厚街中学学生的吸引力。真正提高了思想政治教育工作的效率和实际效果，其创新性表现在两个方面：

第一，新途径。微博作为新媒体的代表，对学生的学习、生活方式产生了巨大的影响，使用微博越来越频繁。课题组能比较快地（可能是东莞最早的）深入到学生的世界探寻微博对他们的身心发展产生的种种状况和影响，并及时将微博融入到日常的思想政治教育工作中，正在探索和完善出另一条高中生思想教育的新途径。

第二，新平台。既然微博已经成为广受高中生欢迎的网络工具，课题组能及时了解厚街中学学生的思想动态及需求，积极兴建以思想政治教育内容为主的微博平台。把国家的政策方针，党的会议决策，中央的最新精神，世界上发生的重要事件等，作为微博的内容，第一时间传达给学生们。以微博为阵地，宣扬主流思想文化，加强舆论导向，通过各种互动的活动或话题引导学生关注政治，关注社会，关注自己思想的进步。同时帮助高中生答疑解惑，给他们创造一个健康的网络交流环境。更重要的，根据微博的反馈信息，课题组还能够更准确地掌握学生的生活学习动态，掌握了他们的需求和他们对社会和对世界的看法，有利于思想政治教育工作更深入地开展。

微博对课题组来说既有机遇，也是挑战。充分运用微博开展高中生的思想政治教育工作，已经成为一种趋势。下一阶段的研究我提两个小建议供课题组研究参考。

第一，注意把握好微博正反两方面的影响，趋利避害。利用微博进行德育教育工作，课题组研究成员可以以网友的身份和学生在网上"毫无顾忌"地进行真实心态的平等交流，这对于课题组摸清、摸准学生的思想并开展正面引导和全方位沟通提供了新的快捷的方法。此外，由于微博信息的传播具有实时性和交互性的特点，学生可以同时和多个教育者或教育信息保持快速互动，从而提高思想互动的频率，提高教育效果。与此同时，由于微博信息具有可下载性、可储存性等延时性特点，可延长课题组研究成员与受教育者思想互动的时间，为青少年提供"全天候"的思想引导和教育。还可以网上相约，网下聚会，实现网上德育工作的滋润和补充，从而及时化解矛盾，起到温暖人心，调动积极性，激发创造力的作用。但同时，我们也应该看到，微博作为一种新媒体也是其不可克服的弊端，容易让学生上瘾耽误学业，容易被谣言及各种"违法不良信息"所误导，或者受到"水军"舆论的欺骗等。因此，课题组在研究过程中要特别注意培养学生的媒介素养，学会对信息进行质疑、反思、分析和比较，不能照单全收，进一步提高他们的辨别能力，才能趋利避害。

第二，不断提高课题组研究成员的综合素质。微博不管多么强大，只是我们使用的一种思政教育工具，要发挥它的正面作用，当然还要靠使用它的人。因此，课题组研究成员要注重提高自身的素质，提高自己的知识储备量和对微博科技的应用能力。拥有先进的教学理念，良好的道德修养，富裕的创新精神，优秀的心理素质。面对纷繁复杂的微博世界，课题组全体成员既要有坚定的政治信仰，又能善于利用微博工具影响高中生正在形成的世界观和价值取向。应积极运用微博与学生们进行平等的交流，把正面的先进的思想传递给高中学生。与此同时，还要通过微博互动，及时发现青年人中间存在的各种问题，对表现出来的思想动态及时疏导，从而使微博的思想政治教育功能得到有效的发挥，使课题研究卓有成效。

让三个课题同时辉映在洪梅教研的蓝天

又一次参加洪梅镇三个课题的同时开题，不但让我激动于又有了一次学习和提高的机会，更让我感受到了洪梅镇领导对教育科研课题的重视和后来者居上的科研态势。下面我就三个课题谈谈我个人的一些看法和建议：

第一，三个课题在选题上都是十分成功的。在教育教学研究中，研究什么和为什么研究，往往是互为体现的。选择、确定课题的过程就是确立研究目的、研究对象、研究内容和研究方法的过程。选题是一切科学研究的起点。许多科学家对选题的重要性都有过精辟的论述。爱因斯坦在《物理学的进化》一书中写道："提出一个问题往往比解决一个问题更重要重，因为解决一个问题也许仅是一个数学上或实验上的技能而已，而提出新问题，新的可能性，从新的角度去看旧问题，却需要有创造性的想象力，而且标志着科学的真正进步。"美国贝尔研究所科学家莫顿说："选题不能草率，如果根本没有实现的可能，选题就等于零。"杨振宁教授则认为："一个好的选题，等于实验成功了一半。"就课题研究而言，选题也非常重要，因为，能否从日常的教育实践中发现并提出有价值、有意义的问题，能否确立正确的研究方向，不仅综合反映了教师的学科知识水平和教育科学素养，以及教师对教育理论本身、理论与实践之间、社会发展要求与教育教学现状之间、师生关系等教育内外部矛盾认识的深度和广度；也决定了研究工作能不能顺利进行、能不能取得成效的基础和前提。

洪梅镇开题的三个课题在选题上都是十分成功的，具体表现在四个方面：一是三个课题的选题都符合党和国家的教育方针政策，坚持了正确的教育科研方向，是对新课标思想和理念的贯彻落实，有利于全面、深入地推进素质教育。二是他们的选题有科学依据，选定的问题在指导思想和立论上没有科学性的错误；课题产生于实践，有一定的针对性，有一定的教育科学理论基础，符合教育科学的基本原理和中小学教育的基本规律。三是他们的选题都突出了以校为本，三个课题研究的都是以改进学校实践、解决学校和班级以及教师教育教学所面临的实际问题为指向，关注的不是宏观层面的理论问题，而是他们日常工作中遇到的、亟待解决的实践问题，没有游离于课堂之外，也没有脱离学校生存和发展的实际。四是选题都充分体现了"从大处着眼，从小处入手"。他们三个课题的选题不但立意高、范围广、视野开阔，而且选题贴近实际，是围绕学科、立足课堂来找他们自己熟悉的、有经验的、感兴趣的，有条件解决的问题。当然，选题上的成功并不等于课题的成功，它只是有了一个良好的开端，是万里长征中刚走完的第一步，如果要把这三个课题做全市全省有影响的课题，还需要三个课题组的全体成员付出更加艰辛的努力。

第二，三个课题在研究内容上还应该更加清晰明确，富有研究的逻辑性。《小学雷锋精神教育时代化的探索》这个课题有三个核心概念：一是小学，二是雷锋精神，三是教育时代化。以上三个核心概念告诉我们课题组，研究过程中的第一步就需要我们厘清雷锋精神的内涵与内容是什么（艰苦奋斗、积极向上的进取精神；"爱憎分明不忘本"具有坚定意志和昂扬斗志的精神；忠于人民忠于党的精神；对人民充满友爱、互相帮助的精神；公而忘私、全心全意为人民服务的精神）。其次，在21世纪的今天、在我们今天的小学、在我们今天的洪梅小学、在我们今天洪梅小学的不同年级和不同班级的每一个不同学生，新时代的雷锋精神的内涵和内容又是什么？今天我们的小学生需要重点学习和发扬雷锋精神的哪几种，不同年级或不同班级学习雷锋精神有哪些不同，现代的小学生如何做好事，如何做好人。三是学习雷锋精神的内容不但要时代化，开展学习雷锋精神的方式或手段也要时代化，如网络、微博等现代化多媒体传输手段，即用现代化的技术和现代化的活动方式来展开小学生学习雷锋的精神。

对于第二个课题《小学"故事校园"建设的研究与实践》，我个人是这么建议的：一是如何选故事、选故事的方法原则策略首先是我们课题组需要解决的问题和研究的重要内容，要根据不同年级或不同学段的学情选取故事，这个研究前提是不能忽视的。二是把选好的故事放哪？应该营造故事校园的立体环境，让校园的每一面墙或每一个宣传栏，即校园的任何一个地方都有故事在等待学生观阅。不仅如此，教师的每一堂课，每一次教育活动都充满着故事的氛围。三是故事校园的终极目的是育人，是为学生的健康成长提供充足而高质量的养分，千万不要有假冒伪劣"产品"，或三聚氰氨，或过期变质产品。

对于第三课题《小学中年级英语"看图说话写话"有效教学策略的研究与实践》，第一步应该重点研究我们如何选图，选什么样的图让学生看得懂，理解得了，有话可说、有话想写，领会和理解别人表达的思想。即选图的原则与方法及具体操作要求。第二步应该重点探究如何看图说话，如何用语言表达思想，怎样才能说得出、说得好、说得到位。第三步是如何把说出来的东西变成英语文章。通过图片引出教学内容，启发学生练习说话；并进而学生可以将图画所体现的内容，通过想象直接与英语表达联系起来。这不但有利于培养他们的英语思维能力，也有利于培养他们的想象力和创造力。

第三，责任明确，细致分工，并落实到具体工作中。要做好这方面的工作，重点在于三个课题负责人和相关骨干老师，需要提前做好工作，对课题研究中要做哪些具体的事情心中有数，分工明确。目前来说，有了总的申报书，但不等于课题实验计划，计划必须是周密的、详细的、具体的，包括总的课题计划，还有具体项目的计划。比如，不同年级，目标肯定会有区别，就需要分年级制订计划，年级中每个人也有相应的工作，负责人就要统筹安排，完成好计划的基础上，诊断性评价、形成性评价的有关量表、题目的设计，问卷调查，评价方案的制订，甚至具体到不同环节如何制定目标与落实，最好分工到人，便于落实。假如没有明确的分工，可能每个人都很忙碌，每个人也都不知道该干什么，最后任务完成不好。一个课题组应该包括三方面的人，一是有权之士，二是有识之士，三是有志之士。有权了课题就可以得到更多的支持，有识了课题质量、水平就会更高，有志了可以不怕辛苦，踏踏实实去干。在这里我还大力提倡把每个课题组打造成一个团结协作、相互帮助、相互影响的科研型团队，分享集体智慧，实现研究过程中的资源共享、方法分享、智慧分享等，让课题通过我们大家的努力获得成功。

第四，建立研究台账或研究手册，定期检查、总结、交流。

研究台账或研究手册是理清研究思路、计划阶段研究工作、记录研究过程的重要手段。通过研究台账或研究手册记录课题研究的大事，课题研究工作安排，课题研究工作会议、培训、交流、考察学习的内容，课题研究成果，课题研究档案资料等等。为执行计划、调控过程、提高效率提供依据。同时，也为积累完整的研究资料打下了基础。

为了掌握课题研究的进度，调控研究过程，要定期组织课题组成员进行总结交流，检查是否认真执行了计划，研究到了哪一步，解决了哪些问题，有了哪些效果，资料收集是否完整、保存是否完好，下一阶段的工作做什么等等。如果是个人单独进行的研究，也要进行自查自纠。在整个研究过程中，要有计划地通过书面报告、座谈交流、现场会议等形式展示阶段性的研究情况和研究成果，课题研究者既要作出书面的阶段研究情况报告；又要在课题组成员座谈会上介绍研究情况、听取大家的意见。同时，还要通过听研究课、观摩研究活动、观看影像记录、参观实物展览等活动来开展评估和交流。

第五，要收集保存好研究资料，做到真、实、精。收集保存研究资料是老师们最容易疏忽的工作。那么，在研究中要注意收集保存哪些资料呢？

从资料的内容来分，我们可以把研究资料分为：理论资料，这类资料主要是研究者围绕课题研究搜集、整理的文献资料。方法类资料，是与课题研究有关的方法，以及操作案例等。事例类资料，是研究过程中的调查分析、数据统计、案例等能说明研究效果的材料。实物类资料，包括会议、活动照片、课堂实录、课件、获奖证书、师生作品等等。

从资料的特点看，我们还可以分为：基础性资料（我也把它称为原始资料），包括下载、复印文章、文摘等理论资料，以及国家、市教育局、学校有关的政策、法规、文件等政策性的资料。过程性资料，包括微型课题研究的申报表、研究计划或研究方案、研究目标责任书、教学案设计、调查观察记录、研究日记、会议及研讨活动记录、接受培训及考察学习的材料、学生作业、有关试卷、图片等与研究过程有关的所有资料。结果性资料，包括调查、观察、报告，工作小结，研究课课例、实录，研究报告，随笔、论文，经验总结，师生作品，课件，结题鉴定意见等能反映研究效果的材料。

做好摘桃的各种准备

非常高兴参加莞城英文实验学校四个课题的中期报告会，从前面近两年研究与实施的情况来看，这四个课题的确投胎到了四户好人家，有十分重视课题研究的区教办各位领导，也有身体力行的学校各位校长和主任，还有四个名列全市前茅的研究团队。正是由于你们的共同努力，四个课题已展现出了"凤头猪肚豹尾"的好势头，未来将会在市、省甚至全国产生较大影响。今天，我向大家报告两个方面的内容：一是如何撰写中期研究报告，二是下一阶段四个课题的中心工作是什么！

一、如何撰写中期研究报告？

中期报告是科研课题的执行人在科研过程中向科研主管部门汇报课题研究工作进度的情况及阶段性成果的书面材料。主要是两个方面的思路：一是课题执行人总结前一段研究工作的成绩和经验；二是向主管部和协作单位通报信息，以便检查研究进度，安排进一步的研究工作。

由六个部分构成：①课题名称；②课题概述（课题来源，起止时间，课题研究的现状分析，课题研究的价值与意义，课题研究的目标、内容与方法，支持的经费等）；③本阶段研究工作的内容、情况和存在问题；④阶段性成果；⑤下阶段研究工作的计划；⑥参加这段工作的人员名单和报告时间。

注意四个方面：一是本阶段研究工作的内容，情况和存在问题：写法上应按工作计划上规定本阶段任务条款，逐条检查落实，注意写明完成情况，也同时写明存在问题，分析存问题的原因，如果不具备研究条件而未完成任务应作出说明。这部分写得如何，是衡量报告质量的关键所在。

二是下阶段研究工作计划：这部分写作既要参照课题工作计划写出下一阶段将进行的研究，又要针对上阶段工作的经验和存在的问题，将未完成的任务移至下一阶段去完成。如果研究工作计划有变动，应写明变动原因并作出新的安排。

三是报告的编写方法：对单一课题，可采用时序式编写，按任务完成时间的先后写。但重点放在本阶段研究工作的进展和结果上，避免写流水账。对项目比较多的课题，如分有多个子课题，可采用任务分项式编写，一项一项地写。也可把时序或任务分项式结合起来编写。

四是内容真实，把握分寸：报告写作的重点应放在"研究计划完成情况"和"未能按计划完成的工作"两部分上。写作中应如实反映研究的客观实际，正确估价取得的成果；写成绩不要过分夸大，同时要写明存在困难和问题。

二、下一阶段四个课题的中心工作是什么？

第一，准备写好一个研究报告。四个课题研究报告的撰写是教师开展课题研究必须经历的一环，是教师教科研课题研究水平的集中体现。成果显著的课题研究报告有利于学术交流、供人参考、借鉴，有利于教科研成果的推广运用。课题研究报告写作要十注意：一是注意研究报告选题的准确性与价值性。二是注意研究报告结构的完整性和严谨性。三是注意研究报告的论点与材料统一，论证严密。四是课题研究报告的效益与成果的引用价值高。五是课题研究报告提供的相关成果材料充分详实。六是紧扣课题研究目标，不要让课题研究内容偏离课题研究目标。七是把每项研究内容表述明白，不要含糊其辞或模棱两可。八是注重研究内容的整体完备性，不要出现重大缺漏。九是保证每项研究内容的相对独立性，不要产生近似甚至雷同的现象。十是调控每项研究内容的难易均衡性，不要使各子课题的任务悬殊。

第二，准备参加省市两次评奖。首先要积极参加本年度的广东省创新成果奖评奖，力争拿个二等奖或三等奖；接着又可参加东莞市教育局的各类评奖活动。当然，还可以参加一些专业学会所组织的评奖活动。总而言之一句话，做课题研究虽然不完全是为了获奖，但有机会参与评奖还是不能放弃的。评奖过程既是促进课题研究快速前进和总结提高的过程，也是扩大课题影响的过程，我们何乐而不为呢？

第三，准备做好三大总结工作。做课题研究如同一篇美文：有精彩动人的选题、有优美新颖的研究方案、有传神真实的研究过程、有恰到好处的文献资料引用、有独到深刻的见解。让课题研究在最后阶段做得实实在在，件件事落地生根。具体做好三大总结工作。一是进一步校准课题的选题，充分体现了课题组全体成员特别是主持人的研究特长和兴趣。是从新的教育理念中关注到的升华点、教育发展趋势中发现的热点、从成功经验中激发又一个生长点、从现实问题中点燃突破点、从与他人研究比较中填补空白点、从教学实践过程中调取困惑点。二是让课题方案在教科研活动中得到最后落实，研究过程做得实实在在，件件事落地生根。三是不但让课题汇报工作督促研究，而且还要让论文成为研究成果，课题研究报告写得精彩动人，无知识产权纠纷。

第四，准备整理四个方面资料。四个课题组下一个阶段最主要的研究工作之一是收集整理好研究资料，做到真、实、精。具体整理四个方面的资料：一是理论资料，这类资料主要是研究者围绕课题研究搜集、整理的文献资料。二是方法类资料，是与课题研究有关的方法，以及操作案例等。三是事例类资料，是研究过程中的调查分析、数据统计、案例等能说明研究效果的材料。四是实物类资料，包括会议、活动照片、课堂实录、课件、获奖证书、师生作品等等。

第四辑

04

打赢高考这一仗

说明：2007 年以后的新课程高考历史试题在"史学观""课标观""教材观""能力观""热点观"这"五观"上强劲地体现了新高考的新走向。"五观"系列文章写于 2007 年 10 月，部分已发表于相关高考辅导刊物上，个别篇目在随后的几年里作了不同程度的修改与补充。

依纲不靠本

——新高考历史试题中的"课标观""教材观"与复习对策

2007 年率先进行新课程改革的四省迎来了首次高考，几套高考历史试题给了我们一个非常明确的导向，高考命题已由过去的"依纲（教学大纲）靠本（教材）"转变为"依纲不靠本"，新课标和考试大纲成了高考命题的"纲"，即主要依据和蓝本，甚至是唯一依据。教材已由过去高考命题的"蓝本"变为新课改程式下的"文本"。因此，课标和考试大纲成了高三学生进行历史复习最值得重视的方向性环节。

一、高考命题以课标与考试大纲为依据的原因

第一，历史课程标准和历史考试大纲是国家教育行政部门颁布的指导中学历史教学的法律性文件，它是国家意志的体现，具有相对确定性和法律约束力。在国家课程体制下，历史课程标准是指导教科书编写、教师授课、学生学习历史、专家命制历史高考题的法规，是保证国家规定历史教学目标实现的强制性文件，并以此来保证中学历史教育中的教材、授课、学习历史乃至选拔测试等都始终沿着正确的方向前进。

课程标准是由课程专家和学科专家精选出来的历史学科精华，然后经国家主管部门审查批准，用课程标准的文本形式确定下来。其内

容是历史学科最基本、最重要的史实、概念、原理、方法、情感态度与价值观等，具有很强的抽象性、概括性和目的性，对教材的编写、教师的传授、学生的学习、高考试题的命制都具有严格的规定性和标准化。正如历史课标所规定的那样："应严格按照《标准》的要求，努力实现历史课程在知识与能力、过程与方法，以及情感态度与价值观等方面的总体目标。要以辩证唯物主义和历史唯物主义理论为指导，正确阐释人类社会发展的历史，并做出客观评价；历史的阐释要真实准确，符合国家的有关规定。"

第二，历史新课改打破了人教版历史教科书一统天下的局面，实行一标四本（人教版、岳麓版、人民版、大象版），这种现实情况决定了高考命题只能是依纲不靠本（指各个版本的教材）。它给高三学生三个方面的启示：一是高考命题只能依托课程标准和考试大纲，而不是哪一个版本的教材；二是四大版本共同表述的显性或隐性的史实、史学观点、史学方法等一般是命题的主要依据，这也是考生复习的重点，只在一两个版本出现过的都很难成为命题的资源和依据；三是四大版本都没有出现过的，又是课标所要求的史实材料、史学理论和史学方法也可以成为命题的资源。如广东省 2007 年高考历史卷第26 题"明代妇女婚姻观变化"题就是其中的典型代表。

第三，四大版本教材的编写者对同一课标在理解和诠释上存在着较大的差异，他们采用的基本知识点有不少是不相同的。考试测量失去了以往所依赖的基本知识点的出处，任何一种教材都无法成为高考命题的"范本"。由于新课标中教学内容的表述比较简略，一些专题的表述高度概括，使得其涵盖的基本知识点有很大的不确定性。以上现状决定了高考命题也就只能以新课标为核心，尽量回避和淡化不相同的具体的基本知识点。2007 年广东省高考历史试题就是从三个方面成功避开了四大版本之间的不相同的具体知识点的：一是以新课标为核心，通过在选择题目中适当增加材料题的比重，在非选择题中全部采用材料题，并打破材料题和问答题的界限，更多地设计新的情景，让考生运用平时学习培养出来的能力去分析解答试题；二是运用史学界公认的重要概念、因果关系、史学理论、史学范式等内容来命制试题；三是改变评分标准，根据作答情况反映出的考生的能力，分层次给分。

二、如何利用新课标进行复习

新高考历史试题必然会与新课标互相呼应，体现新课程改革精神，会为新课改做一个成功的注释。因此，新高考对学生的历史知识、历史能力、历史意识和历史素养的全面考查一定会一如既往，学生备考时一定要守住这个阵地，做到"人在阵地在"。同时在备考的目标、任务、视野、路径和策略上主动适应新高考，以新课标为航标，充分利用"课标"指导高考复习。

第一，把新课标与旧的教学大纲进行对比，重点对比出新课标主干知识的新视角、新观点，这些新视角、新观点极有可能就是高考命题的"最大嫌疑犯"。以下是笔者综合有关资料，为考生复习提供的16个"嫌疑点"：

中国古代史：

一是论述中国古代中央集权制度演变趋势时说："自宋以来，中央在与地方分权的斗争中已处于绝对上风，政治制度上体现新的特点——皇权与相权的矛盾变得突出起来。""皇权不断加强，相权不断遭到压制。"

二是在指出清代军机处的设置是皇权高度发展标志的同时，肯定其"提高了清王朝行政效率"。

三是关于中国古代经济重心的南移，明确指出南宋时"南方正式成为中国经济重心的所在"，经济重心"南移的同时也带来了文化重心的南移"。

四是对明清盛世经济实力是这样概括的："当时中国国内生产总值远远高于整个欧洲地区"，中国是"当时世界经济和贸易的中心地区，其综合国力在世界范围内继续保持领先地位"。

中国近现代史：

五是在论述洋务运动时，明确指出安庆军械所制造的实用蒸汽机问世"标志着中国近代工业的起步"，洋务运动对"中国早期现代化起到了不小的推动作用"。

六是对五四运动的意义进行了充分阐释，认为"爱国主义是五四精神的主旋律"，五四运动"是一次广泛的新文化运动，又是一场伟大的思想解放运动"。

七是中国共产党的成立"标志着中国革命进入到新民主主义革命阶段"。

八是对中国抗战的作用，明确指出"因为中国战场的存在，使得日军未能与德军配合进攻苏联，苏联避免了两线作战，也使得日军未能马上武力南侵，推迟了太平洋战争的爆发"。

九是提出中国三大改造的完成"是社会主义计划经济在中国基本确立的标志，并为中国社会主义工业化开辟了道路"。

世界近现代史：

十是对近代民主政治有充分反映，肯定了民主政治在人类文明历史中的重要地位和作用，对英国君主立宪制、美国和法国的共和制做了全面阐述。其中美国在1868年通过的有关叛国罪的修正案，对维护国家统一、反对国家分裂有重要保障作用。

十一是对世界近代历史上的资产阶级革命和改革的认识，大纲教材突出资产阶级革命和改革的反封建意义及其革命性，"课标"则强调从资产阶级代议制的确立与发展中认识"民主制度因国情各异而必然呈现出多样化的基本特点"，认识"民主政治对人类文明发展的重要意义"。这就启示我们要从政治制度文明的角度去认识西方国家资产阶级革命和改革的历史意义。新课标教材将改革与革命并列，充分肯定了改革对推动社会进步和发展所起的重要作用。

十二是关于第一次世界爆发原因，认为是对市场的争夺、军国主义及极端民族主义的泛滥、世界性大国的出现和科技成果在军事上的运用等方面综合导致的，增强一战对精神领域的影响，认为一战使人们失去了战前的乐观主义，对诞生于西欧的曾经引为自豪的民主、自由、平等等观念产生了怀疑，忧心忡忡，充满了幻灭感和危机感。

十三是对罗斯福新政作了全面肯定，认为罗斯福新政使资本主义获得了新的发展活力，标志着"资本主义告别自由放任时代，进入政府干预经济时代"，同时"使资本主义经济发生了转变"。

十四是在分析二战的影响时，认为是民主战胜专制的胜利。

十五是在评价布雷顿森林体系时，指出其"适应美国对外经济扩张的需要"的同时，也肯定其在一定程度上稳定了世界经济秩序，促进了世界贸易。

十六是在分析全球化成因时，认为两极格局的结束也为全球化的发展扫除了障碍等。

第二，按新课标要求建构历史知识体系。新课标以"专题"的方式呈现知识体系，在某一类重大历史事件或历史问题上体现出很强的纵向联系的特点，新课标中的"专题"可以直接作为专题复习的框架整合教材的知识，按课标的观点和新的提法编练习题。把大量分散的、相对孤立的历史事实、历史概念纳入完整的学科体系之中，总结出历史事实和历史概念之间的普遍联系，揭示历史发展的基本线索和客观规律。

建构历史知识体系的过程，也是对历史知识进行识记、分析、综合、概括，不断深化认识的过程，不断让学生在脑海里形成一株株中外历史知识的立体之树。知识体系不等于知识结构，它不是知识的简单罗列，而是知识内在关系的稳定形式。因此，历史复习不应拘泥于个别的、零碎的历史知识或历史事实的记忆，即使是十分重要的历史知识，也应放到历史整体的相互联系之中去掌握。抓住主干知识，以点带线，以线带面，形成点、线、面一体的主干知识结构。掌握历史发展的基本特征和规律，把握历史发展的基本线索，构建完整的历史主干知识网络，才能比较轻松地掌握一个时期或阶段的整个内容，才能抓住历史的阶段性特征。

例如，新课标必修一要求学生"学会从历史的角度来看待不同政治制度的产生、发展及其历史影响"；必修二要求"理解历史上不同国家与地区的社会经济发展模式，并对其做出科学的评价与解释"；必修三要求"认识人类思想文化发展的多样性，理解和尊重世界各地区、各国家、各民族的文化传统"；选修一要求"了解改革的历史背景和进程，改革的复杂性与多样性，科学地认识和评价改革，理解历史发展的多样性"；选修二要求"辨别和比较不同流派的民主思想、不同表现形式的民主制度"等。以上不同模块的要求，其实就是最主要的历史阶段特征和主干知识网络。它要求学生认识到历史发展是丰富多彩的，具有多样性和多元化特点；要有更宽阔的视野，抛弃过去那种非此即彼的思维模式；要有开放的意识，理性地、宽容地，从不同的角度，立体地、多方位地看待和评价历史事物，看待不同发展模式的国家和地区。

第三，以时段为序，整合政治、经济、文化三方面的历史知识。新课标新教材在同一个模块中既有中国史的内容，也有世界史的内容，既有古代的内容，也有近代和现代的内容，能让学生从时间、空间上对世界历史的发展有一个纵向和横向上的整体把握。但同时带来的最大不足就是对某一时期、某一阶段的历史的整体意识相对较薄弱，而过去的大纲教材则正好以某一阶段的历史的整体性较强的优点弥补了它的不足。因此，考生在复习时不妨去翻翻老教材。

三、由蓝本到文本：教科书不再是高考命题的"法定文本"，但仍是非常重要的文本

课程改革形势下的教材是教师和学生进行教学活动的材料，是教与学的主要依据，它包含课程标准、教科书、教学参考书、教学辅助书、教学挂图、录音、录像、光盘、网络等多方面材料。按其主次轻重说，可以划分为两个层次：课程标准属于最高层次，第二层次是教科书、教学参考书、教学辅助书等。之所以把教科书与教学参考书、教学辅助书划为同一个层次，是因为教科书仅是实现新课程标准要求的众多的文本材料之一。当然，不可否定，教科书虽然不再是高考命题的"蓝本"了，但它仍是众多文本材料中最重要的一部分，是要求高三学生必须予以高度重视的文本材料。

第一，高考是以课程标准和考试大纲为考试标准和要求，而不是教科书。因此，教科书不再是高考命题的唯一的"法定文本"或"蓝本"，但它仍是最重要的"文本"之一。高考试题材料的选取不仅用教科书，还可以用图书、报刊、广播电视节目、各种多媒体和网络等各种教学资源。传统高考把教科书视为与教学大纲同等重要的"蓝本"，在高考命题中强调其"独断"作用和"位移式"传递。而在课程改革的新理念下，教科书被定位和解释为"文本"，新高考命题则比较注重"理解型"解释和"生成式"发展，倡导"创读"，甚至允许"误读"，以利于选拔思维发展顺畅之考生，这也是广东省2007年高考历史试题参考答案为什么全部都标明"只要言之成理，可酌情记分"的原因。

第二，教材为我复习所用。教科书本身的多版本化决定了教科书在命题专家眼里只是众多载体之一，是众多解读历史新课标的材料中的一种，它不再是历史教学与复习的唯一依据，而是学生从容应对高考的一种课程资源。因此，学生在复习中，要以新课程标准为核心，按照课程标准的要求，不拘泥于一套教材，采信不同版本教材的长处和优点，结合自己的实际情况对教材进行合理的调整和取舍，或重新整合，积极地、能动地、灵活地使用各种资源为复习服务。

第三，多从宏观的角度把握历史。课标是高考命题的核心依据，四大版本是专家学者们根据自己对课标的理解编辑而成的，各有特点，各有长处，也各有不足。各版本教材对课标的解读虽然基本相同，但在史学范式、史学观点和历史史实的采用上存在着相当大的差异。这在很大程度上限制了高考命题只能在两个方面做文章，一是宏观解读历史，尽量避开四大版本在微观上的具体差异，四大版的相同点主要表现在宏观层面。因此，学生在复习时要注意宏观把握历史知识体系，不能只见"树木"，不见"森林"。不仅在微观上要知道每一棵"树"的结构和特点，以及与别的"树"之间的关系，更重要的是要在宏观上见到整个"森林"，明了"森林"纵横交错的关系，这样才能自如应考。二是探究某一件或某一类历史事件出现的原因和对它的评价（或影响）。2007年广东省高考历史卷中的非选择题全部是考宏观层面的史学观点和历史事件的原因及评价。

第四，新课程标准和考试大纲是高考的"法定文本"，具有唯一性和导向性；学生是课标解读的核心承载人和运用者。从中学具体历史教学现实来看，相对于每一具体课标的解读是多元的：一是四大版教材的编者对课标的解读，如必修课程中的古代中国的政治制度专题第（3）部分要求列举从汉到元的政治制度演变的史实，列强侵略与中国人民的反抗斗争专题第（1）部分要求列举 1840 年至 1900 年间西方列强的侵华史实。至于应该包括哪些具体史实也就是基本知识点，从课标中得不出现成的答案。二是其他多方面辅导资料对课标的解读。三是中学教师对课标的解读。四是学生对课标的解读。五是高考命题专家对课标的解读。在以上五个方面的解读中，教材对课标的解读最接近课标的要求；辅导资料对课标的解读往往为学生多元化认识历史问题提供新的视角；中学历史教师起着重要的桥梁作用，他们要整合前两者以及本人对课标的解读，并预先设定与高考试题建立某种联系的可能性，让学生有备无患；作为学生本人，他们是课标解读的核心承载人和运用者，不但要了解教材、辅导资料、教师等三者对课标的解读，还要形成自己对课标的理解和诠释，并在老师的帮助下让自己的这种理解与高考命题专家对课标的理解尽量接近或趋同。这样，高考才有可能得高分。

能力层级的"显影剂"

——新课标高考历史试题是如何考量学生能力的

高考对学生个人能力素质与能力层级的考量与评估主要是通过各学科的高考试题来实现的，从能力的宏观层面来说是两个方面：一是考查学生是否具备或初步具备进入社会生活所需要的能力；二是考查学生是否具备新课标和考试大纲中所要求的能力，让学生尽可能在高考试题中把自己的能力层级全部显影出来。因此，新课标模式下的高考试题都是以能力立意为基础的。这不仅是新课标模式下新高考的必然趋势，也是高考永远追求的恒定目标。

一、新课标新高考对学生历史学科能力的具体要求

新课标新高考对学生历史学科能力的考量主要体现在三层四级。

三层是"考查对基本历史知识的掌握程度；考查学科素养和学习潜力；注重考查在科学历史观指导下运用学科思维和学科方法解决问题的能力"。正如全国高考历史命题专家刘芃所说："识记、理解和运用，识记——准确地识别和记忆基本的历史事实及其相关的历史知识，主要的历史结论。理解——理解不同历史时期的主要特征以及基本的历史概念、结论和观点；理解历史的变化、发展及其原因；理解历史材料的内容、要旨。运用——初步运用辩证唯物主义和历史唯物

主义的基本观点分析历史现象、评价历史事件和人物，将历史材料中的有效信息与所掌握的知识相结合进行论证。"

四级（又称能力考核目标）的第一级是"获取和解读信息"的能力。它包括理解试题提供的图文材料和考试要求，整理材料，最大限度地获取有效信息，对有效信息进行完整、准确、合理的解读。第二级是"调动和运用知识"的能力。它包括辨别历史事物和历史解释，理解历史事实，分析历史结论，说明和证明历史现象和历史观点。第三级是"描述和阐释事物"的能力。它包括客观叙述历史事物，准确描述和解释历史事物的特征，认识历史事物的本质和规律，并做出正确阐释。第四级是"论证和探讨问题"的能力。它包括运用判断、比较、归纳的方法论证历史问题，使用批判、借鉴、引用的方式评论历史观点，独立地对历史问题和历史观点提出不同看法。

上述三层四级的能力目标给了考生一个明确的导向，高考的能力要求与学生能力发展的要求是一致的，高考试题都在努力地体现能力考查要求，都是在考查学生是否具备获取知识的能力、是否具备科学解决问题的意识习惯、是否具备应用所学科学知识解决实际问题的能力。从宏观的层次来看，即是掌握历史学的基本思想与方法（历史学科能力的核心）。它具体又可以细化分为对时序的理解，对历史事件、人物和历史演进的认识与理解，历史的解释，历史的探究，对历史素材与历史知识的组织和交流（如表达与写作等）。或者如美国的历史课程标准所表述的那样：对历史发展阶段和历史分期的熟练掌握，即要求学生熟悉历史事件发展的次序和模式，观察其变化与继承和发展的形式，比较不同的历史分期法。对历史材料的理解能力，即要求学生理解历史文献的中心思想。解读历史材料，学会从历史人物的角度来看问题，并能理解由其他媒介（如统计表格、数学模式、文学和声光媒体）表现的历史信息。分析和解释历史的能力，即要求学生比较对照不同群体美国人历史经验，学会从多种角度来分析同一问题，听取和比较不同的历史解释，了解史学界对重大问题的争论。历史研究的能力，即要求学生学会如何收集和使用历史研究的材料并能运用这些材料来叙述史实和表达观点。历史问题和历史决策的分析能力，即要求学生能辨认具有决定意义的历史问题和历史决策，分析历史事件和决策发展的特定环境，分析这些决策带来的后果，讨论在当时环境下可能做出的其他历史决策，学会为某一种历史决策进行批判或辩护。

因此，高考在试题命制上基本上都是能力立意的，并设定在一定的情境之中，努力让学生在相对真实的情境中尽情展示自己的能力。

二、在"三新"中考量学生能力

高考历史试题对历史学的基本特性和基本要素有着一定的理解和把握，试题会从考查学生的历史意识、历史思维来入手。学生在展开试卷的同时，也是在展开历史演进变迁的动态过程。也就是说，高考试题不会把历史的具体知识仅仅当成单一的、孤立的个体知识点来进行考查，而是在历史的动态的演进中考查学生处理识记知识、理解知识和运用知识的能力，即通过"三新"（提供新材料，创设新情景，提出新问题）来最大限度地考量学生能力。2007年四省的新课标高考历史题无一例外地在"三新"上下足了功夫、做足了文章，具体表现在以下几个方面。

第一，在知识与能力间找到了一个最佳"拐点"。新课标改革之前30年高考的历史题一直在"知识"与"能力"之间摇来晃去，"刘宗绪时代"在能力考题上做了许多可贵的探索，可圈可点的能力题也不时出现在高考试题中。美中不足的是，专家型研究色彩太浓，以至于许多学生在这种能力题面前束手无策。历史容易学、容易考，使学生成了选课时历史课的"粉丝"，这也是近年来广东省为什么有那么多学生扎堆争报历史学科的主要原因之一。2007 四省新课标后的首次高考历史试题既克服了"能力题"的太难，也摒弃了前几年"知识题"上的过易，在"阳春白雪"与"下里巴人"之间找到了一个最佳的结合点与平衡点，充分展示了新课标的新要求与魅力。

　　第二，整体移植或克隆教材上的知识点的做法显著减少。历史学科具体的知识点像语文学科一篇篇的课文，像数学学科一个个的例题，它只是某一种观点，某一种方法与理论，或训练某种思维与能力的"名篇"和"典型例题"。直接考历史教科书上的史实，只是高考目标的小部分，"名篇"与"例题"不能在高考中太多出现。况且历史教科书上的知识点的做法也只是众多情境中一个，是"典型例题"中众多解法中的一种。高考如果太多直接考历史知识点就如同语文和数学主要考教材上的课文和例题一样。书上的知识可以考，但必须是新情境下的知识再现，是同一个"例题"但有别于教材上说法的另一种"解法"。在 2007 年试题中，整体移植或克隆教材上的知识点的做法几乎绝迹。这是四省新课标高考试题的巨大进步，或者说是一次质的飞跃与提升。

　　第三，方法与能力的考查成了试题的主流。高考历史考试的主旨是对学生的能力素质和其他综合素质进行测试和选拔，它主要从两个角度来完成这项任务：一是对教材上现有的历史知识点通过置于新材料、新情景、新问题来考查。二是用与教材基本上没有关联的新材料、新情景、新问题来考查学生运用在教材上学到的思维方法，从而让学生在考试中最大限度地显现自己的能力和素质。2007 年四省的高考历史试题在这点不仅有更好的效果，而且对 2008 年的新高考和今后历史教学有了更明确、有利、有力的导向，同时也会有效弥补未来高考"一标多本"所带来的局限，使考试成为新课程改革的有机组成部分，如 2006 年上海高考历史卷中的小论文题，要求学生写完后列出参考书目，虽然是小要求，但体现着历史学科的大趋势。一是要求学生按照历史学的特性与学术规范来写作。二是检验学生是否阅读过课外参考书，特别是阅读一些专题的学术性书籍，而不是死记硬背某一个版本的教材，或整天拼命地去做高考模拟题。在这里，特别提醒学生，考试时如果遇上这类要求的试题，千万不要把教科书和"状元之路""优化设计"等辅导性资料列为参考书目。三是让学生能够汲取与运用课外参考书的材料或者观点来进行阐释论证，使内容更丰富，更有历史学的特性。

第四，"知""识""用"三个层面主次分明，比例合理。根据聂幼犁教授的观点，我们不难看出，前几年高考的历史试题在"知"（你知道吗？知道多少？）上做足了文章，而在"识"（你理解吗？理解的深度、广度如何？）和"用"（你能用这些知识解决有关问题吗？）上却被严重弱化和矮化，只是在显示它的点缀和装饰功能。通览和分析 2007 年四省的新课标历史卷，"知""识""用"三者主次分明，搭配合理，在兼顾"知"的前提下突出了"识""用"。"知"的考查只占 10% 左右，而"识""用"题占全卷分数的 90% 左右，成了命题的主流。具体表现在：一是在选择题和主观题的设问中，注重情境的设置，"把历史事件放在特定的历史条件下分析"，出现了相当分量的材料式选择题，考生仅靠单纯的死记硬背很难直接得出答案。二是"识""用"题具有较强的实践性，试题选题贴近生活，情境创设有新意，给学生提供了轻松、愉快的阅读氛围。体现和承载了"以人为本、倡导人文关怀，弘扬时代主旋律，凸显活的历史教育"和"强调学以致用，体现研究性学习"的命题理念、命题角度、技术，活化了命题的知识载体。三是"识""用"题体现能力立意。选择题坡度平缓，主观题"层递式"分级设问，分析论证题让学生有话可说，全面考核学生的知识面、学科能力与综合能力。注意考查学生把历史事件和观点放在特定的历史条件下进行分析和评价的能力，注重运用辩证唯物主义和历史唯物主义的基本观点分析历史现象和历史事件，揭示其本质，阐述历史发展的规律。

第五，试题特别注重考查学生思维的能力品质。试题都是尽力从运用已学知识解决问题的层面上入手，着眼于思维品质，多角度、多层面地认识问题，考查思维的灵活性；用唯物辩证法的理论观点，考查思维的深刻性和批判性；对历史和现实问题进行联系与思考，考查思维的创造性。答案多样化，鼓励个性发展、培育创新精神，让学生在面对同一个史实、同一组史料的情境下，允许运用自己个人的立场、观点、方法进行立论推理，倡导结论的个性化与创造精神。

由于高考试题正朝着提供新材料、创设新情景、提出新问题的"三新"方向发展，试题在不断运用课外文献、诗词、照片、图画等新材料新情境新问题来考查学生分析、理解历史和诠释历史的能力，不仅有效地考查学生阅读和理解材料，从材料中获取有效信息，迁移知识和综合分析等能力，而且能较好地引导学生关注人类生存与发展进程中的重大问题，运用历史知识分析、阐释、评价、解决实际问题，逐步摆脱对历史的平面化解释，让学生走向更宽泛和更深刻的历史理解。

三、新高考试题给我们的启示

新课标要求考生建立起包括识记、鉴定、领会、诠释、分析、综合、评价和论证等多项内容的多元的能力观，摒弃仅仅把理解和解释看成是历史学能力的狭隘能力观。新高考试题在弘扬科学与人文精神和体现时代特色的基础上，较多地运用了文献、文物、照片、统计数据等各种新情景材料，创设了新的视角。引导考生对新材料反映的有关信息进行思维加工，引导考生重视对自己学科能力和历史学证据意识、求是精神的培养。这也是新高考给考生最主要的能力导向。

第一，高考应试与能力培养并不是矛盾的，高考应试过程实际上就是能力的培养与不断展示过程。高考能力的培养需要一点一滴的积累。能力不会凭空而来，而需要知识作为载体。实际上，能力要求更主要、更大量地体现在对知识的理解与分析以及在此基础上对这些知识的运用上。所以，注重基础知识是培养能力的根基，只有这样，能力才不是"空中楼阁"，能力的培养才落实到实处。例如，历史复习过程采用"探究＋训练"模式：设置问题情境引导学生对问题进行探究，在探究的过程中理解相关的历史概念和史学知识及理论，再对它们进行抽象归纳，最后在训练过程中强化学生对它们的理解。试题的训练过程实际上就是改变了问题所处的情境，让同学在新情境运用相关概念理论方法解决问题的过程。在这个过程中，不仅学生的探究能力（主要是推理和实证能力）得以发展，而且让学生在再次遇到相关问题时应付自如，且终身受益。因此复习本身就是一种能力的培养与提高，考生在复习中应该充分加以挖掘，努力使自己在高考中最大化展示能力。

第二，传统的题海战术由于没有从知识本身的理解入手，面对全新情境题无从下手，而新课标要求学生采用更多样的学习方式促进自己知识的"条件化、结构化和完备化"。例如，复习教学过程中的探究和更多的联系生活实际是"条件化"的有效措施；比较归纳、建立概念联系是"结构化"的有效手段；"完备化"则需要学生更多地读书和归纳。考生普遍采用的专题训练就是针对高考能力考查要求的训练，专题训练本身对于培养学生能力是非常有价值的。因为在训练过程中包含有解题和应试的基本技巧和能力在内，而同时也是针对各种能力培养的专题训练，因为只有深刻理解能力要求本身，才能真正地应对高考能力考查的试题。如果只是单纯地进行解题技巧的训练，则无法真正应对高考能力考查的灵活题目。

第三，高考命题的立意是能力，但没有扎实的基础知识和基本技能，就不可能构建起能力的"殿堂"。虽然高考历史试题不以教材的知识为切入点，而是使用新材料，营造新情景，设计新问题，但其知识和原理仍源于课本，且要求考生解答的专业术语也要依据课本。因此，夯实基础十分重要，只有通过精读、分析教材，多层次、多角度、全方位梳理知识，掌握基本概念和关键词语的含义，准确把握主干知识，才能构建培养能力的知识体系，才能从容面对高考。

帮助学生寻找幸福生活密码

关注难度变化　做到科学备考①

——对 2009 高三历史复习的十点建议

2009 年高考是 3 + X + 大综合模式的最后一届了，作为 X 科中的历史，如何让学生吃好这"最后的晚餐"，是我们老师当仁不让的责任，估计广东省也会尽全力为学生烹制最后一道适合大众口味的"粤菜"。

一、关注极有可能发生的难度变化

问题之一：前两年高考选择题的难度为什么相距较大？

我们评价高考历史试题的难度既要从学科内看试题本身的难度，也应该从宏观的角度与政治地理学科难度相比较后，才能确定试题难度的高低。在 3 + X + 大综合模式实施前，或从 2010 年后，我们评估难度只要从试题的本身和学生答题的正确率入手就可以了。但在 2007、2008、2009 这三年高考中，我们评估高考试题的难度就不能单纯从试题的本身和学生答题的情况来考察了。更重要的是，我们还更应该从宏观的角度，关注与历史科平等的政治学科和地理学科的难度。从全省的实际情况来看，选学政治历史地理三科的学生一般都是

---

① 本篇文章是作者应邀在 2008 年 11 月 "东莞市高考历史备考研讨会" 上的讲座文字稿。

168

政治学生素质好一点，历史学生其次，地理学生再次之。如此，则高考的平均分应该与三科学生的素质成正比，即全省平均分应该是政治最高，历史居其后，地理第三，只有这样，才能做到相对的公平合理。但2007和2008两年高考平均分的实际情况并非如此，连续两年都是历史的平均分最低，说明选报历史的学生明显吃亏了。

为什么会出现这种情况，一是命题的难度没有把握好，三科没有步调一致，事实上也无法做到这一点，这是高考方案设置本身不科学所造成的。二是中学历史教师在评估试题难度时只是从学科自身的角度去评判的，没有跳出历史学科去关注政治地理学科的试题难度。2007年的历史试题的难度应该说是把握得比较好的，全省平均分恰好在政治之后一点点。由于当年地理学科试题太容易，平均分相对高于政治和历史，打破了当年选学三科的学生素质与高考平均分相对应的理想结果，说明当年选学地理的学生占了很大的便宜（由于选报地理学科的学生太少，对录取分线数的划定没有产生根本性的影响，因而没有引发其他的社会问题。尽管如此，当年选报地理学科的确占了大便宜，这是不争的事实）。再加上我们历史老师当年还拼命抨击当年试题（主要是指选择题）太容易（地理老师看到我们批评试题太容易的热闹场面时，他们和他们的学生也许在偷偷发笑），众口一批评，省里就在2008年中有所改变，加大了选择题的难度，有些题难到谁也做不出来，即使做对了，也是蒙的。所以，由于历史老师没有从三科的角度评价试题的难度，最后的结果是挖了个坑让自己跳。2008年又由于试题（也主要是选择题）太难而饱受我们老师的批评。

问题之二：2009年会降低选择题的难度吗？

从命题原则和指导思想来看，2009年命题仍然坚持"四个原则"不变。在命题思路上：在保持连续性和稳定性的同时，追求变化，突破思维定势；在试题价值取向上：回归历史，彰显学科特色。重视历史教学三维目标的实现、重视学科能力和人文综合素养的考查、重视历史基础知识考查与学科内的综合，试题没有大的起落，比较平稳。估计难度会比 2008 年容易，比 2007 年略难一点。具体说来即是：选择题在 2008 年基础上一定会有所降低，比 2007 年的选择题难度略有一点点的提升（不会太大。材料题由于近几年命题技术比较成熟，好题不断，比较受教育部、大学及中学的肯定。因此，材料题的难度仍会保持原样，估计不会有太大的变化）。2009 年降低选择题的难度应该是不争的事实，其原因有三。

一是三科要比较，不能让学历史的学生太吃亏。前两年历史科学生已吃了亏，特别是 2008 年题，吃亏更明显。

二是本高考方案是最后一届了，不会有太大的创新，风险太大，他们要保持晚节。

三是 2008 年题在社会上引起巨大的反响，批评声音比较多，这些声音一定会影响 2009 年的高考命题。

二、对 2009 年复习的十点建议

针对 2009 年高考试题可能在难度上出现回落（主要是指选择题）的情况，我们对 2009 年高考历史复习提十点建议，各位同仁参考。

1. 工欲善事先利器：二轮复习如何选好资料

广东高三历史的二轮复习是整个高三备考的关键阶段，内容多、任务重，综合性强、要求高，正是因为这些不一般的要求，本人提几个宏观性的建议。

一是十分突出复习资料的综合性。二轮历史复习只有 8 周左右的时间，二轮复习千万不能只是一轮资料的翻版或复制，一定要突出它的综合性，要打破教材专题的顺序，尽量以时序或时代为基点进行整合，特别要突出资料综合性，这种综合性主要表现在两个方面：其一是挖掘历史事件或历史人物的深度和广度，尽可能多地关注史学界对它的新评价或研究新动向，为学生提供更多的多元评价，为高考准备丰富的粮草。其二是每一个知识点要尽量做到前联后引，或"贯穿古今"，或"关联中外"。

二是尽量找一些用新史观来串联全书的资料。新史观主要有四个：文明史观、现代化史观、全球史观、社会史观。特别是社会史观成为了广东省近几年高考命题的"新宠"。因为社会问题广泛而普遍地存在于人类历史发展的过程中，研究历史，不仅要"眼光向上"，关注"大人物"和"大事件"，还要眼光向下，关注"小人物"和"小的方面"，关注社会底层的生活变迁，通过个体的精神风貌来折射那个历史时代的特征。社会史学就是社会与历史学结合的产物，它已成为历史学科中的一门"显学"。

三是进一步整合各个基础知识点之间的联系。二轮复习的关键和重点要围绕考纲规定的高考要点，从不同角度整合教材内容中各个基础知识点之间的联系。要特别注意三个必修模块内容之间的联系，尤其是知识之间的横向联系、对同一件历史事件同一个历史人物的深度认识等。

四是进一步强化时序特征。历史学习不但要客观地"复原"历史发展进程中的重大事件、现象和人物，而且要高层建瓴地揭示历史发展的规律与特点，为现实和未来提供历史借鉴。近几年广东省高考中的大多数"贯通古今、关联中外"非选择题，在新情境中既突出新课程"专题"特点，更强调对历史阶段特征的考查。因此，复习整理历史知识要时刻注意重大历史事件的时间定位。

五是多选一些有现代价值观念的试题。近几年高考历史试题往往以直接显示的方式或以隐性介入的方式，在不同程度上体现了以现实生活中的实际问题立意命题，引导考生关注人类命运、国家前途和世界发展，使试题根植于社会生活之中，让考生通过对历史问题的分析树立起现代价值观念，或于历史问题中进行现实思考，或于现实问题中进行历史反思。因此，二轮复习资料必须要增强对社会热点问题的敏感性，要善于从历史角度分析现实问题。

六是准确把握编选资料的难度。由于近几年广东省高考历史自主命题已走向成熟，难度虽然在高位运行，但一直稳定在 0.54 ~ 0.60 之间。因此，我们编选资料的难度也基本上控制在这个范围内，或略略高于高考难度。太高了，浪费学生时间；太低了，高考拿不到高分。

七是精品化的高考试题要求我们在编选二轮复习资料时也一定要走精品化的路线。25 道选择题和 6 道非选择题在近几年的高考中几乎都是精品题，高考试题的精品化方向强烈要求历史二轮复习的资料也一定要精品化。在劣质资料泛滥的今天，到哪里去寻找精品资料呢？其实精品资料就是前一年省外高考题、省内外各地市、各名校的原创统考题和一模二模题。广东省高考虽然有极大可能回避当年省内各市一二模题，但前一年的省外高考题和省内一二模题是不可能回避的，也无法回避。如 2009 年高考复习最好的资料和最好的精品训练题就是编选 2008 年省外高考题和省内外各地市和名校的一二模题。

八是重视选编省外一二模资料和高考题。高校历史专家这个学术圈子的人才和成果总是有限的，几年的重复命题一定会导致他们命题的思路日益趋同或素材撞车，这一特点，在 2008 年高考全国的 16 套历史卷中表现得特别明显，华师黄教授对此有专门的论述，如 2008 年多个省市都选择了"历史是什么"这个主题。因此，省外的各地市一二模题和高考题（当年的或前一年的）及名校统考题具有极大的参考价值。而且，广东省自主命题根本没有办法去回避。

九是多选一些善于进行学习领域式的"主题命题"。"学习领域式的主题创设是考验命题者学术视野、同时有利于加大试题难度的一种命题思路"。近几年的全国卷、外省题和广东历史试题都在朝这个方向发展，2008 年表现特别明显。同时，这也是广东省命题的强项。因此，学习领域或主干知识领域的主题式命题是编选二轮复习资料时要重点考虑的地方。要在立足专题的基础上，通过综合性、灵活性比较大的资料来实现历史的"贯穿古今"或"关联中外"。

2．赌神取胜无永远：宏观猜趋势，微观不押题

我们在组织学生复习时，老师只要从宏观的角度把握新一年高考历史试题的总趋势就 OK 了（如 2009 年命题趋势是选择题难度有所回落，主观材料题一如往日）。不要用猜题押题来赌学生的明天，事实上你也猜不到。原因一是命题人员是你方唱罢我登场，不固定。二是本身没有像刘宗绪那样具有权威性的史学大家。把基础打扎实了，可以不变应万变。

3．小猪不长天天称：练有方法

高三的历史复习如同农夫养猪，基础知识的传授是一日三餐，平常的训练和考试是称猪，为什么称猪，即通过称猪来看看前段时间的喂养方法及效果是否得当，下一阶段应该如何改进。如果农夫天天去称猪，猪会长大吗？我看除了痛苦还是痛苦。因此，我们不能小猪不长天天称，训练与考试不能过频、过滥。一要控制考试的频率，不要天天考，要有科学安排，周考单元考合理安排。二是不落实的考试必须摒弃，所谓不落实的考试是指考试完后不改卷或不评讲，有的是来不及改或评，这样的考试是无用的，不如不考；三是无计划的、临时性的、打乱复习计划的考试要坚决抵制；四是考试要切合自己学生的实际，要检查自己的教学效果。

4．遗忘角落可反转：关注热点中的冷点

从宏观方面来看，高三历史复习备考要做到抓住热点、提防冷点、消除盲点，才能做到有备无患，以不变应万变。多年来，我们一直忽

视了一个问题：高考也许是为了反猜题，对非常热的热点往往采取了回避的办法，这样就造成了重大热点问题中出现了冷点问题，这些冷点问题很容易在下一年或后几年的高考中摇身一变成热点。因此，我们在复习中应对之给予高度重视。

第一，热点问题如何介入高考试题。热点分为长效热点和时政热点两种，高考往往是从时政热点切入长效热点。前两年广东题都有较大篇幅介入热点问题。特别是2008年广东题至少有70%以上涉及热点问题：人文精神、法律精神、和平与发展、思想解放、制度创新、和谐社会、三农、全球化、市场经济、制度变迁、大国崛起与形象等。没有像往年一样为了防止考生猜题押题而刻意去回避社会热点，而是采用曲径通幽的办法来实现对社会热点问题的隐性介入，强调考查社会热点与历史知识的有机结合，注重历史发展的特点在现实热点问题中的体现，发挥了历史学科的社会现实功能，体现了命题人员对历史问题的深层次思考。

第二，长效热点问题主要有哪些。在长效热点问题的处理上，高考不是很牵强地将现实材料与过去历史扭在一起，而是通过设置一些与时政热点密切相关的情景材料来考查历史的反映，为当今社会发展、人类进步提供成功的经验和失败的教训；用历史材料、历史现象来佐证、反映现实问题，考查学生对历史知识的迁移和应用能力。长效热点主要有以下几个方面。

中国古代历史方面：制度变迁和社会变革、和谐社会（古代儒、道等学派有丰富的和谐思想，在人与自然、人与人、心与身、民族与民族、国家与国家的关系上和谐共处、协和万邦，古代政治清明时期的历史）、主流思想发展与演变（荣辱观与儒学）、中央集权对地方和边疆的管理（涉及国家统一，西藏、新疆、台湾）、社会转型时期的历史特征（春秋战国和明清）。

中国近现代历史方面：中国大国地位的确立与发展（联系到二战中中国抗战等内容）、中国近现代对外关系（中日、中美、中法、中印等）、民主法制建设和体制创新、近现代的科技教育问题、国家统一和一国两制问题，其他周年性的问题。

世界近现代历史方面：文明史观问题、大国兴衰史（英、法、德、美等霸权国家的兴衰，重点注意美、日、俄［含苏联］三国）、社会主义运动、全球化与区域化问题、世界现代历史进程中的体制创新问题（国家干预经济发展模式的形成以及对于战后世界的不同影响）、世界文明历史进程对东西方历史发展的不同影响、亚太地区的矛盾和发展问题。

第三，对比。把前两年广东题主要考的长效热点与上述列举的长效热点一对比，就很容易看出哪些长效热点还没有考过（主要是针对主观材料题，选择题年年可以重复某一个热点问题）。请老师们自己动手去对比，你一定会有意外收获。

如中国近现代历史，从宏观角度来看就是四个历史时期：即晚清政府72年，北洋政府15年，国民党政府22年，中华人民共和国成立之后。在这四个历史时期中，主观题的命题主要集中在三大历史时期：晚清、北洋、中华人民共和国时期，国民党统治的22年在近两年中还没有出过主观材料题。

5. 走出沙漠"北斗星"：掌握基本的史学理论

掌握基本的史学理论是学生应对高考、走出沙漠的"北斗星"，近两年广东题均有涉及。因此，初步掌握辩证唯物主义、历史唯物主义的十大理论观点和四大主流史学观，并运用这些观点去分析和解决历史问题，是必不可少的。

十大辩证唯物主义和历史唯物主义理论观点是：

①生产力决定生产关系，生产关系反作用于生产力。

②经济基础决定上层建筑，上层建筑反作用于经济基础。

③主要矛盾和次要矛盾。

④原因和结果。事物发展变化的原因有内因和外因、主观原因和客观原因，根本原因、主要原因和直接原因等区别。

⑤偶然性和必然性。

⑥在现代历史发展过程中，社会主义代替资本主义是必然规律。但社会主义道路是不平坦的，建设社会主义模式也不是单一的。因此，我们应该全面地看待社会主义道路问题。

⑦现象是事物表面的东西，而本质则是内在的引起事物发展的。

⑧共性与个性。

⑨英雄人物和人民群众。

⑩阶级斗争论：被压迫被剥削阶级和统治阶级之间的尖锐斗争，在阶级社会人民革命是推动历史前进的伟大动力。

四大主流史学观是：

革命史范式：革命史范式作为中国近代史学界从 20 世纪 50 年代至 80 年代占绝对主导地位的理论范式，其理论基础源于马克思主义关于社会基本矛盾的学说。

文明史范式：文明史范式认为：人类历史从本质上说是人类文明发展的历史，人类文明的发展及人类自身的文明化是人类历史发展的基本线索。

全球史范式：全球史观，又称整体史观。把人类社会历史发展视为一个有机整体，是从分散发展到整体发展的过程。

现（近）代化范式：现代化是以商品经济为特征的工业文明取代以自然经济为特征的农业文明的结果，它主要表现为经济领域的工业化和市场化、政治领域的民主化和法制化、思想领域的理性化和科学化。

6. 先利其器：掌握史学研究的基本方法

工欲善其事，必先利其器，掌握史学研究的基本方法也是学生应有的基本能力要求，2008年高考试题中，已有第四题（选择题）开始涉及，估计2009年主观题中可能会有所表现。

第一，史料的主要类型。

史料主要分为一手史料和二手史料。一般来说，第一手史料是指原始资料，即历史事件等发生的那个时代留下的材料，特别是当事人和目击者提供的史料，直接反映了所研究对象的情况；实物史料，原始的图片、影像史料，真实的口述史料，部分文献史料。第二手史料是指距离那个时代较远的记录、转述，或者后人的研究成果，间接反映了研究对象的情况，如文献史料，口述史料，部分图片、影像史料。

一手史料的史料价值较高，使用二手史料时需要更加小心谨慎。实物史料一般都是第一手的，文献史料中第二手的居多（除当事人的回忆等），而口述史料辗转相传，需要仔细甄别。

第二，获取史料的主要途径。

去图书馆或相关机构查阅档案、文字史料、图片史料、参访当事人或目击者获得口述史料、观看纪录片的影视资料、到当事人活动过的地方探访遗迹或获取实物资料、现场考古（或考古现场的实迹复原）等。

第三，影响史学观点和史料运用的几个主要因素。

研究者的立场不同；研究的方法、角度不同；史料的选取和运用上的差别；时代的局限性等。

第四，运用史料时，要保持结论的客观性，在史料选择上应坚持的方法或原则。

重视史料来源的真实性，选取第一手（原始）史料；坚持正确的史学观点；选取客观、公正、正确的史料；对史料要合理利用，做到史论结合；搜集更多的史料，对多种史料进行甄选、辨别。

7. 斗胆算命做半仙：2009 年高考历史主观题命题大猜想

在 2009 年高考历史试题中，非选择的六道主观材料题可能是这样分布的：有一道或一道半是中国古代史的，一道或一道半是中国近代史的，一道是中国现代史的；一道或一道半是世界近代史的，一道是世界现代史的，这是高考试题中必做的五道大题的分布情况，其中有一道题以上必然纵横古今关联中外。另外一道选做题咱们东莞的学生只能做改革题，没得选择（坚决反对学生选做 32 题，风险太大，而且从前两年省考试中心统计的结果来看，31 题平均分比 32 题平均分高多了）。现在，离高考很近了，历史小贩扮作算命先生，在综合考察近两年广东高考试题和广东省 2009 年各地市一模二模试题的基础上，对高考六大主观材料题作一个方向性预测。

8. 偶尔串串他人门：适当渗透一些简单而且基础的政治地理学科知识。

因为 2009 年题可能有涉及政治和地理学科的一些简单的基础知识题，提前为后年高考新方案发一个信号弹；但步伐一定不会太大，难度也不会太深，只是试水而已。因此，我们建议大家在复习时，一是守好自己的门，这是核心所在。如何守好？建议老师们在复习时挖宽不挖深，挖水塘不挖井，适当降低教学难度，在拓宽知识层面上多下功夫。合理联系三科知识，点到为止（当然不能胡乱整合和联系）。二是不时要与政治及地理老师联系，串串他们的门，在相互聊天与谈话中找一些三个学科中基础性的交汇点，或称"综合点"。要善于从政治、地理或时事等多种材料中发现历史因素，提炼历史要点，运用历史学科能力分析解决所遇到的实际问题。如鸦片战争，与政治学科渗透主要表现为鸦片战争发生的必然性和偶然性或根本原因与直接原因，或者与现实联系起来，说明落后就要挨打以及提高综合国力的重要性。在地理学科中的迁移是鸦片战争为什么首先发生在广州（广州有什么样的地理位置与特点）。

9. 化整为零蛇吞象：立足实际，制定"四抓一百分"策略

东莞市的七大校是优秀生源集中地，对选考历史的学生而言，他的策略就是拿高分（即至少110以上），每一题每一步都要十分重视。但对绝大部分面上中学或相对一般的学生而言，却要制定一个最适合自己的策略性对策。对此，我的建议是：集中优势兵力，各个歼灭敌人。即立足实际，制定"四抓一百分"策略。

第一抓：估计2009年的选择题肯定比2008年容易，一定不会太难，我们同样有机会做出来。只要学生树立信心，只要明白了得选择题者得天下的道理，只要我们自己多背多练，就一定能拿下60分以上。

第二抓：选做第31题改革题只有九大改革，前两年已考两大改革，只有七大改革可考了，死背下来，每个同学都可以拿到8到9分。

第三抓：每年高考试题中，必然会有一道16分左右的主观材料题涉及英法美德四个大国，而且是轮流坐庄。背熟四国史实，你可以拿10到12分。

第四抓：不放弃其他主观材料题，争取在余下的50分中，拿到50%左右的得分，即25分左右。

如此一算（60 + 8 + 11 + 25 = 104），高考拿一百分左右就不是很困难了。重点中学学生也可以在此基础上将自己的目标定为：选择题争取66分以上，第31题选做题争取8分以上，四国题争取12分以上，其余主观题争取60%以上的得分，总体算来，可以得到117分以上。

10. 共同致富奔小康：对全市统考说几点建议

东莞市高三毕业班第一学期期末统考已过去了一段时期，但留给

我们的思考还是现在进行时，统考的主要目的就是让全市所有历史老师和历史班学生有一个评估和检阅的共同模块，及时总结经验教训，以便大家在今后的复习中有的放矢，争取 2009 年高考有一个美好结局。

如果把高三这一年看作是一个整体的话，那么，高三第一学期的期末统考则是这个整体的"中点"，它起着承上启下的作用。这就决定了本次统考题必须在基本保证试题原创性的基础上，要较好地承载和体现全市统考试题的四种功能：即市情题、信心题、评估题和演习题。

市情题。一套成功的市情题主要体现在对试题难度的掌控上，而难度的掌控又基于以下几方面的考虑：一是本市选学历史学生的实际情况。二是估计 2009 年高考历史试题的可能难度（估计难度会比 2008 年容易，比 2007 年略难一点。具体说来即：选择题将会在 2008 年基础上一定会有所降低，比 2007 年的选择题难度略有一点点的提升，但不会太大。材料题由于近几年命题技术比较成熟，好题不断，比较受教育部、大学及中学的肯定。因此，材料题的难度仍会保持原样，估计不会有太大的变化，2009 降低选择题的难度应该是不争的事实。估计整套试题的难度会控制在 0.60 ~ 0.66 之间）。三是时间上还处在高三一年的中点，后面还几个月时间提高。因此，高三期末统考试题的难度应确定在 0.64 ~ 0.68 之间最为适宜，既立足于本市实际，又要略低于对高考试题的预估难度。从本次具体考试的情况来看，基本上达到了要求，全市 931 名学生的平均分为 104.76 分，虽然接近 0.7，但由于面上中学都是自己阅卷（只有六大校才是全市统一组织阅卷）和参考答案相对宽泛等原因，剔除其中可能发生的主观误差，本次试题的难度应该在 0.67 左右。

信心题。进入高三学年，历史考试不断，把握得当，则事半功倍，而且历史教师在教学中确定的教学难度和深度是否与学生实际相适宜也只有通过考试才能检阅和校正，要通过合理安排的考试来调节学生的应试心理，让他们每个人都感受到成功学习历史的乐趣。作为一次市级的统考，我们一定要明确统考题的另一个十分重要和不可忽视的功能，那就是统考与分数（除高考外）不是目的而是手段，是一种鼓励和强化学生信心的手段，考试及分数必须服从于学生的信心，必须为信心服务。要让学生对历史课信心十足，觉得"高考有戏"。本次统考试题在这方面有两大特点：一是试题是眼高手低式的，即入题灵活，但下笔不太难；基本上做到了即使学生做不出来，也能有一个好心情，体现出了较强的人文关怀。二是全卷体现出了不怕学生考好、就怕学生考倒影响信心的指导思想。学生学历史的信心从哪里来，市级统考的成绩就是一个强化信心的因子。从本次考试的结果分析，最高分146分出C组，全市140分以上的11人中，A组占六人，B组占三人，C组占二人。三组平均分也大幅度拉近了差距，三组平均分差距都在10分以内（其中A组113.02，B组103.12，C组98.68）。这对面上中学学生是一次很好的信心强化，同时也让许多重点中学学生感受到了后面的追兵，强化他们的危机意识。面上中学学生信心的强化与成绩的提高，对激活或搅动全市931名学子学习历史冲刺高考有非常好的作用。同时，对学校与学校之间的良性竞争也有积极的促进作用。

评估题。统考试题中的评估功能一般比较受大家重视与关注，这里就不多说了。

演习题。期末统考题在体现上述三大功能的同时，也必然要发挥自己的高考前的演习功能，有些地市的统考甚至是高考前唯一的一次总演习。我市本次统考较好地完成了一次高考前的演习。

第一，从试题命制的角度看，体现了高考模拟题的特点，试题风格比较接近高考试卷的风格，在2007年难度与2008年难度间找到了一个比较适当的平衡点，在我们认为比较准确判明2009年高考试题难度的基础上，命制出了一套难度略低于高考（只是估计难度）的试题，是一套适宜于"此时、此地、此情、此景"的试题。

第二，试题内容不回避热点重点知识和主干知识。特别是热点知识，要尽可能找准一个让人意想不到但又在情理之中的角度，采取曲径通幽的办法来实现对社会热点问题的隐性介入，强调考查社会热点与历史知识的有机结合，注重历史发展的特点在现实热点问题中的体现，发挥历史学科的社会现实功能，体现命题人员对历史问题的深层次思考。试题至少有70%以上涉及热点问题，民主、理性、人文精神、法律精神、和平与发展、思想解放、制度创新、和谐社会、三农、全球化、市场经济、制度变迁等热点问题都无一例外地进入了本次试题。命题形式较多是从时政热点切入长效热点，从大处着眼，小处着手，以热点为背景，从现实出发，牵一发而揭示其背后看不见的东西，挖掘其隐性内容和意义。

如改革史共有九大改革，2007年和2008年已考了两大改革。2007年考世界史的改革题（宗教改革），2008年考中国史的改革题（孝文帝改革），估计2009年应该是考世界史的改革了。世界史上有三大改革值得我们去关注：梭伦改革中的思想有很强的现实意义。日本和俄国的改革都发生在19世纪六七十年代，都是对各自的土地制度进行了改革，日本成功了，而俄国不是很成功，形成了鲜明的对比，体现了历史学科的资政功能。

第三，基本上消灭了那种整体移植或克隆教材上知识点的试题。历史科具体的知识点像语文科一篇一篇的课文，像数学科一个一个的例题，它只是某一种观点，某一种方法与理论，或训练某种思维与能力的"名篇"和"典型例题"。直接考历史教科书上的史实，只是考试的小部分，"名篇"与"例题"不能在试题中太多出现。况且历史教科书上的知识点也只是众多情境中的一个，是"典型例题"中众多解法的一种。统考如果过多地直接考历史知识点，就如同语文和数学主要考教材上的课文和例题一样让学生索然无味。书上的知识可以考，但必须是新情境下的知识再现，是同一个"例题"但有别于教材上说法的另一种"解法"。

第四，方法、能力与素养的考查成了试题的主流。统考历史考试的主旨是对学生的能力素质和其他综合素质进行测试，它主要从两个角度来完成这项任务：一是将教材上现有的历史知识点置于新材料、新情景、新问题中来考查。二是通过与教材基本上没有关联的新材料新情景新问题来考查学生如何运用在教材上学到的思维方法，从而让学生在考试中最大限度地显现自己的能力和素质。试题在这点上不仅有更好的效度，而且对来年的高考和今后的历史教学具有更明确、有利、有力的导向作用。

主要参考文献

[1] 教育部考试中心. 普通高等学校招生全国统一考试文科综合考试大纲的说明（课程标准实验）[M]. 北京：高等教育出版社，2009.

[2] 张承德. 历史总复习—高考热点 [M]. 北京：科学技术出版社，2007.

[3] 来新夏等. 北洋军阀史（上、下）[M]. 天津：南开大学出版社，2000.

[4] 唐德刚. 晚清七十年 [M]. 长沙：岳麓书社，1999.

[5] 齐鹏飞. 中华人民共和国史 [M]. 北京：中国人民大学出版社，2009.

[6] 恩格尔曼等. 剑桥美国经济史 [M]. 北京：中国人民大学出版社，2008.

热点：时政切入长效

——以 2014 年高考文综历史试题为例

2014 年高考文综历史试题仍将非常重视对热点问题的考查，以引导考生关注社会、人类、环境、民情，体现学以致用，培养考生的使命感和社会责任感。热点分为时政热点和长效热点，近几年高考命题往往是"从时政热点入手，巧妙介入长效热点"，时政热点成了高考考查长效热点的切入点。时政热点包括两个方面：一是本年度发生的能引起"现实问题的历史思考"的一些重大事件，二是在本年度是周年中的"5 或 10"，能引起"历史问题的现实思考"的某个重大历史事件。

一、长效热点如何介入高考试题

长效热点在高考命题中多采用"曲径通幽"的办法来隐性介入。在创设题目意境和社会背景材料的基础上，强调考查社会热点专题与书本知识的有机结合，突出社会热点专题的非直接性介入，即隐性介入（或称隐性化、细化），考生只有通过对题目内涵的领悟才能介入长效热点。其隐性介入有四种形式。

（一）寻古式隐性介入

寻古式隐性介入就是纵向隐性介入热点专题的相关的历史史实，

即历史问题的现实思考，突出对重要史实认识的现实性，以历史的眼光和现实问题意识来解读有关历史知识，注重历史发展的特点在现实问题中的体现。或者是现实问题的历史思考，即注意对重大现实问题进行历史分析，不断关注现实问题，关注时事热点，努力寻找其历史联系，充分挖掘历史与现实的隐性联系，充分认识历史的社会现实功能。

前者如"亚太经合组织"隐性介入"欧元正式流通""丝绸之路"，"民族区域自治"隐性介入西部大开发、中国入世和政治文明热点。水利问题是中国历史上的长效热点，高考命题可能以现实问题立意将历史上兴修的水利工程分为四大类：一是减灾类（如大禹治水、汉武帝治理黄河、东汉明帝派王景治理黄河、吴越王治理钱塘江、新中国成立后治理淮河）；二是灌溉类（如战国时秦国修的郑国渠、西汉时六辅渠、白渠的开凿）；三是交通类（如秦始皇修灵渠、隋大运河的开通、元会通河和通惠河的开凿）；四是综合类（如战国时秦国修都江堰综合防洪和灌溉工程、三国时诸葛亮在都江堰设堰官）。

后者如①令人忧虑的现状——资源问题。历史上殖民国家对殖民地、半殖民地的掠夺和破坏。②国际舞台上的动态因子——民族问题。历史上局部战争、地区冲突不断。③伸向文明的黑手——恐怖主义。法西斯就是当年最大的恐怖势力，希特勒就是当年最大的恐怖分子。④现代文明的毒瘤——腐败问题。古代史上的反腐措施。⑤失落的现代文明——道德滑坡问题。孔子的"仁"的现实意义。⑥不可阻挡的潮流——经济全球化问题。新航路的开辟、工业革命的影响、资本主义世界体系的形成、区域经济集团化和经济全球化趋势的增强。⑦人类永恒的主题——和平与发展问题。对历史上战争的思考。

（二）同质式隐性介入

同质式隐性介入就是一个国家或地区的热点专题通过另一个国家

或地区相同性质或近似的历史事件来实现隐性介入。

例如，我们在从现代化的角度重新审视世界历史发展进程的同时，也同样可以用这个观点来审视中国近现代史的发展进程。现代化是传统的农业社会向现代工业社会的转变，以及由此引起的经济、政治、思想文化、生活观念、价值观念等方面的变化。现代化范式对近年高考命题改革的影响已日渐明显，因此我们有必要从现代化的角度重新审视历史发展的进程。同质式隐性介入中国近代发展史，其实就是中国现代化的发展史。

（三）三角式隐性介入

三角融合式隐性介入就是历史学科的热点通过政治学科或地理学科体现，地理学科热点通过政治学科或历史学科体现，政治学科热点通过历史学科或地理学科体现，三科相互对应，既互为犄角，又互相融合，形成三角融合式隐性介入，这就是我们通常所说的、也是高考命题所追求的淡化拼盘痕迹、多科自然融合、学科界限模糊的上乘境界。这在广东高考试题中还没有出现过。

（四）外应式隐性介入

历史学科的热点专题在语、数、外、理、化、生及大综合试题中出现，我们把这种方式称为外应式隐性介入。这种隐性介入既可以是语、数、外、理、化、生介入政、史、地，也可以是政、史、地介入语、数、外、理、化、生，它们拉大了学科跨度，有利于拓宽学生思维，对学生综合能力的考查更加突出，应该是未来高考的大趋势。

二、长效热点有哪些

长效热点，即那些体现历史发展的趋势、多年来历史学科一直关注的问题。它紧追时代步伐，把握时代脉搏，以其强盛的生命力和鲜明的现实感召力颇得命题专家"青睐"。

例如，历史上的民本和民生、改革开放问题、"三农"问题、和平发展问题、和谐社会问题、民主法制建设问题、国际关系中的大国崛起、经济危机与全球化、近代化（现代化）问题、区域经济建设、欧洲债务危机、制度创新、社会改革、民主共和、理性爱国、生态文明、社会保障、民族团结、和平与发展、建立有效政府、建立以追求公平和效率为目的社会主义市场经济。

三、2014 年时政热点有哪些

高考涉及的时政热点范围广、内容多，要有针对地利用、掌握好时政热点（时政热点包括两个方面：一是发生在本年度的时政热点，二是本年度逢 5、逢 10 周年大事纪念），进行有效复习。一是能体现国家意志又被老百姓普遍关注的大事和热点。二是带有战略性的事关人类社会未来的新价值观。三是既是社会热点又与历史知识联系密切的时政热点，这样的热点容易形成大综合题。热点取材时间周期要长些，不仅要关注一年内与教材知识结合紧密的时政热点，更应关注那些长效的、事关我们的生存环境和国计民生的有重大影响的持续性热点。比如，历史问题的现实思考，即对现实与社会影响较大的历史事件、历史现象的思考研究，或现实问题的历史分析，即用历史的视角分析社会现象，看待现实问题，明确自身的责任。

（一）本年度时政热点有哪些

1. 建国 65 周年：中国迎全面深化改革元年。

2. 收入分配改革细则将出台，养老金并轨可期待。

3. "单独二孩"新政将全面启动。

4. 不动产统一登记制度、新型城镇化规划将面世。

5. 国企改革总体方案有望揭真容，市场化成其核心。

6. 招考改革总体方案将出台，欲破"一考定终身"。

7. "打老虎"力度或将升级，制度反腐将啃硬骨头。

8. 中国时隔 13 年再办 APEC 峰会，外交看点频仍。

9. 军队改革着力"能打胜仗"，强军之路或推新举。

10. 两岸"深水区"继续攻坚，多项议题有待推进。

（二）2014 年逢 5、逢 10 周年大事纪念

中国史部分

1. 1624—2014 年，荷兰殖民者侵占我国台湾 390 周年。

2. 1644—2014 年，明朝灭亡，清军入关 370 周年。

3. 1684—2014 年，清朝设置台湾府 330 周年。

4. 1069—2014 年，王安石变法 945 周年。

5. 1689—2014 年，中俄签订《尼布楚条约》325 周年。

6. 1839—2014 年，林则徐虎门销烟 175 周年。

7. 1864—2014 年，太平天国运动 150 周年。

5. 1884—2014 年，清政府在新疆设立行省 130 周年。

6. 1894—2014 年，中日甲午战争爆发、兴中会成立 120 周年。

7. 1919—2014 年，五四运动爆发 95 周年。

8. 1924—2014 年，第一次国共合作、国民大革命开始 90 周年。

9. 1934—2014 年，中国工农红军长征开始 80 周年。

10. 1949—2014 年，北平和平解放、人民解放军发起渡江战役、中国人民政治协商会议第一届全体会议召开、中华人民共和国成立 65 周年。

11. 1954—2014 年，第一部《中华人民共和国宪法》诞生、第一届人大召开、日内瓦会议召开 60 周年。

12. 1959—2014 年，西藏平叛和实行民主改革 55 周年。

13. 1964—2014 年，中国第一颗原子弹爆炸试验成功 50 周年。

14. 1979—2014 年，中美建交和发表《告台湾同胞书》35 周年。

15. 1984—2014 年，中英两国签署关于香港问题的联合声明、城市经济体制改革全面展开、国家决定开放 14 个沿海开放城市 30 周年。

16. 1999—2014 年，中国对澳门恢复行使主权 15 周年。

世界史部分

1. 1689—2014，《权利法案》颁布 325 周年。

2. 1789—2014 年，法国大革命爆发 225 周年。

3. 1794—2014 年，"热月政变"、法国大革命高潮结束 220 周年。

4. 1804—2014 年，拿破仑加冕称帝、法兰西第一帝国建立、德国作曲家贝多芬创作第三交响曲《英雄交响曲》《法典》颁布 210 周年。

5. 1814—2014 年，拿破仑帝国灭亡、英国史蒂芬孙研制出火车机车 200 周年。

6. 1844—2014 年，马克思和恩格斯在巴黎相会开始合作、德意志西里西亚纺织工人起义 170 周年。

7. 1859—2014 年，《物种起源》出版 155 周年。

8. 1914—2014 年，萨拉热窝事件、一战爆发 100 周年。

9. 1919—2014 年，巴黎和会召开 95 周年。

8. 1924—2014 年，列宁逝世 90 周年。

9. 1929—2014 年，世界经济大危机爆发 85 周年。

10. 1939—2014 年，第二次世界大战全面爆发 75 周年。

11. 1944—2014 年，美英盟军诺曼底登陆、欧洲第二战场开辟、布雷顿森林会议召开 70 周年。

12. 1949—2014 年，北大西洋公约组织成立 65 周年。

13. 1964—2014 年，日本东京成功举办奥运会、赫鲁晓夫下台 50 周年。

14. 1994—2014 年，巴解组织领导人阿拉法特同以色列总理拉宾、外长佩雷斯被授予诺贝尔和平奖 20 周年。

15. 1969—2014 年，"阿波罗"登月计划成功，人类第一次登上月球 45 周年。

16. 1989—2014 年，东欧剧变 25 周年。

17. 1999—2014 年，科索沃战争、欧元、巴拿马人民收回运河主权 15 周年。

四、时政热点介入长效热点撷英

热点聚焦一：清朝设置台湾府 330 周年。台湾自古以来就是中国的领土，1684 年清政府在台湾设置台湾府，加强了台湾同祖国内地的联系，促进了台湾的开发，巩固了祖国的海防。

热点聚焦二：第一次国共合作 90 周年。国民党和共产党两党的关系深刻影响着中国近现代史的发展进程。2014 年是第一次国共合作 90 周年，2 月 25 日上午，中共中央总书记习近平在人民大会堂会见中国国民党荣誉主席连战及随访的台湾各界人士，他强调继续推动两岸关系和平发展、促进两岸和平统一是新一届中共中央领导集体的责任，并设家宴款待连战一行。

热点聚焦三：《中华人民共和国宪法》颁布 60 周年。1949 年《共同纲领》、1954 年《中华人民共和国宪法》、1982 年《中华人民共和国宪法》修正案、2004 年《中华人民共和国宪法修正案》。2014 年是我国人民代表大会制度建立和我国第一部社会主义类型的宪法《1954 年宪法》颁布 60 周年。

热点聚焦四：列宁逝世 90 周年。列宁是继马克思、恩格斯之后国际无产阶级的伟大领袖，他领导了十月革命，捍卫了第一个社会主义国家的生存和独立，开辟了人类历史的新纪元。他用自己的智慧、果敢和革命的灵活性为俄国、为世界人民开创了一条走向社会主义的新路。他用实践经验证明了社会主义需要市场经济，对于世界其他社会主义国家的建设，有着重要的借鉴意义。列宁的主要贡献可概括为"四个一"：一个政党：缔造俄国共产党——布尔什维克党；一个国家：领导十月革命，创立社会主义俄国；一个主义：发展马克思主义，形成列宁主义；一大政策：实行新经济政策，探索俄国发展道路。

热点聚焦五：纪念中美两国正式建交35周年。大国关系历年来都是高考命题的热点，中国与其他国家的关系，呈现出这样的特点：中俄关系亮点多、中日关系疙瘩多、中欧关系插曲多、中印关系比照多，而中美关系更是可以用花样多来形容。从1979年1月1日起，中美两国正式建交，至2014年已经35周年了。这是两国关系中具有历史意义的重大事件。中美关系是近现代国际关系史上重要的主要国家双边关系之一，是当代国际关系史上极其重要的主要国家双边关系。共识与分歧共存，竞争与合作同在。

热点聚焦六：中国梦。2013年3月17日，第十二届全国人民代表大会第一次会议在北京人民大会堂举行闭幕会。中国新任国家主席习近平面向2948名与会代表系统阐述"中国梦"："生活在我们伟大祖国和伟大时代的中国人民，共同享有人生出彩的机会，共同享有梦想成真的机会，共同享有同祖国和时代一起成长与进步的机会……"

热点聚焦七：不同文化的交流与影响。2013年3月23日晚，在莫斯科总统饭店蓝厅，习近平主席会见俄罗斯汉学家、学习汉语的学生和媒体代表，他认为：文化的影响力是超越时空、跨越国界的。文化因交流而丰富，因交融而多彩。文化交流是民心工程、未来工程，潜移默化、润物无声。文化的繁荣是发展的最高目标，文化的创造是人类进步的源泉，文化的多样性是我们人类共同的财富。文化交流有利于民族文化的发展，有利于世界文化的繁荣。文化交流源远流长，一部世界文化史，就是一部各民族文化的交流史。文化是人类所共有的财富，世界各国的文化都是在相互交流中不断发展繁荣的。国与国之间、政府之间、企业之间和民间的合作，也都离不开文化上的认同和交流。只有建立在深厚文化底蕴上的经贸合作，才是真正意义上的、长远的战略合作。

高考试题作为一种选拔性的考试，多以人们比较关心的社会现实热点问题或时政热点为命题的背景材料或切入点来创设问题情境，考查考生对所学知识的理解程度以及根据题意对知识进行整理、重组、运用的综合能力。倡导学生关心热点专题，运用所学知识解释和分析这些问题，强烈地体现了历史学的现实性和社会教育功能，透射出爱国主义、教育改革精神的光辉，以史为鉴，古为今用，拉近历史与现实的距离，让历史这门社会科学的人文精神在热点专题中得到充分的体现，传输给学生深刻的人文关怀。

（本文原写于 2007 年，2014 年做了较大幅度修改并发表）

知彼施策　百战不殆

——解读历史材料作文题

在未来高考历史科的命题（特别是新课标实施较早的省份）中，历史材料题将成为高考命题中形式多样、功能齐全的主打题型。它不但会在选择题型中有更多更好的体现，而且正在以"一统六国"的雄霸态势把多种主观题型收编麾下。历史材料作文题（沿用上海高考卷的称谓。有的老师也把这种题型称为历史材料论文题或小论文题）作为该题型中的"新贵"，已在近几年的上海试题中频频"闪亮登场"，实现了材料型试题的又一次重大突破，开辟了历史能力考查的新途径，引来了高校、社会、考生一片叫好声。预计今后几年高考历史试题中会有部分省市引得"春风"度"玉关"。（说明：本文写于2008年，现在全国卷的第41题小论文题就是这种类型，它最早出现于2011年全国卷中）

一、先识庐山真面貌：什么是历史材料作文

历史材料作文题是材料题中新出现的题型，它是在能力立意的基础上，以一个或多个材料作为设问和作文的依据。取材广泛，形式多样，设问灵活。材料来源极为丰富，只要是能反映历史事件或历史现象的相关内容，如诗歌民谣、文物照片、人物画像、情景介绍、文献

摘录、历史地图、统计资料、艺术作品、名言名句、诗词楹联、民间传言、照片邮票、漫画插图、名人言论、史书摘记、数字表格、条约抄件、会议场景等均可入题。这种题型构思巧妙、考点新颖、活而不偏、新而不怪。它的出现，不仅丰富了试题的表现形式，使试题生动活泼，往往成为高考历史试题中的压卷之作，而且充分体现了史学的丰富多彩、博大精深，使学生多维度感受"史由证来、论从史出"的史学原理。

历史材料作文题测试功能多样，对考生的能力品鉴更是优势独具，一道历史材料作文题可以让考生尽显能力层级，孰优孰劣，五级阶梯看分明。

第一层级：阅读理解历史材料的能力。这是历史材料作文题关于能力要求的最基本方面，要求考生通过阅读史料，结合相关历史知识，不仅要透彻地理解史料，而且要能够分清哪些历史材料反映的是客观事实，哪些是主观见解，同时对历史材料能够去粗取精、去伪存真，最大限度地获取有效信息、发掘信息、提炼信息、归纳信息、辨别信息。

第二层级：整理历史资料的能力。高考历史材料作文题中，多采用原始资料，其中包含许多无效信息和干扰信息，因而要求考生具有较高的对历史资料的分析、整理和概括能力。

第三层级：在特定历史情境中分析、评价历史人物和历史事件的能力。历史材料作文题往往会选用一些教材上没有涉及的材料，甚至同教材相关内容相左的材料，让考生完全通过阅读材料对历史人物和历史现象进行分析、评价，考查考生实事求是、客观准确地分析历史问题的能力。

第四层级：利用历史材料对有关历史问题进行论证的能力。考生在充分获取历史材料提供的有效信息后，通过自己的独立思考，运用自己掌握的知识，分析某一历史现象或对某一历史观点进行论证。

第五层级：史论结合的能力。要求考生在历史材料作文题中能运用辩证唯物主义观点和方法理解分析历史材料，或用从历史材料中获取的有效信息去分析说明历史现象，或论证特定的历史结论。

二、横看成岭侧成峰：如何多维度解读历史材料

历史材料作文与语文材料作文在根据材料提炼观点、构思谋篇、援事论理、推敲词语等诸多方面有相通之处。因此，考生要像解答语文材料作文一样，读懂材料，准确把握主题，特别要注意把握多例历史材料的宏观层面和整体角度，系统利用史实材料，准确阐述自己的观点。

（一）解读材料要"三清"

历史材料作文题以文字或图片创设问题情景。通过对这些材料的观察、识读，捕捉材料的历史信息。捕捉到的历史信息越多，解决问题的途径和方法也就越多，就越能抓住问题的本质，得出准确的结论。

1. 看清材料，领会内容。读懂历史材料是进行写作的重要前提，否则会出现偏题或者离题的现象。读懂材料必须全面把握和理解历史材料，不可从某一局部入手，不可断章取义，执其一端，而要抓住重点，明白内容，理清关系，理解中心，为历史材料作文的立意奠定一个较好的审题基础。

（1）先攻两头。材料的首尾两头，一般是命题者对材料的出处和内容作简要介绍的地方，内容一般包括材料的背景、时间、国别和作者，甚至材料的中心等一个或多个信息。这些说明性文字，往往会给考生某种暗示和引导，有可能蕴藏着解题所需的信息，有一定的启发作用，不可漏读。当遇到难懂的古文材料或有较大障碍的外来材料时，考生容易产生惧怕或恐慌心理，影响答题心境和情绪。在这种情况下，

考生不妨学学毛泽东"平津战役"的打法，先取两头（先打张家口和天津），再围北京。先读历史材料作文要求或设问要求，给材料内容定位，明确答题方向和目标，带着问题阅读材料，让"北京"在你明确清晰的答题方向和目标下"和平起义"。先攻两头，还要特别注意"后头"，即注意审准历史材料后面的设问和引导性及限制性的话语，如"依据材料概括提炼""不得照抄材料原句""根据材料……谈谈认识""综合材料……得出结论""比较材料……""如何评价材料的观点"等。这些限制词语大体上代表了历史材料作文的主体内容和本质含义及考查的能力要求，要防止出现因审题失误而造成的与历史材料作文题要求"南辕北辙"的局面。

（2）后取中间。攻取两头后，再围歼主力。对主材料的阅读，一般情况下应读三遍：第一遍粗读，找准历史材料叙述的核心内容；第二遍细读，正确理解材料的观点，获取有效信息，坚决克服和纠正似是而非、一知半解、匆忙答题的不良习惯；第三遍重点读，带着作文的要求有重点地阅读，提取有效信息，搁置和剔除无效信息，并确定材料与相关知识的联系，破解命题的考查方向。

2. 理清内容，提炼中心。在整体理解历史材料内容的基础上，概括材料中心，明确材料主旨，理清内容，提炼中心，找取解题"三点"。

（1）信息点。只要考生认真品读历史材料，就很容易从材料内容本身找到有效信息点。在理解每段每句的含义时，注意找取关键词语，不论材料多少，或无效信息和虚假信息的干扰程度多强，历史材料的含义和信息往往集中表现在几个关键词语上，这些关键词语就是考生作文时要用到的重点。

（2）相似点。历史材料作文虽然是新材料、新情景和新要求，但它必定与历史教材有着不可分割的联系，找出材料与课本有关联的相似点，或以课本知识为背景、依托，或需要用课本知识来确定历史材料作文的大方向，甚至有的还可以在课本中"对号入座"。

（3）相关点。历史材料作文题，顾名思义是要求以作文的形式把考生对某一历史问题的回答建立在对历史材料的分析应用上，突出运用历史材料论证，说明问题的特征和坚持"论从史出"的原则，从材料内容与作文要求找取相关点，充分发挥历史材料本身在解题中的价值。"论从史出"的结论是在对历史材料的发掘和升华中得出的。因此，考生在解读历史材料时要处处想着历史材料作文的要求，相互映比与对应，从历史材料中来，到作文要求中去，循环往复。在不断往复之中，问题就变得较容易解决了。

3. 读清要求，规范写作。读完历史材料后，不能忽视"写作要求"，特别是注意"根据材料""结合材料"等字眼，看清具体要求，明确历史材料作文在拟题、写法、字数等方面的限制，规范写作，不越雷池。

（二）构思求新要"三扣"

历史材料作文也是"命意作文"，立意好坏直接影响到作文的深刻与否和创新程度，因此，写历史材料作文，在读懂材料的基础上，要尽量在构思与立意上求准求新，做到"三扣"，努力突破思维定式，超越一般人的惯常思路，发人之所未发，言人之所未言，力争做到"人无我有，人有我优"，让自己的文章焕发出创新的光彩。

1. 扣住材料，明确文章的主题。主题是文章的灵魂，也是联系历史材料的主要纽带，历史材料作文的开头、中间、结尾都要围绕主题来论述。同时作文主题还要与所给材料"亲密接触"，要在恰当的地方或直接引用，或间接体现，以便更好地提出和论证自己的观点。

2. 扣住主题，明确文章的重点。一篇历史材料作文，主题无疑是全文的重点，是贯串文章内容的基本问题和基本史学观点，是考生通过对历史材料的提炼而得出的思想结晶，是对历史材料所阐述的某个史学问题发表自己的看法和主张，支持或反对某个观点。因此，主题是灵魂，是主旨，是统帅文章的"纲"，是历史材料作文成败的关键。如何扣住历史材料作文的主题，以下两点不可缺失：一是抓正确，历史材料作文立意首先要考虑"正确"。所谓正确是指行文的主题要符合唯物主义史学观，符合国家的政治原则，体现出积极向上的健康思想，不片面、不偏激、不灰色等，按照马克思主义辩证法观点和史学观客观公正地分析历史事件与历史人物，不能站在自己的角度反映偏激或错误的史学观，从上海近三年的历史材料作文题的考试的实际情况看，学生作文完全不能扣住主题的很少，大多数不能扣住主题主要体现在"片面、偏激"等方面；二是求深刻，深刻是对历史材料作文"立意"的又一重要要求，一篇文章光是做到立意正确是远远不够的，从某种意义上说，历史材料作文得分的高低与主题是紧密相连的，要想获取高分，就必须在立意的深刻性上下功夫，避免思维第一意识的干扰与影响，因为第一意识往往是浅层的感性认识，只是对历史材料的简单认识，而不是对历史材料的内涵产生的理性认识，这种浅层的认识无法揭示出历史的本质，因此，面对历史材料作文题，必须从第一构思入手，纵深思考，深入挖掘，多问几个"为什么"。

　　3. 扣住重心，明确文章的亮点。文章的亮点是最吸引人的地方，历史材料作文最大的亮点是运用基本的史学理论观点分析材料的本质和规律，这也是历史阐释能力的最高要求。考生要善于运用辩证唯物主义的观点和方法思考史学问题，对历史材料进行辩证、历史的分析，有效辨别观点错误的材料，增强对历史事物的主观判断能力，全面理解作者的立场、意图、所处的时代背景。如1998年高考试卷第46题"简要指出人民公社化运动的主要教训"，就是要求考生通过解读材料后得出"尊重客观经济规律，生产关系的调整必须适合生产力的发展水平，不能只凭主观愿望和意志办事"这一史学理论和观点。当然，文章的亮点还可以是语言表达、修辞的运用等。

三、成竹在胸笔生花：注意下笔成文时要"三抓"

有了前面多维度解读历史材料的基础，此时考生已成竹在胸，如何让自己的匠心设计变成一栋美丽的楼宇，还有一个如何施好工的过程。因此，面对历史材料作文题，注重写作技巧十分重要，它要求考生在下笔行文时要做到"三抓"。

1. 抓标题。一个靓丽的标题是文章的点睛之笔，出彩的标题犹如带露梨花，让人感觉身心愉悦。历史材料作文一般要求题目自拟，考生拟题时，或借花献佛，如借用、化用一些诗词、历史人物之名言、广告语、歌词、警句、谚语、俗语等；或利用一定的修辞来标题，化平实为生动，变抽象为生动；或巧用疑问作标题，给人留有悬念，吸引阅卷者，让他们不睹不快，如把中国传统科技的辉煌标题为"晚霞"，把西方近代科学的产生标题为"朝阳"，把康乾盛世标题为"落日余晖"等，都是标题的精彩之作。

2. 抓角度。一个准确的角度是文章的眼睛和亮点，也是激活一篇文章的枢纽，是写好一篇历史材料作文的关键所在。角度选准了，就可以更好地运用唯物史观分析材料，慧眼觅宝，创新材料，将历史材料中的有关信息升华为规律性内容，揭示其本质，直达历史阐述的最高要求。如2006年上海的历史材料作文题，提供了六幅历史图文材料，前后贯穿中国近代、现代160余年历史，每组图片含有丰富的历史信息，提供给考生许多组材作文的角度。选取什么角度切入，确立什么论题展开，既要切合材料范畴，又要利于自己知识优势的发挥。就材料本身而言，外交史、抗争史、经济发展史都是很好的选题角度。若从抗争史的角度运用该材料，重点在于说明条约对于中国的危害；

若从经济发展史的角度运用该材料，则主要论证外国侵略客观上对中国经济的瓦解作用。

3. 抓文面。一个整洁美观的文面会给阅卷老师在辛苦和疲劳之余带来美的享受，爽心悦目之下必然会有理想的分数。要做到文面整洁美观：第一，要注意不把错字涂成黑团；第二，书写要工整，不能潦草，要写规范字；第三，正确使用标点，段落匀称，第一段和最后一段不宜过长，否则，会让人感到不舒服；第四，答题要简明，言简意赅、条理清楚、逻辑严谨；第五，语言要规范，准确使用"历史语言"，不滥用文学语言；第六，行文要完整而有层次。

理所当然，若你的材料作文做到了布局谋篇匠心独运、援事论理简约传神、纵横议论鞭辟入里这三点，我相信它一定会让阅卷老师心动，一定会在芸芸众卷中脱颖而出。

主要参考文献

[1] 教育部考试中心. 普通高等学校招生全国统一考试文科综合考试大纲的说明（课程标准实验）[M]. 北京：高等教育出版社，2008.

[2] 中华人民共和国教育部. 普通高中历史课程标准（实验）[M]. 北京：人民教育出版社，2003.

[3] 余柏青. 历史教学论 [M]. 海口：海南出版社，2008.

第五辑 **05**

| 于多维剖析中透视出方向 |

回落中有亮点　创新中有期待

——评析 2010 年广东省高考文综历史题

　　通览和研磨 2010 年广东省高考文综中的历史试题，总体感觉是回落中有亮点，创新中有期待。

一、回落中有亮点

　　试题在整体难度上与前两年历史试题相比有较大的下降，但仍是三科中最难的一科，尤其是选择题，要想拿高分并不容易。以下几个亮点和创新之处值得我们思考。

　　第一，试题难度有较大回落。纵观整个历史试题，在总体难度上有较大回落。为什么难度会在连续两年走高的情况下，2010 年峰回路转，走向回落呢？高考前一个月，我应东莞时报邀请，写了一篇《历史特级教师考前的建议》，文中就 2010 年高考历史试题的难度预估是这样分析的：前两年高考历史试题在"难度"上做足了文章。2008 年的广东省历史试题，难在坡度太大，无论是广州四大家族（指华附等四大名校）的学生，还是非重点中学的学生，基本上都没有把握一定做对；2009 年的试题，难度虽然有一丁点儿降低，但基本维系了 2008 年的难度。两年试题最大的不同点是 2009 年的历史试题仍然很难，但有坡度，试题区分度较好，重点中学与非重点中学，优生与后进生分数距离比较大。连续几年的难题已让社会对此颇有微词，甚至有些历史老师很极端地说："今年历史题再不降低难度，天理难容。"因此，降低历史试题难度应该是 2010 年高考无法绕过的"坎"。同时它也是多种因素综合促成的结果：一是前几届高考由于大综合科试题过于容易，让广东省的高考录取绝对分数一直在"高位"运行，给社会和高校一种良好印象就是广东省是高考大省强省，教学质量高。而 2010 年由于新高考模式的采用，大综合科的取消，分数高位运行的可能性大大降低，如果还要维系广东是高考强省的泡沫现象，要巩固高考成果，就必须在试题的难度和阅卷上做文章；二是高考模式三年一变，让普通民众真还有点跟不上时代的步伐，为了不至于引起一些社会矛盾，试题就必然在难度上降低一些，让大家都开开心心地走出高考考场。因为少数人开心不利于社会和谐，共同开心才是我们最终的目的；三是新中国自改革开放以来就有一个改革习惯，尽可能让"小白鼠"在首次改革试验中获得较多的利益和保护，本次新高考模式乃至前些年高考模式的不断转换大致都是如此；四是如果历史试题再不降低难度，三科拼盘考试中，学生就完全有可能避难就易，让历史科成为"空白卷"或"半空白卷"。可能是基于以上原因，2010 年的高考试题在坚持"四个原则"的前提下，比较成功地把握了试题的难度，让试题成了广大考生比较喜欢的"通俗文学"。合适难度的试题才是好试题，我们希望这种"通俗文学"能一直坚持下去，成为高考命题中的不变规则。但以往的历史经验教训告诉我们，这只是我个人的一厢情愿，2011 年高考历史试题的难度极有可能会"卷土重来"或"反攻倒算"，大家千万不要"给点阳光就灿烂"了。

第二，两道非选择题呈"对联式"特点。高考选择题命制可以四处开花，到处撒网，但两道主观题命题一定会受许多因素的影响和制约。两道主观题一般情况下会形成一种"对联式"的关系，会在命题内容的选择上形成一种"对称美"，这是命题者无法回避的。这种"对联式"的非选择题命制在基于试题对历史知识覆盖面较广的要求下，试题只能在两种情况中选其一：一是第一道非选择题（即第二卷第 38 题）如果是命中国史的话，另一道题（即第二卷第 39 题）就一定是世界史，无论是中国史还是世界史题，最理想的方式是通过一人一事一物或一个历史话题来实现中外历史的"贯通古今"，估计这是今后将长期采用的高考命题方法；二是如果第一道非选择题（即第二卷第 38 题）是"关联中外"题的话，那么，另一道题（即第二卷第 39 题）也只能是"关联中外"的题，但这种命制非选择题的模式，在现实操作中，由于无法照顾到历史知识的覆盖面，很难把握住或把握好，未来高考预计将会审慎使用。或许正是基于这个原因，2010 年高年试题的第 38 题和第 39 题就呈现出典型的贯通古今的"对联式"特点。第 38 题以新"社会群体"产生为话题和主线，把"市民""留学生""工人""农民工"等在不同历史时期出现新的社会群体的历史现象组合在一起，牵一发而动全身，把中国古代史、中国近现代史以及不同时期的经济史政治史文化史都非常自然和巧妙地"牵"了出来。第 39 题以"关税"为话题和主线，把 17、18 世纪的英国和 1820－1985 年英美之间的经济贸易联系起来，以小见大，并通过这种贯通古今的方式，把大量分散的、相对孤立的英美史实和一些概念（如关税）纳入完整的国际关系史和经济史之中，变成主干分明、脉络清晰的历史，既考了学生的基础知识，又考了学生的多种能力。这是 2010 年高考历史试题的一个最大亮点和创新之处，也是我在《历史特级教师考前的建议》一文中特别强调的。

　　第三，热点继续发"热"，不怕重复。试题同样没有像往年一样为了防止考生猜题押题而刻意去回避社会热点，而是采用"曲径通幽"的办法来实现对社会热点问题的隐性介入，强调考查社会热点与历史知识的有机结合，注重历史发展的特点在现实热点问题中的体现。如第 12 题涉及儒家文化和中华民族同根同源热点，第 14 题涉及政治制度创新，第 16 和第 20 题涉及民主共和热点，第 17 题涉及思想解放热点，第 19 题涉及人文精神热点，第 22 题涉及大国关系热点，第 38 题涉及留学和农民工热点，第 39 题涉及金融危机和贸易壁垒热点等，这些热点都是历史教学中的长效热点，它们的出现呼应了时下的一些时政热点，有效发挥了历史学科的社会现实功能，体现了命题人员对历史问题的深层次思考和社会良知。

特别值得肯定的是，2010 年试题不但以隐性的方式介入了热点知识，而且以巨大的自信让热点继续发热，不怕重复。如选择题第 12 题"家国一体与忠孝观念"题，考的就是宗法制，而 2008 年广东省高考历史第一道选择题"叶氏宗祠"题也是考宗法制。又如，选择题第 13 题"北魏庄园"题，考的是对北魏孝文帝改革中均田制实施后对土地兼并现象的全面认识和评价，而北魏孝文帝改革的知识点在 2008 年广东省高考历史试题第 31 题就曾经考过。再如 2010 年选择题第 21 题考达尔文进化论和马克思主义共同产生于 19 世纪中期，与 2007 年的广东高考历史选择题第 20 题马克思主义产生与英法德三个国家和地区的历史经验有密切关系有同曲同工之妙，两题都与马克思主义的产生有关，前者考时间，后者考它产生的三个来源。两三年内考同一个热点知识，这在广东省历史试题中并不多见，体现了试题对现实问题和热点问题的强烈关注和持续关注。这是 2010 年试题传递给我们 2011 年高三学生的一个非常重要的信息，说明考过的知识点并不一定不重要。

第四，材料型试题一统天下，能力考查成了全部试题的不二选择。12 道选择题和两道非选择题基本上都是材料型试题（第 38 题是弱材料题），全部试题都运用新材料创设新情境，能力考查成了全部试题的主流和不二选择。高考历史考试的主旨是对学生的能力素质和其他综合素质进行测试和选拔，让学生在考试中最大限度地展现自己的能力和素质。它主要从两个角度来完成这项任务：一是对教材上现有的历史知识点通过置于新材料、新情景、新问题中来考查；二是用与教材基本上没有关联的新材料、新情景、新问题来考查学生的思维方法。

根据聂幼犁教授的观点，历史试题依据测试内容和要求可分为三个层次：即"知"（你知道吗？知道多少？）、"识"（你理解吗？理解的深度、广度如何？）、"用"（你能用这些知识解决有关问题吗？）。通览和分析 2010 年广东历史卷，"识""用"题一统天下。全部试题为材料题，选题贴近生活，情境创设有新意，在选择题的设问上特别注重新情境的设置，给学生提供了轻松、愉快的阅读氛围，体现和承载了以人为本的理念，倡导人文关怀，弘扬时代主旋律，突显活的历史教育，强调学以致用，体现研究性学习的命题理念和技术，进一步活化了命题的知识载体。本次试题全部立足于能力立意，选择题比较灵活，起点较高，呈现出往年少有的"高原"现象，但高原之上的坡度比较平缓，只是间或有几座丘陵式的山峰。主观题按"层递式"分级设问，注意考查学生把历史事件和观点放在特定的历史条件下进行分析和评价的能力，注重运用辩证唯物主义和历史唯物主义的基本观点分析历史现象和历史事件，揭示其本质，阐述历史发展规律的学科综合能力。

如选择题第 13 题，表面是考学生如何看待北魏和唐代两个时期在实行均田制中都出现的"庄园"现象，但实际上这道题考的是学生对中国封建社会土地兼并的认识与理解，考学生全面认识历史现象的能力。土地兼并是封建土地私有制的基本特征，也是专制主义中央集权制的经济基础，土地兼并在封建社会中如同空气一样，无时不在，无处不有。随着封建经济的发展，土地兼并只会越来越严重，不可能根除，只能在一定程度上加以抑制。即使在均田制非常盛行的北魏和唐代也同样存在着土地兼并现象，只不过是这种现象远没有王朝末期那么严重，没有危及王朝的安危，但并非不存在。

二、创新中有期待

本次历史试题可圈可点之处颇多，创新的地方也不少。但创新之中仍有一些让人期待的地方。

第一，情感态度与价值观仍没有体现在试题中，缺失了对新课程改革的导向性。"情感态度和价值观"与"知识与能力""过程与方法"一样处于同等的显赫位置。在高考试题如何体现？这是一个大课题，前几年的广东历史题在这一点上一直是个让人心疼的弱项，2010年的高考试题中依然没有把它转化为考试测量目标。2010年的历史题，虽然没有大受非议的题，但同样在情感态度价值观这一点上没有大的起色，为考历史而历史，过于关注历史本身，忽视了历史学科的现实功能和资政功能及人文素养功能。我们认为：高考试题一定不能回避对情感态度价值观的测试，历史学科的最大魅力也在于这一点。我们可以借鉴以往把爱国主义教育作为考试测量目标之一的经验，把"情感态度与价值观"作为试题的立意，融入试题当中去，使考试测量成为在情感态度与价值观方面再教育的过程。如由热爱祖国、热爱中华民族所升华的自豪感、责任感和人生理想，以人为本的人文主义精神和真善美的人生境界，积极进取的人生态度和健全人格，求真求实的科学精神和态度，国际视野、全球文明和开放意识，等等。希望来年的高考历史试题在这一点上有一个明显的变化。

第二，分布不平衡，四大区域成为试题"重灾区"。从宏观分值统计来看，中国史占56分，世界史占44分。就三大块而言，政治史约占37分，经济史约占35分，文化史约占28分，基本合理，没有大的起落或偏重。选择题以考政治史（占20分）和文化史（占

22 分）为主，经济史只占 6 分；非选择题却以考经济史为主，约占
29 分，政治史、文化史分别只占 17 分和 6 分（估计下年高考极可能
是选择题以考政治史、经济史为主，非选择题以考文化史为主；或
选择题以考经济史文化史为主，非选择题以考政治史为主，这是后
话）。但是，只要我们再微观统计下去，就会发现：2010 年试题知
识落点集中在宋代、北洋军阀时期、新中国成立最初十年、英法美
轮流坐庄等四大区域，体现出了非常强的"区域化"，这不利于试题
落点的全面开花或"全球化"。

一是占 22 分的中国古代史却有 10 分落在宋代，主要是在选择题
第 14 题占 4 分和非选择题第 38 题第一问占 6 分。如果把中国古代史
划分为六个历史阶段的话，有五个阶段出试题直接考了：先秦考了宗
法制占 4 分；三国两晋南北朝与隋唐共同考了一个选择题，各占 2 分；
明清考了心学占 4 分；秦汉时期没有直接考，只是在选择题第 12 题和
第 15 题的非正确答案的被选项中涉及了秦汉的郡县制和董仲舒"独
尊儒术"。

二是占 16 分的中国近代史（以 1949 年中华人民共和国成立为中
国近现代史分期标志）全部落在 20 世纪前 20 年的北洋军阀统治时期，
选择题第 16 题占 4 分，非选择题第 38 题第二问占 8 分，第三问和第
一问占 4 分。110 年的中国近代史只占了 16 分，分量似乎太少了点，
1840 年到 1912 年的 72 年间竟然没有考任何题；蒋介石统治的 22 年也
同样如此。

三是中国现代史也就是中华人民共和国史，短短 61 年共考了 18
分，其中有 13 分集中在共和国建立前十年，即选择题第 17 题和第 18
题占 8 分，非选择题第 38 题第三问第二小问占 5 分，另外 5 分出现在
改革开放以后。我们认为共和国史比重过大，或过于集中在某一时期，
政治化倾向影响了试题。

当然，值得我们赞赏的是世界近现代史试题的落点较多，也较分散，虽然大国轮流坐庄的出题方式依然在 2010 年非常明显，但相比中国史而言要好得多，英、法、美、苏四个大国都直接涉及了，其中美国占 11 分（非选择题第 39 题第二问占 9 分，选择题第 22 题苏美同考一道题占 2 分），英国占 8 分（第 39 题第一问占 8 分），法国占 4 分（选择题第 20 题），苏联由于前三年高考年年作为试题的重头戏，2010 年对苏联历史"喜新厌旧"，只考了半道选择题占 2 分。

（原文刊载于 2010 年《中学历史教学园地》网站之《名师评高考》栏目，选文有改动）

高考试题的 "代言人"

——考纲题型示例与 2011 年广东高考文综历史试题

考试大纲是国家意志的体现，各省命题者只能 "照章行事"。我们曾经乃至现在都十分重视考试大纲，却都忽视了考纲后面的各省题型示例，以致很难检索到相关的文章。其实，考试大纲如何在各省高考中落实到位，命题者起着关键性的作用，当他们没有办法对考纲进行大规模的 "指手画脚" 时，考纲中的 "题型示例" 就成了试题命制机关或命题专家落实考纲、表达自己意见和主张的地方。因此，题型示例对中学历史教学具有重要的指导意义，是长期被人遗忘的高考信息 "富矿"。它为什么选这道题？选这道题的目的是什么？如果把 2011 年广东高考文综历史试题与《2011 年普通高等学校招生全国统一考试（广东卷）语文、数学（文科）、英语、文科综合考试大纲的说明》（广东高等教育出版社）中的历史题型示例（以下简称 "题型示例"）进行比对的话，你会发现题型示例就是 2011 年高考试题的 "代言人"。

一、2011 年高考试题的难度与题型示例题的难度 "高度趋同"

应该说，2011 年试题的难度拿捏适中，风格平实，是近几年高考题中最适合学生的一年，活而不难，但小陷阱不少，入题容易得高分难，是一套既"养眼"又"养脑"的好题。如果我们把 2011 年广东高考文综历史试题的整体难度进行综合评估的话，就会发现 2011 年历史试题的难度与题型示例的难度"高度趋同"。

在全部 16 道示例题中，来自 2007 年高考的有 4 道选择题和 1 道非选择题，来自 2009 年高考的有 3 道选择题和两道非选择题，两年共有七道选择题和四道非选择题入选，占 16 道题中的 11 道。从选择题上来说，示例入选的 10 道题全部来自广东高考本土"粤菜"，查阅当年的广东高考年报，10 道选择题的难度集中在 0.4～0.6 之间，其中 1 道来自 2006 年，4 道来自 2007 年，1 道来自 2008 年，3 道来自 2009 年，2010 年首次实行新高考模式，只有 1 道历史题入选，说明 2010 年高考历史选择题并不是选题者心中最理想的试题。6 道非选择题有 4 道选自广东本土高考题，难度在 0.3～0.5 之间；两道选自全国文综卷，没有查到全国的年报，无从得知难度。前 4 道中国史题中，第 36 题来自 2009 年广东题，第 37 题来自 2009 年全国Ⅱ卷文综题，第 38 题来自 2007 年广东题，第 39 题来自 2010 年广东题；后两道世界史题中第 40 题来自 2009 年广东题，第 41 题来自 2004 年全国高考文综题。显然，选题者十分"宠爱" 2007 年和 2009 年的广东高考题，特别是 2009 年的高考题，这就决定了 2011 年高考历史试题的目标难度和命题者的追求是：命题以求稳为主，不论是题型、分值、考查内容，还是考查特色都不会有大的变化，会高于 2007 年难度和比较接近但又略低于 2009 年难度，即在 0.54～0.60 之间。2007 年的试题有助于命题者解决容易题和中等难度偏易题的问题，2009 年的试题有助于解决中等偏难一点或难题的问题，从而较好地综合实现历史试卷以中等难度为主兼顾容易题和阶梯题这一目标。

2011 年广东高考文综中的历史试题从事实上证明了 2007 年、2009 年的试题就是本届高三学生考前复习的参考难度和方向，2011 年高考历史试题的难度估计就在 0.55 左右。如果老师带领学生在考前反复琢磨了这两年高考题的命题思路、命题方向，特别是试题难度，反复训练了示例中的命题形式和风格，学生高考时就一定会"轻车熟路"和"事半功倍"，就不会出现因为平时复习难度过低而不适应 2011 年的高考试题难度，也不会出现因为复习难度过大而浪费学生的时间的现象，如果高考历史试题的难度是在 0.55 至 0.60 之间的话，我们平时应考的复习难度就应控制在 0.52 至 0.54 之间，也就是说比高考略难一点。因此，考前摸排和估准高考命题的难度是指导学生复习的核心因素，也是我们老师平时应该要花大力气做的关键事情，宏观猜难度（或方向），微观不押题。"难度"从哪里来？难度就在每年的考纲题型示例中。2012 年广东高考历史试题的难度会怎样？重点看 2012 年的题型示例的变化，示例变则难度变，示例不变则难度不会有太大的变化。

二、题型示例中非选择题选题来源上的"群英荟萃"彰显了非选择题的高考命题规律

2011 年考纲 6 道非选择题的示例选题比较看重 2009 年的非选择题，4 道本土题中有两道来自本年度，占 50%，另外两道分别来自 2007 年和 2010 年的试题。2006 年、2008 年的试题均无题入选。这就在考前给了我们几个提示或暗示。

一是近两年来，广东省的非选择题命题技术正在大步创新和走向成熟，题型示例中非选择题选题来源上的"群英荟萃"彰显了非选择题的高考命题规律，一年一个追求，一年一个台阶。2010 年开始以历史话题"社会群体"来贯穿古今，2011 年继续以历史话题"中外多重史观""中外计划经济"为核心实现了关联中外，2012 年估计极有可能会继续以历史话题为中心，用某一历史事件、历史现象发生的不同原因和不同评价来实现贯穿古今或关联中外，使命题向纵深方向发展，即 2010 年是用同一个历史话题带几件历史大事来实现古今贯穿，2011 年是用同一个历史话题带几件历史大事来实现中外关联，按照这个命题的规律，2012 年极有可能会用同一件历史大事带几个不同的评价来把"贯穿古今"和"关联中外"糅合在一起，实现主观题命题上的新突破。

二是 6 道题从理论上来说应该是中国史和世界史各 3 道，但实际上中国史选了 4 道（粤题 3 道，全国题 1 道），说明选题者对中国史命题比较满意，认为精品题多；世界史只选了两道，本土题只选了一道，还有一道来自全国卷，说明选题者对世界史命题还有更多的期待。因此，2011 年高考命题会在世界史命题这一块上提高重视程度，有一些新作为。由于 2011 年高考非选择题命题形式是选择了关联中外的形式，没有单独在世界史上贯穿古今，但在关联中外中给了世界史应有的重视：两道大题共有 52 分，其中有 6 分是理解与认识（这两问可能是今后高考命题推出小论文题的试水问），既不能算是中国史，也不能算是世界史，24 分涉及中国史，22 分涉及世界史。第 38 题是坐在世界，关联中国；第 39 题是坐在中国，关联世界。估计下年的世界史部分命题还会继续加大重视程度，如果没有猜错的话，第 38 题极有可能会入选至 2012 年度新考纲示例题型中。

三是从入选考纲的非选择题来推测，2011 年的非选择题的高考命题有三种可能：第一种是继续如同去年一样，一道中国史贯穿古今，一道世界史贯穿古今，形成对联式"双峰并出"，但这种情况不太符合广东人"敢为天下先"的性格特征和命题创新追求；第二种可能，也是可能性最大的，就是让"关联中外"在 2011 年的命题中鲜亮登场，仍然以历史话题为核心，但话题的选择会提高一个档次，这样做既稳妥，又有改革创新，符合命题人员的一贯追求；第三种可能是创新的步子跨大一点，即通过史学观的运用、研究性历史学习、对同一历史作不同评价等话题来实现贯穿古今或关联中外。2011年高考的第38题就是一道立足第二种、探路第三种的史学观和史学方法题，它可能是第三种命题模式在2012年高考隆重推出前的"攻坚题""试水题"和"信号题"。从这里我们不难分析出：2012年高考非选择题命题只有两种选择，要么继续选择上述的第二种"关联中外"，让命题改革回稳一些；要么让改革继续往前走，让第三种命题方式"主打天下"。不管是哪一种，它们都是2012年度历史复习重点和值得注意的地方。当然，我们也应该看到，第三种命题形式虽然最能考察学生的能力，但难度容易走高，命题不容易准确拿捏，而且改革的步子太快容易出问题，最后如何选择，就看2012年命题者的命题智慧了。

　　四是示例题型中的两道"进口"的全国文综题很有可能就是2011年，特别是下一年命题的"标杆"题和目标题，这两题代表两种不同的题型。第一种是"全球化发展过程"题，它代表着命题仍是浩瀚古今中外历史中的"蜻蜓点几处水"，九大国中的几个国家一起上（广东题命题前些年最初是一个国家一个国家考，后来是两个国家对比着考，现在是多个国家一同考），2011年高考的选择题第20题和第38题第三问"任选材料三中的一种分期方法，分析其史实依据"以及第39题第三问"20世纪70年代西方发达国家经济政策进行了怎样的调整"就是"多国部队"一起上的典型。第二种是"邓实"题，它代表着命题向纵深方向发展，2011年高考，这种题型还没有"试水"，还停留在向往和理想阶段，下一年命题很可能就把这个"共产主义"从城市接到乡下来，各位千万要注意提前做准备！

三、新增加的"示例题"就是2011年高考试题的提前"演习"

　　2011年的示例题与2010年相比，有三道题被更换了，两道选择题和一道非选择题。第一道是选择题第 11 题，2010 年选的是 2008 年的广东"材料、理解、结论"题，2011 年选的是 2007 年广东高考题第 1 题"反映商朝农耕生产"题，从常规上来讲，换题应该换 2010 年的题，但去掉 2008 年的试题后，却换成了更"古老"的 2007 年的试题，这样换题含意深广，有"此处省略一万字"的韵味，让人联想多多，重新把 2007 年的题拿出来"说事"，最大的可能性是 2011 年要把选择题的难度降下来一些，或回归考主体知识和重点知识，不捞"繁杂难偏"的知识点，做到高考选择题"活而不难且有思维力度"。前几年那一些太难、太繁杂、研究味太浓、史材史实史识跑偏的选择题极有可能从 2011 年的高考试题中"下架"，使考点尽可能稳妥地回归主干知识。高考不怕考主干知识，关键是命题者要找一个让人意想不到又在情理之中的角度，如通过许多的社会史来个小视角大历史，见微知著，实现一沙一世界，一花一天国，让考生从命题者选定的细微的社会历史现象（或历史细节）中分析宏大的历史趋势和历史真相或历史规律。2011 年高考试题全部考的是主干知识和重点知识，没有一道偏难繁怪题。上述的分析与推测就是 2011 年高考历史试题的主要特点和风格。如 2011 年高考题第 16 题就是一道非常成功的小视角大历史的题。本题是历史时政热点新情境题，设计巧妙，以辛亥革命后乡村知识分子的日记为题，以小观大，见微知著，从微观中看到了宏大历史的影响。

第二题是选择题第 15 题，2010 年选的是 2008 年广东第 13 题"文革教育方针"题，2011 年选的是 2010 年高考广东题的第 17 题"双百方针的内涵"，此题也是 2010 年历史题唯一入选的选择题，但这道题乏善可陈，选入题型示例明显是对"农民做全国人大代表"带有照顾性，同时也说明了 2010 年的选择题绝大部分不是命题者心中的"理想题"或"宠爱题"。

第三题是非选择题更换了一道题，即把上一年的第37题"西汉农民的年收入计算"题换成了2010年的"社会群体"题，2010年的第39题"关税"题并没有选入2011年的示例题中，说明上一年度的历史话题成了命题者心目中的好题，历史话题仍然是这一年两道高考主观题的重头戏，并且以"关联中外"的形式进一步发扬光大。下一年历史复习，我们仍然要经常发现和挖掘一些贯穿古今或关联中外的历史话题，当然这些历史话题宜小不宜大，宜向纵深方向掘进。

四、选择题缺失两道示例题的"空白"已被2011年高考题填补

依据新高考试题组题形式，历史科的选择题是12道题，理所当然，题型示例也应该是12道题或更多些，但2011年的题型示例选择题与2010年一样只有10道题。这是为什么？是版面限制？这显然说不过去，高考历史非选择题只有两道，而题型示例却选了6道。如此一来，就只有一个可能性，就是某一个时期或某一个内容没有能够让选题者"心动"的题。经过反复比照，我们发现有两处选择题"空白"：

一是古希腊罗马的空白，估计2011年高考可能会在此处命制一道出彩的选择题，即使不在此处命制选择题，也有可能会成为某一道非选择题的起始问，如希腊的民主政治与人文主义思想和罗马的法制。这年高考试题，本处空白已命制了一道题，即选择题的第19题，该题命制得比较精巧，以一个学者的观点为题，要求学生运用史实加以论证，雅典的不民主主要体现在雅典民主的有限性上，从两个方面考察了学生的多种能力：学生不但要理解雅典民主制的积极影响，也要能全面分析出雅典民主制的不足。同时该试题还通过对雅典民主政治的考察方式渗透了史学研究方法，即论从史出、史论结合的关系。估计这道题会选入2012年考纲题型示例中，这处空白有望消除。

二是史学观、史学常识和史学方法的空白，前几年广东题有了一些这方面的探索，但都不是十分成功，专家叫好的题，中学、考生不买账；考生叫好的题，专家认为"小儿科"。估计本年命题者会尽力在此处命制一道有可能"流传千古"的选择题，让专家、考生、中学都满意。2011年高考这处空白虽然在选择题中没有得到解决，却在非选择题第38题中给予了前所未有的重视，整题大张旗鼓地考了史学观和史学方法。2012年高考，估计专门考史学观和史学方法的选择题或是主观题不会直接出现了。

五、充分利用示例题的"扫雷"功能

2011年广东高考考纲历史题型示例的选题总数与2010年一样，共16道。其中选择题10道中有6道中国史、4道世界史、6道中国史均衡分布在中国古代史、中国近代史、中国现代史中，每个部分两道，4道世界史于世界近代史和世界现代史各分布两道。6道非选择题中4道中国史，两道世界史。如果我们把高考考纲的内容归位为17个网格的话，可列如下。

1. 先秦：中华文明的起源

2. 秦汉：中华文明的发展

3. 魏晋南北朝：中华文明的大融合

4. 隋唐：中华文明的鼎盛

5. 宋元：中华文明的成熟

6. 明清：中华文明的彷徨

7. 晚清的近代前期（1840—1860）

8. 晚清的近代后期（1861—1912）

9. 民国前期的近代化转型（1912—1927）

10. 民国后期的近代化转型（1927—1949）

11. 新中国的建立与现代化进程（1949—1976）

12. 现代化建设新时期（1978 至今）

13. 古希腊罗马文明

14. 手工时代的资本主义

15. 蒸汽时代的资本主义

16. 电气时代资本主义

17. 信息时代资本主义

通过对应"扫雷"就会有一些新的发现：16 道题基本上把 17 个网格覆盖了，只有魏晋南北朝、隋唐、明清、民国后期（即国民党在大陆统治的 22 年）等 4 个网格没有涉及，这 4 个网格应该是学生考前复习的重点。如 2011 年高考的选择题第 13 题科举制题、第 14 题三教融合题就填补了魏晋南北朝和隋唐的空白，第 15 题重农抑商改变题填补了晚清 72 年的空白（2010 年高考晚清 72 年和民国后期蒋介石统治时期 22 年都没有考任何题或知识点），第 39 题第一问"从国际和国内两方面分析 20 世纪 30 年代计划经济思潮在中国兴起的原因"填补了民国后期的空白。建议大家今后在进行高三复习时，不妨把当年的题型示例比对这 17 个网格，并进一步把每一个时期又细分为政治、经济、思想文化三个方面。这样一来，没有涉及的地方将更加细化，复习的重点将会更加明确，针对性会更强。如果还进一步把近几年的广东高考题和本年度的广州、深圳、惠州、汕头、中山等几个影响较大的城市的第一次、第二次模拟题分别列入 17 个网格中，你就会发现哪些是考试的热点、重点，哪些是考试的盲点，哪些知识点已被成功"扫雷"。

六、题型示例的整体走势隐性告诉我们，热点永远是高考命题的重中之重

2011 年的高考并没有回避热点，从早期广东本土题直接考热点到后来回避热点再到后来隐性介入热点，从近年开始，高考命题已不是刻意回避或"羞答答"地介入热点，而是大大方方地直面它，时政热点和长效热点一同"双飞"。或直抒胸臆，不矫揉造作，或让你意想不到却又在情理之中。那些持续多年的或是目前社会提倡的对历史发展、对现实发展有重大指导意义的热点仍然是高考命题中的重中之重。如现实问题的历史思考，历史问题的现实思考；国内问题的国际思考，国际问题的国内思考；显性问题的隐性思考，隐性问题的显性思考等。

如示例中选择题第 12 题"君主专制强化偶有特殊情况"题和第 40 题非选择题"世界民主进程"题等就隐性告诉我们：作为政治领域的规范和规则，政治制度文明是政治文明的核心，制度文明是当今世界政治文明发展的主题。代议制作为人类社会处理公共事务的一种程序性制度，发展至今，已成为一种较为完善、成熟的国家政治制度，是人类智慧在社会政治领域里的一项重要文明成果。学生在备考时应注意以下几个命题角度的"贯穿古今"或"关联中外"：一是中国古代的政治制度，如皇帝制度、中央集权制度、地方行政制度、选官制度、监察制度等；二是近代资本主义政治制度，如君主立宪制、共和制、有代表性的法律制度（含重要宪法）、资产阶级代议制等；三是社会主义政治制度，如苏联（俄）的基本政治制度、中华人民共和国的重要政治制度（以人民代表大会制为代表）等。如 2011 年高考的第 12 题"仁政"题和第 13 题"科举"题都是对应第一个角度所做的命题，第 20 题是对应第二个命题角度的，第三个角度在 2011 年高考中没有体现，但这种没有体现的角度正是 2012 年高考复习最需要认真准备的地方。

又如选择题第 13 题"西洋风味"题、第 17 题"巴拿马运河"题、第 19 题"找工作比中奖还要难"题、非选择第 41 题"经济全球化发展历程"题等都在强烈诉说"世界市场与国际合作""社资互相学习与影响"是永恒的"日不落"重点，2011 年高考的第 39 题就是一道命题角度既出人意料又在情理之中的题，学生复习的重点是放在社会主义如何学习资本主义的市场经济上，而本次高考题却反其意而考之：社会主义计划经济模式对资本主义世界产生了什么样的影响，为什么会在 30 年代的中国兴起？

再如选择题第 16 题是 2009 年题，考 1959 年的表格，非选择题第 39 题第三问是 2010 年，题考 50 年代工人阶级的事。上述具有周年特色的历史题说明高考并不回避对历史周年纪念性大事的考查。2011 年最大的周年热点就是辛亥革命爆发 100 周年，为纪念这一对中国历史进程产生重大影响的历史事件，海峡两岸正积极筹备纪念活动，以此拉近两岸中国人的距离，增强同胞情，共同为中华民族的振兴而努力，具有很强的现实意义。如果 2011 年广东高考历史要考查辛亥革命和孙中山民主追求的话，这完全是在情理之中。考查辛亥革命特别是它的影响主要有三种视角：第一个角度是革命史观，既肯定它推翻君主专制的积极意义，但更多地侧重于考查资产阶级的局限性以及辛亥革命没有改变半殖民地半封建社会的社会性质，未能完成反帝反封的民主革命任务，这个角度新高考考查较少；第二个角度是用近代化史观来考查辛亥革命对中国近代政治民主化、思想文化科学化和经济市场化工业化的影响，前两者考查较多，后者考查较少，务必注意；第三个角度是社会史观，通过普通民众对辛亥革命的认知，辛亥革命给普通百姓日常生活带来的冲击（其中婚姻习俗和吃、穿、住、行、用以及思想观念的变化要特别关注）等，这个角度是一个新的角度和热点。2011 年高考选择题第 16 题"作者不认同辛亥运动"题就是对应第三个社会史观的命题角度的。社会史观将是下一年乃至今后一段相当长的时期内，高考命题的基点和主要材料来源，因为社会史是高考命题的"汪洋大海"，取之不尽，用之不竭。

（原文刊载于《中学历史教学参考》2011 年第 9 期，选文有改动）

关注基础不偏　抓住主干不放

——2012 年高考广东文综历史题的评价与启示

看完 2012 年高考广东文综历史题，我们的整体印象是：考点覆盖广，难度适中，开放性强，所有题都是考查主干知识。既注重考查基础知识，也注重考查学生灵活运用、分析、综合、比较、归纳、解决问题等能力。选择题看似平实，实则灵活，干扰信息大，要想拿高分有一定难度。非选择题重在考查从不同的思维角度、多元的思维层次去解释历史问题。如果我们把高考试题的理想追求描述为"玩华不坠其实"的话，那么，2012 年的文综历史题在"不坠其实"上下足了功夫，基本上做到了"关注基础不偏，抓住主干不放"，但在"玩华"上让我们还有更多的期待。

一、试题难度在博弈均衡中稳定适度

高考试题难度的把握从理论上来说应该是三个有利于：一是有利于高校选拔人才，二是有利于中学教学，三是有利于考生的身心健康成长。这三者之间的关系应该是一种"三权分立式"的博弈与相互制衡的关系，但现实中的具体操作并非如此，高校选拔人才与中学教学这对矛盾的双方都十分强势，把"有利于考生身心健康成长"挤到了边缘的位置，基本上给忽视了。也正是前一对矛盾的过于强势，使近几年来高考命题对难度的精确把握还有较大的发展空间，具体表现为试题难度前后年不稳定，忽上忽下、时高时低，波动较大。这样一来，考生就会因为无法精准地预估和把握本年度高考试题可能出现的难度而导致"雾里看花"，弄不明白，摸不着方向，使高三历史复习中经常出现"两极分化"：一是拼命加难，浪费学生的有效时间；二是在"将基础进行到底"中"原地打圈圈"，无法将学生的实际应考水平提高到一个与高考试题基本相适应和应该达到的位置。让人开心的是，广东近几年来的高考历史试题对难度的把握与稳定应该说是做得最成功的学科试题之一，连续几年特别是 2012 年难度在博弈均衡中稳定适度，让考生能从容复习和沉着应考，基本达到了"三个有利于"的目标。2012 年广东高考历史试题的难度一如我们在考前预测的那样：继续追求和实现以中等难度为主，兼顾容易题和阶梯题的目标，会在去年的基础上稍稍容易一点，即高考命题会追求 0.56～0.58。

其实，2012 年广东高考历史试题的难度追求早就在《2012 年普通高等学校招生全国统一考试（广东卷）语文、数学（文科）、英语、文科综合考试大纲的说明》（广东高等教育出版社）中的历史"题型示例题"中得到了全部诠释。"2012 年高考试题难度从哪里来？难度就在每年的考纲题型示例中"，"2012 年题型示例的难度决定了 2012 年高考历史试题的难度追求"。

我在《天生一个仙人洞　无限风光在险峰——解读 2012 广东考试大纲历史"题型示例"中的高考信息》一文中是这样分析的：2012 年的历史题型示例共选取了 16 道题，10 道选择题，6 道非选择题。从选题来源上来说，立足本土，放眼域外，不搞闭关自守，也不夜郎自大。16 道题中有 15 道来自广东省 2007 年到 2011 年的"本土粤菜"高考题，1 道（即第 37 题"邓实"题）来自 2009 年全国Ⅱ卷文综题。从选题的年份上来说，选题者"钟爱"2007 年、2009 年和 2011 年这三年的高考题：来自 2007 年高考的有 4 道选择题和 1 道非选择题；来自 2009 年的有两道选择题和 1 道非选择题，另有 1 道全国题也来自 2009 年；来自 2011 年的有两道选择题和两道非选择题。这三年共有 13 道题选入，占 80% 之多。查阅当年的广东高考年报，10 道选择题的难度集中在 0.5 ～ 0.6 之间。6 道非选择题有 5 道选自广东本土高考题，难度在 0.3 ～ 0.5 之间。由于命制选择题者特别"宠幸"上述三年的高考题，特别是 2007 年广东高考历史题，这就决定了 2012 年高考历史试题的目标难度和命题者的追求是：命题在求稳的基础上以 2011 年广东高考题为标杆，不论是题型、分值、考查内容，还是考查特色都不会有大的变化，会高于 2007 年难度和比较接近但又略低于 2009 年难度。之所以选那么多 2007 年、2009 年、2011 年的试题，是因为 2007 年的试题有助于命题者解决容易题和中等难度偏易题的问题，2009 年的试题有助于解决中等偏难一点或难题的问题，2011 年就是把两者结合在一起的典范。2012 年，他们仍将以此为标杆。

　　基于以上分析，我认为 2013 年的广东高考历史题将会继续以此为标杆，将稳定的难度进行到底。因此，2013 年的历史复习应反复琢磨上述三年高考题的命题思路、命题方向，反复训练示例中的命题形式和风格，并根据本年度高考命题可能发生的难度变化，采取针对性的复习措施，准确把握复习难度，提前进行适应性训练。

二、考查内容在主干知识中注重社会史和历史细节

　　高考题都是以考历史学科的主干知识为主，这已成了近几年广东历史高考命题的不二选择。2012 年高考题继续回归考主体知识和重点知识，不捞"繁杂难偏"的知识点，做到高考题"活而不难但有思维力度"，那些太难、太繁杂、研究味太浓、史材史实史识跑偏的试题在 2012 年高考试题中全无踪影，考查内容和命题角度在全部主干知识

中注重社会史及历史细节。

高考命题者往往会找一个让人意想不到又在情理之中的角度,这个角度就是通过许多的社会史和历史细节来见证宏观大历史,见微知著,实现一沙一世界,一花一天国,让考生从命题者选定的细微的社会历史现象(或历史细节)中分析宏大的历史趋势和历史真相或历史规律。2012年的试题在这一点上就做得非常好,无论是选择题,还是主观题,题题都是考主干知识,每一题都紧扣重点知识。如史学方法与铁犁牛耕、中央集权加强、宰相制度与君权限制、三民主义、马克思主义中国化、新中国社会主义建立、宗教改革、浪漫主义文学、科学社会主义、罗斯福新政、斯大林模式的多元评价、世界多极化趋势、新航路开辟、西方殖民扩张、世界市场形成、自然经济逐渐解体、西方工业文明对中国的冲击、洋务运动和中国民族资本主义的发展、美苏冷战封锁中国、现代世界的政治经济格局、一边倒、中美关系的改善与建交、改革开放、社会主义市场经济、加入 WTO、近代中国学习西方的发展过程、西方民主政治制度的发展历程、新时期流行语背后的大历史等等。这些主干知识在 2012 年的高考试题中都是以材料的形式呈现,用一个或多个社会史或历史细节作为试题的中心环节。取材广泛,用历史遗存、历史人物政治化倾向评价历史人物、直奔历史主题史实等多种形式灵活设问,把凡是能反映历史事件或历史现象的社会史或历史细节,如考古、后人评说、标语口号、争论分歧、精彩比喻、多元评价、报刊资料、日常生活变迁、个人文集、不同时期流行语及含义变化、文物照片、人物画像、文献摘录、统计资料、文学艺术作品、名言名句、漫画插图、名人言论、史书摘记等社会史内容和历史细节都纳入了 2012 年的高考试题。这种建立在历史细节或社会史基础上的试题,构思巧妙,考点新颖,活而不偏,新而不怪,不仅丰富了 2012 年试题的表现形式,使试题生动活泼,而且成了 2012 年高考历史试题中的点睛之作，充分体现了史学的丰富多彩和博大精深。如选择题第22题就是一道非常成功的小视角大历史的题。本题虽然没有2011年"乡村知识分子不认同辛亥革命"题那样来得精妙绝伦，但仍可圈可点，值得我们玩味一把，该题以某学者对斯大林模式的多元评价为题（过去，我们对斯大林模式的评价多是褒扬之词，近年来对斯大林模式又多是批评与斥责），以小观大，见微知著，从微观的社会史视角分析宏大历史的影响，告诉考生，要一分为二地认识和评价斯大林模式，因为它既起过消极作用，也起过积极作用。

社会史和历史细节是高考命题的"汪洋大海"，取之不尽，用之不竭，估计是2013年甚至是今后相当长的时期内高考命题的基点和主要材料来源。因此，建议高三老师在历史复习中，适当补充一些围绕历史主干知识的历史细节或社会史，不但能让高三的历史复习课具有鲜活的生命力和震撼心灵的魅力，成为欣赏、感悟和提升的过程，或于趣味盎然中打通现实，或于感人泪下中点化课堂，或于发人深省中润泽生命，而且还可以在见微知著和层层探秘中，点拨高考重点，阐释高考难点，探究高考疑点，追踪高考热点，点亮高考盲点。

三、非选择题在运行变化中体现着命题的规律

自新课程开考以来，广东省自主命题中非选择题命题探索一直走在全国的前列，非选择题命题技术也在大步创新和走向成熟，一年一个追求，一年一个台阶，连续多年的探索，让广东非选择题命题呈现出了自己独有的命题规律。2012年的非选择题命题同样在运行变化中体现着这个命题规律。非选择题的命题规律是：2010年开始以历史话题"社会群体"来贯穿古今，用同一个历史话题带几件历史大事来实现古今贯穿；2011年以历史话题"中外多重史观""中外计划经济"为核心，即用同一个历史话题带几件历史大事来实现中外关联；2012

年的非选择题仍是以历史话题为中心，用某一历史事件、历史现象发生的不同原因和不同评价来实现贯穿古今和关联中外，使命题向纵深方向发展，实现主观题命题上的新突破。

如第38题以"日常生活（胡椒、奢侈品、中国制造的日常用品等)"的变迁为入题点，把欧洲近代早期的历史、近代中国传统的自然经济逐渐解体与原因分析、改革开放后"中国制造"日常用品遍布全世界的原因分析等古今中外的历史都巧妙地放在一道题中，全面考查了学生提取历史信息、说明和论证历史现象和历史观点、阐释历史事物的能力。第39题也同样是以史学研究和史学观点为切入点，通过"格致""科学""民主""经济""中学""粉丝"等词语和概念的变化探究大历史的宏观渊源，全面考查了学生提取历史信息、说明和论证历史现象和历史观点、阐释历史事物的能力。同时，本题的前三问论证过程不仅仅是单纯地运用史实作为论据，而且在论证过程中巧妙地将历史研究方法和史学素养要求蕴含其中。最大的亮点还在第四问，它要求考生运用前三问的史学素养和史学研究方法来迁移研究三个与生活联系密切的现代词语，探究其内涵变化背后的宏观大历史，让点睛之问成了统率全题的"灵魂"，妙不可言。

2012年非选择题运行变化的规律给了我们三个启示：一是"贯穿古今"式的非选择题命题已基本上退出了历史舞台；二是"关联中外"的非选择题将会是未来几年的主流题，2013年高考非选择题在很大程度上将会与2012年一样采取"关联中外"的命题形式，仍然会以历史话题为核心，但话题的选择会提高一个档次，这样做既稳妥，又有改革创新，符合命题人员的一贯追求；三是创新的步子有可能跨大一点，即通过史学观的运用、研究性历史学习、对同一历史事件或历史人物作不同评价等话题来实现关联中外，试探性地推出这种类型的"攻坚题""试水题"和"信号题"。当然，这样命题追求难度容易走高，不容易准确拿捏，最后如何选择，就看2013年命题者的命题智慧了。

四、组合选择题在"重出江湖"中审慎试水

在广东高考历史试题中，已有好多年没有考组合选择题了，2012年在毫无征兆的情况下突然重出江湖（选择题第23题），整个文综卷选择题共有八道组合选择题，其中政治学科大行其道占了六道，历史学科和地理学科各有一道，命题形式都是双项类型组合选择题（即：A.①②　B.①③　C.②④　D.③④），且三科惊人一致，应该说是本题型在审慎试水"江湖"。

23. 1962年法国某报纸说，戴高乐总统应该时刻准备亮出持有的大量美元这张外交王牌，通过向美国购买黄金而对其施压。美国政府对此颇为重视，认为"法国持有的美元所表现的既是一个政治问题，也是一个经济问题"。这反映了

①世界的多极化趋势　　　　　　②不结盟运动的发展

③布雷顿森林体系面临挑战　　　④法国抵制马歇尔计划

A. ①②　　　　B. ①③　　　　C. ②④　　　　D. ③④

上述这种双项组合选择题其实是多项选择题中的一种特殊形式，它在高考试题中一般分为两个考查角度：第一个角度是将同一历史时期或同一历史事件影响下的知识进行归类组合，跨度虽然不大，但角度多、分析深，重点考查学生分析理解和发散性思维能力，本题就是这样一道典型的双项组合选择题；第二个角度是将不同历史时期的同类知识进行归类，分析程度虽然不深，但时间、空间跨度大，重点考查学生的归纳和比较能力。解答本题首先需要准确的基础知识；其次还要有一定的分析能力和史学理论水平，因为一般的组合选择题都具有较强的逻辑性；再次要有比较好的解题方法，就本题而言，建议考

生采用筛选法（筛选法又分为肯定筛选法和否定筛选法：肯定筛选法是先根据试题要求分析各个选项，确定一个正确的选项，这样就可以排除不包含此选项的组合，然后一一筛选，最后得出正确答案；否定筛选法又称排除法，即确定一个或两个不符合题意的选项，排除包含这些选项的组合，得出正确答案），我们首先可以排除②，不结盟运动是指发展中国家的历史大事，马歇尔计划是美苏冷战，不沾边。从材料可知法国用美元向美国施压，可见挑战以美国美元为核心的布雷顿森林体系，也反映出法国二战后经济恢复与发展，挑战美国霸主地位。

　　基于这种大变化，我们不能不思考历史命题者让这种题型"卷土重来"的目的到底是什么？这不免让人颇费思量、联想多多：一是基于组合选择题在考试考查中具有考查容量大、信息范围广、多角度多层次考查学生综合能力的无可替代优势，或知识归类，或评价分析，或异同比较；二是既可以考查学生对基础知识的再认、再现能力和学生的分析、比较、归纳的能力，还可以考查学生对历史线索或知识体系的认识、把握程度和判断推理等综合能力；三是文综模式登陆广东后，历史高考考查的试题由原来的31道题一下子锐减到14道题，高考试题能考的知识点大大减少，而组合选择题可以在一定程度上弥补这种不足；四是文综八道选择都是采用组合选择题中的一种特殊形式，即双项选择题，因为根据统计学原理，双项形式出现的单项选择题比三项选择题和不定项选择题更具有科学性、可操作性和测量学意义。因此，我们估计历史学科中的这道题应该是为2013年命制更多的双项组合选择题而准备的"试水题"或"信号题"。希望2013年考生早做准备，多练习一些双项组合式选择题。

五、答题空间在行迹不彰中得到收复和扩展

2011 年，广东高考文综历史由于答题空间设计偏少，考生反应较大，对考生水平的正常发挥有或多或少的影响。而 2012 年答题空间的设计可以说是在行迹不彰中得到收复和扩展，三科整个答题空间的设计比较合理，符合考生答题的基本要求。从考生反馈的信息得知，在文综三科中，地理学科由于学科的特殊性，非选择题答题所需要的写字量并不很多，但政治历史都是答题文字量较多的科目，两科相比较，学科的性质决定了两科基本上都是同等的答题写字量，不同年份的不同试题的答题写字量可以有微小的区别，但总量上出入不会超过 150 字，这是多年统计出来的结果。基于以上学科平等的要求，2012 年政治、历史的答题空间设计为：政治学科两道非选择题答题空间是 27 行，每行大约是 19 厘米，可写 30 到 35 个字，答题可写 700 到 800 字；历史学科两道非选择题答题空间是 24 行，可写 600 到 700 字。两科基本持平，考生反映良好，希望 2013 年高考答题空间的设计仍延续 2012 年的恰当与平等。

由于答题空间的收复和正常化，历史学科答题的写字总量增加了，得分的机会也相应增加了。因此，2013 年考生在平时的练习和考试中就应该进行以下两个方面的训练：一是学会宏观而且科学地调配好各科答题时间，文综三科是两个半小时，平均分配给每科的考试时间理论上都是 50 分钟，35 道选择题原则上是一分钟完成一道，需要用时 35 分钟，6 道非选择题答题共用时 105 分钟，最后 10 分钟用来检查试卷与修订答案，这样一来，考生在平时的练习和考试中就要养成每道非选择题必须在 18 分钟以内完成的良好习惯，每个学科的两道非选择题答题时间不超过 35 分钟，当然，如果提前完成了某一学科的答题任务，可以考虑把结余的时间分配给时间相对紧一些的

学科，但绝不能牺牲一个学科去成就另外一个学科，因为宏观把握和科学调配好答题时间本身就是一种能力的隐性测试与评估；二是进行限时限写字量的答题训练，高考历史要想获得理想的分数，非选择题的答题写字量必须达到一定的标准，我们平时就应该养成18分钟写300到350个字的习惯，保障高考试卷有足够的字数而大大增加得分的机会，当然，我们也不提倡历史学科答题字数超过700。

六、试题评价在高位要求中还说几点建议

一是祈盼广东历史试题早日形成人人称道的"粤派"特色。广东省是全国改革开放的先行者和排头兵以及经济大省强省，与此相适应，广东的高考试题也应该是高考命题的探路者和开放先锋。

二是每一道试题的设计不仅仅是有考查学生的功能，还应该有增加知识、舒缓心理和引导学生开阔视野、关心国家大事、人类命运的人文关怀的功能，试题要充分体现"一切历史都是当代史"和实现超越时空的理解。因此，追求鲜活时代气息和现实借鉴资治的试题立意是考查学生情感态度、价值观的重要手段之一，也是试题立意的灵魂。当然，我们也不能把高考试题中的情感、态度、价值观视为一种简单机械的思想教育，而应该是考生对历史事物的态度、对历史观念的认识和对历史的感悟。

三是有些主干知识一直是高考试题中的绝对主力，下一年度应该让其他主干知识也有一展身手的机会。

四是每一道非选择题的三个或四个设问应在层层递进中具有较强的内在逻辑联系，而不能是"金花三四朵，各表一枝"。

（原文刊载于《中学历史教学参考》2012年第7期，选文有改动）

稻花香里听蛙声

——从 2013 年高考广东省文综历史题看高考命题规律

2013 年广东文综历史题在成熟稳定中体现出了自己的命题规律：高考只考主干知识，试题都是围绕主干知识来做文章。通过"主题视角下对主干知识的归类综合"和"多重史观下主干知识的横岭侧峰"这"两翼"来实现对主干知识的考查，而"两翼"命题所选用的材料和史料大多是与主干知识有关的历史细节，即主干主打天下、主题主宰试题、小细节大历史。这种规律已对今后考生的历史复习形成了稳定且长期的导向性影响。

一、题虽多维却方向明确：主干主打天下

1. 高考只考主干知识

近几年的高考命题基本上都圈定在主干知识范围内，"主干"主打天下。2013 年高考广东省文综历史试题共有 14 道，每道题都是中学历史教学中的主干知识。如第 12 题的分封制、宗法制、百家争鸣、井田制，第 13 题的重农抑商，第 14 题的理学与心学，第 15 题的民族主义，第 16 题的"左倾"错误、民族资产阶级、国民革命、无产阶级、工农武装割据，第 17 题的两极格局、"一边倒"、不结盟运动，第 18 题的陶片放逐法、公民大会，第 19 题的文艺复兴、现实主义、

印象主义、现代主义，第20题的君主专制、君主立宪制、共和制、无产阶级专政，第21题伏尔泰的天赋人权说、达尔文的进化论、马丁·路德的新教学说、爱因斯坦的相对论，第22题的商品贸易，第23题的联合国、欧洲共同体、华沙条约组织、北大西洋公约组织，第38题的新航路的开辟、经济全球化，第39题的洋务运动及评价变化背后的大历史等。高考考主干知识已成为定势和追求。

2. 高考为何只能考主干知识

多年的探索与实践证明，高考考主干知识是最符合"三个有利于"的，也是最能平衡学校、考生等各方要求的，区分度也是最理想的。2013年的广东高考历史题在这一点上更是旗帜鲜明，从过去的自发走向了自觉、自在走向了自为、情绪走向了理智、偶然走向了必然，考主干知识已成了高考试题的最佳甚至是唯一选择。

第一，考试大纲是高考的"法定文化"，具有唯一性和导向性，学生是这个"法定文化"解读的核心承载人和运用者。

第二，教科书本身的多版本化决定了教科书在命题专家眼里只是众多"文本"之一，已不再是唯一的"蓝本"，或高考命题的"法定文化"，也不是历史教学与复习的唯一依据，而仅仅是学生从容应对高考的课程资源之一。

第三，四大版本对考试大纲的解读虽然基本相同，但在史学史观、史学观点和具体历史史实的采用上存在着相当大的差异。这样一来，在很大程度上决定了高考命题一定要避开四大版本在微观上的具体差异，更多地着眼于四大版的相同点，如历史的宏观层面。

3. 主干知识谁说了算

既然高考只能考主干知识，决定了学科"主干知识"既不是学生手中拥有的哪个版本的教材，也不是他们手中的复习资料，而只能是每年公布的高考历史考试大纲。如2013年大纲指出的主干知识点，包含了 28 个一级知识点和 90 个二级知识点。其原因是：

第一，考试大纲是国家教育行政部门颁布的指导中学历史教学与考试的法律性文件，是指导教师授课、学生学习历史、专家命制历史高考题的法规，具有相对确定性和法律约束力，并以此来保证中学历史教育中的授课、学习历史乃至选拔测试等都始终沿着正确的方向前进。它往往是由课程专家和学科专家精选出来的历史学科精华，其内容是历史学科最基本、最重要的史实、概念、原理、方法、情感态度与价值观等。

第二，历史新课改打破了人教版教科书一统天下的局面，实行一标四版（人教版、岳麓版、人民版、大象版），这种现实情况决定了高考命题只能是依纲不靠版（指各个版本的教材）。它不会以哪种版本的教材为考试蓝本，

"一纲四本"存在着较大的差异，这种现状就决定了高考试题只能以考试大纲为标准，尽量回避和淡化四大版本不相同的具体的基本知识点。

4. 把主干知识细化成操作性强的复习内容

官方文件"钦定"的主干知识点虽然具有很强的导向性，但相对高三学生而言，它缺乏可操作性，不便于学生进行针对性的复习。因此，我们还必须把"钦定"的主干知识细化成操作性强的具体复习内容，并遴选出主干知识中的重点、热点、盲点，进一步拓宽视域和深化认识，以便高效应对高考。以中外古代文明史为例：

第一，"钦定"的主干知识

一级知识点（7 个）：（1）古代中国的政治制度；（2）古代中国的经济；（3）中国传统文化主流思想的演变；（4）古代中国的科学技术与文学艺术；（5）古代中国的重大改革；（6）古代希腊、罗马的政治制度；（7）西方人文精神的起源。

二级知识点（20个）：（1）商周时期的政治制度；（2）秦中央集权制度的形成；（3）汉到元政治制度的演变；（4）明清君主专制制度的加强；（5）农业的主要耕作方式和土地制度；（6）手工业的发展；（7）商业的发展；（8）资本主义萌芽与"重农抑商"、"海禁"政策；（9）春秋战国时期的百家争鸣；（10）汉代儒学成为正统思想；（1）宋明理学；（12）明清之际的儒学思想；（13）中国古代的科技成就；（14）汉字的起源演变和书画的发展；（15）中国古代文学成就；（16）京剧等剧种的产生和发展；（17）商鞅变法；（18）北魏孝文帝改革；（19）雅典民主政治；（20）罗马法。

第二，主干知识的内容构造（31个）

（1）分封制目的、内涵、对象、影响；（2）宗法制特点；（3）皇帝制度特点；（4）三公九卿制度名称、相互关系；（5）郡县制过程、影响；（6）秦中央集权制度的影响：当时、后世；（7）汉到清政治制度的演变：中央官职、地方官制、选官制度；（8）小农经济：生产模式、耕作方式、经营方式、特点、评价；（9）土地经营方式的演变：租佃经营的演变；（10）金属冶炼、陶瓷成就；（11）手工业三种经营形态、特征、地位；（12）中国古代城市的发展：唐宋、明清时期的发展；（13）资本主义萌芽：时间、地点、行业、特征、缓慢发展的原因；（14）"重农抑商"原因、过程、评价；（15）"海禁""闭关锁国"原因、含义、影响；（16）孔子、孟子、荀子的思想主张、地位评价；（17）老子、庄子思想主张、评价；（18）韩非子主张、地位；（19）墨子主张、地位；（20）百家争鸣原因（政治、经济、文化、根本原因）、影响；（21）董仲舒新儒学新在何处、内容、作用；（22）宋明理学：理学概念、比较程朱理学与陆王心学、评价；（23）明清之际的进步思潮：背景、李贽的思想主张及其特点、三大思想家的共同主张、评价；（24）四大发明、天文学、数学、农学、医学成就；

（25）汉字的演变：甲骨文——金文——小篆——隶书——楷行草书；
（26）书法发展：魏晋后，书法进入自觉阶段——隋唐注重法度或狂放不羁——宋以后，注重个性；（27）绘画发展：战国帛画——魏晋人文画——两宋山水画/风俗画——明清新绘画（个性化世俗化）；
（28）文学发展历程：诗经、楚辞、汉赋、唐诗、宋词、元曲、明清小说，宋明以后文学平民化趋势；（29）戏曲发展历程：傩戏、南戏、元杂剧、清京剧（背景、过程、特点、功能、地位）；（30）商鞅变法背景、内容、性质、影响；（31）北魏孝文帝改革措施、性质、影响；
（32）雅典民主政治形成地理条件、三次改革、特征、评价；（33）罗马法发展过程：《十二铜表法》、公民法、万民法、《民法大全》，《十二铜表法》的背景、评价；（34）西方人文精神的起源，智者学派背景、人文主义内涵、代表人物及主张、评价，苏格拉底主张、影响。

第三，如何细化主干知识：以"重农抑商"政策为例

重农抑商政策：

（1）含义：农业生产是本业；脱离农业生产的工商业为末业；限制甚至打击工商业，保护农业生产和小农经济的政策。

（2）原因：

根本：自然经济的必然产物，是由农业的基础地位和作用（生活资料、财源、兵源）所决定的。直接：商业与农业争夺劳动力，影响农业生产甚至危及封建政权统治。

（3）目的：确保封建国家赋役的征派和地租的征收，巩固封建统治。

（4）过程与表现：

①战国时期：商鞅变法首倡"重农抑商"政策

②西汉武帝时：大规模推行"重农抑商"政策

措施：货币官铸、盐铁酒专卖、官营贩运、物价管理、向工商业

者加重征税等。

作用：一定程度上抑制了富商大贾的势力，促进西汉国力的强盛。

③明清时期：继续采取"重农抑商"政策

表现：a. 明太祖和雍正帝沿袭"重本轻末"治国理财思想；

b. 实行专卖制度，垄断盐、茶等重要商品的经营；

c. 对民营商业不断加征商税，破坏工商业的正当经营。

（5）影响：

①前期：它促进了农耕经济的发展，有利于稳定封建统治秩序，维护国家统一；

②后期：强化了农业和手工业相结合的自然经济，使中国封建社会特别漫长；压制了工商业的发展，从而阻碍了资本主义萌芽，是中国日益落后于世界潮流的原因之一。

二、方式复杂却简约明了：主题主宰试题

2013 年的广东高考历史试题命题方式以主干知识为主体，双峰并出，双翼齐飞，其中一翼是主题视角下主干知识的归类与综合，另一翼是多重史观下对主干知识的横岭侧峰与多元视角。

1. 主题视角下的归类与综合

主题是试题命制的灵魂与主线，是设计试题的基本依据和根本意图。主干知识中的主题式命题，从外在形式上可以分为单元主题、模块主题、学科主题、学习主题等。2013 年高考试题大部分是学科主题式命题，具体表现为从现成的主干知识中归纳出主题，或把分散在教材不同章节的内容按照某个主题（如黄牧航教授分析的 10 个视点：制度创新、社会改革、民主共和、理性爱国、生态文明、社会保障、民族团结、和平与发展、建立有效政府、建立以追求公平和效率为目的的社会主义市场经济）重新梳理，进行再组合，以赋予这些主题新的

现实意义和社会意义。如第22题就是"三农"主题，把列宁的战时共产主义政策、新经济政策，斯大林的农业集体化道路，罗斯福新政综合归纳在一起，以隐性介入热点、传递正能量的方式借史鉴今，具有深远的现实意义。

近年来的广东高考试题均以主题立意，并通过主题贯通古今和关联中外。因此，考生的复习备考一定要遴选出主干知识中以重点、热点、盲点为基点的学科或学习主题，进一步拓宽视域和深化认识，有针对性地加强"主题"式试题的训练。这是第二轮或第三轮复习提高备考的针对性和实效性的主要方法之一。如中国古代选官制度的演变，可从名称、标准、影响等方面重构成一个学习或复习主题：

（1）西周、春秋的世卿世禄制。

（2）战国、秦朝的军功制。

（3）汉朝察举制。以孝廉为标准，主要是举孝廉、策问。其影响是扩大了统治基础，但以官举士，易以权谋私。

（3）魏晋九品中正制。中正指地方行政部门中评定人才的官职，以"出身""门第"为标准，但易被豪门望族控制，导致政治腐败。

（4）隋至明清科举制。隋文帝开始考试选官，隋炀帝时，设立进士科，科举制形成；唐宋元明清各朝继承并完善了科举制。影响：①考试体现一定的公平、公正；②破除贵族垄断官场，扩大统治基础；③有利于提高官员的素质，提高行政效率；④有利于社会重学风气形成、文化发展；⑤但考试的科目、内容都不出儒学经义，不一定能"经世致用"；⑥明以后科举考试的方式为"八股取士"，则禁锢了思想，败坏了学风。

（5）选官制度的演变总趋势。官员的选拔、任用标准由重视血缘到名望再到学识、才干。方法由推荐到考试，体现了发展具有合理性、公平公正性。扩大统治基础，官僚集团越来越庞大。

又如2013年新增考点"中国古代商业的发展",可以整合成一个知识主题:

(1)先秦时期:兴起。①商朝:以经商著称——"商人",商业由官府控制。②春秋战国:社会的大变革、大动荡,使官府控制商业的局面被打破,商人社会地位提高,各地出现许多商品市场和大商人,中国商业发展出现了第一次高峰。(范蠡被尊为商人的祖师。)

(2)秦汉:艰难发展,总体水平不高。①原因:统治者推行重农抑商政策;大统一,使商业活动"规范";经商受到时间、地点的限制。②表现:币制统一(圆形方孔的铜钱)。两汉海陆丝绸之路的开通,外贸兴起。西汉政府规范管理——都城长安城成为商业中心,商品交易的固定场所"市"(定地、定时、定人),与居民住所"坊"严格分开。

(3)隋唐时期:进一步发展。原因:农业手工业发展,大运河的开通,对外贸易的推动。表现:①城市商业繁荣,如都城长安,城市中设东西两"市",使"市"与"坊"分开;②农村集市发展;③商业服务发展,出现了邸店、柜坊、飞钱(它们的出现是商品经济发展的结果,反过来又促进了商业的便利与发展);④对外贸易发展,广州成外贸港口,政府设市舶使,专管对外贸易。

(4)两宋时期:空前繁荣(商业环境相对宽松)。①商品种类迅速增加;②出现世界上最早的纸币"交子";③商税收入成为政府的重要财源;④外贸发达,两宋同东南亚、南亚、阿拉伯半岛以至非洲的几十个国家进行贸易,海外贸易税收甚至成为南宋国库重要财源,⑤市打破了时间空间限制,商业活动不受政府直接监管,草市更普遍,出现四大商业名镇。

(5)元朝时期:继续繁荣(交通发达)。大都成为国际性的商业大都会,国内外各种商品汇聚于此;泉州被誉为当时的世界第一大港。

（6）明清时期：依然繁荣。①城镇商业繁荣，棉花、茶叶、甘蔗、染料等农副产品商品化加快；区域间长途贩运贸易发展较快；出现了地域性的"商帮"，实力最强的是徽商和晋商；白银成为主要流通的货币。②中国对外贸易渐趋萎缩：清朝只开广州一处，且由政府特许的"十三行"经营外贸。

2. 多重史观下的横岭侧峰与多元视角

史学观是史学家研究历史的视角，是历史观和方法论的统一，也是史学观点、史学范畴和史学方法等有机集合体。中学历史教学中"一纲四版"的现实已由过去传统单一的阶级斗争史观走向以唯物史观为核心的多元史观，如革命史观、文明史观、整体史观（亦称全球史观）、社会史观、现代化史观、生态史观、计量史观、后现代主义史观、比较史学、心态史学、结构史学等。多元史观不但提高了历史研究的框架性认识，同时也让命题专家在解读和诠释历史主干知识时，能够横看侧看、远看近看、上看下看、内看外看、左看右看，任何一"看"都可以成为高考命题的最佳视点。如第 38 题综合体现了全球史观、第 39 题集中体现了现代化史观和文明史观，12 道选择题都在显性或隐性体现了多重史学观的共存交融或转换。这不仅打开了考生的历史思维空间，进一步活化和拓宽了多元化观察历史的视角，让高考从更宽更广的视角去考查学生观察和解释历史的能力，还让 2013 年试题的亮点和精彩点在以唯物史观为基础的不同史观的多元解读与转换中诞生了。

当然，多元史观也不是"万金油"或"放之四海而皆准"的绝对真理，不可能可以对所有的历史阶段或每一历史事件做出最接近真实的解读。不同的史学史观各有自己的侧重点和重点解释的历史对象，一种史学史观可能可以对某一个特定的历史阶段或某一特定的历史事件得出最合理的诠释，但放在另一历史阶段或另一件历史事件就不一定完全适合，如果强用则只会是削足适履。因此，学生在历史复习过程中就必须在老师的指导下，根据不同历史阶段的特点和不同历史事件的实际使用最恰当的史学观来解读，或者用几种不同的史学观从多角度来诠释同一历史阶段和同一历史事件。做到既"量体裁衣"，又不时"更新款式"，以备高考之需，以应高考之变。如对中国古代史的重农抑商政策的认识，就需要我们在复习时进一步深化认识，理解透彻。重农抑商政策在历朝历代并非平均"给力"，也并非一直都处在"抑"的状态，抑商主要是抑商人，还是抑商业？其实，不同时期，不同的朝代，"抑"的程度不完全一样。中国古代史前期主要抑商业，后期主要抑商人。抑商业又主要是抑私商，而不抑官商；抑商人主要是抑私家商人，而不是抑官家商人。特别是商业税收成为封建朝代的主要赋税来源后，抑私商人的社会地位成了主流，抑制他们社会地位的主要目的不是针对商业而言，而是担心他们对封建政府、官僚和专制王权构成威胁。到了明清时期，抑私商人的社会地位也逐步在淡化，或者商人成了被世人和社会羡慕、歌颂的对象。

再如人类早期文明的两种类型和中西方早期政治制度向两个不同方向发展的原因，就是一个值得考生特别注意的学习主题。

（1）人类早期文明有两种类型

一个国家或地区的文明应包括政治文明、经济文明和精神文明三部分，且这三部分是相互作用的。如果古希腊文明是典型的海洋文明，那么在中国精耕细作农耕经济基础上孕育出来的就是典型的农耕文明或广阔大陆基础上的大陆文明。

其一：大河文明（东方文明）

①区域：北纬20 - 40度大河流域（冲积平原）

②生产方式：以农耕为主——农耕文明

③政治形态：专制主义中央集权制（等级制，法律是专制工具，

君权神授）

④典型：四大文明古国，尤其中国

其二：海洋文明（西方文明）

①区域：地中海（多山，多海岛，平原少而小）

②生产方式：多种形态并存，以商业贸易和殖民掠夺为主（因地少人多，使得古希腊人因为本地的条件无法满足生存而对外扩张）

③政治形态：不易形成专制主义中央集权，而盛行民主政治（平等、"法治"、人民主权）

④典型：古希腊、古罗马

（2）中西方早期政治制度向两个不同方向发展的原因

①不同的发展方向

a. 中国：春秋战国，中国逐步由分裂走向统一，从奴隶社会向封建社会过渡，开始形成专制主义中央集权制度。

b. 西方：希腊是小国寡民、城邦林立，城邦处于奴隶制强盛时期，实行公民民主政治。

②原因（形成这种差异的原因很多，侧重于地理条件分析）

a. 中国：黄河、长江、珠江流域，平原多，易于交流，为形成统一提供了可能性。这一地理环境也为人们长期从事农业活动提供了便利条件。随着生产力的发展，逐渐形成了封建小农经济。由于封建小农经济具有分散性，因此需要国家统一，需要专制主义中央集权制度来维持社会的发展。

b. 希腊：山多、海多、港口多，这一地理环境适宜工商业和航海业的发展，有利于希腊人形成平等、民主、协作的民族精神。这样的地理环境又把希腊人的居住地域分割开来，使希腊逐渐形成小国寡民的特点，建立起一种公民集体、直接参政的民主政治，充分调动了公民的积极性和创造性。

三、视域虽宽却一叶知秋：小细节大历史

一片树叶可以倾倒一个季节，2013 年广东省高考的历史题全部是用历史细节作为试题的导入点，细节取材广泛，备选项灵活多变，以小见大（如：百姓称呼的变化→宗法制、桓谭上书→重农抑商、"堂堂地做个人"→宋明理学中的心学、歌谣→辛亥革命、"左倾"错误具体表现→新民主主义革命、毛泽东讲话→20 世纪 70 年代中国对外关系、资助贫穷公民→雅典民主政治、新艺术资助人→文艺复兴、有人在 1877 年号召民众为当前政体的形式和宪法的完整性而战→法国共和制、宗教人士的评价→近代科技中的达尔文进化论、俄国领导人列宁言论→战时共产主义政策和新经济政策、杜鲁门特别咨文→美苏两极对峙格局的形成等）。这种建立在历史细节基础上的试题，入题角度巧妙新颖，表面上看起来有点难，但实际上是"活而不偏、新而不怪"，如同棍棒吓孩子，高高举起，轻轻落下。让试题在完成评估、测试及选拔的同时，也让学生更多地理解历史纵向发展的因果相承、横向联系的交融共进，"充分体现史学的丰富多彩和博大精深"。

如非选择题的命制自 2010 年广东省采用"3＋综合"高考模式以来，广东题通过历史细节这个精妙的小切口实现了非选择题命制的"一年一个追求，一年一步台阶"，并呈现出了"粤派"非选择题独有的良性运行规律：贯穿古今——关联中外——交融互通——纵深拓展。

1. 贯穿古今。新高考模式的第一年（2010 年），历史的两道非选择题呈现"对联式""双峰并出，各擅其美"等特点，并在命题内容的选择上形成一种"对称美"，这种"对联式"的命题是基于当时试题对历史知识覆盖面的要求。一道是中国史，另一道是世界史；两道大题都是通过历史细节中的一人一事一物或一个历史话题来实现中外历史的"贯通古今"。第 38 题以"新社会群体"产生这一历史细节为

话题和主线，把"市民""留学生""工人""农民工"等在不同历史时期出现新社会群体的历史现象组合在一起，牵一发而动全身，把中国古代史、中国近现代史以及不同时期的经济史、政治史、文化史都非常自然和巧妙地"牵"了出来。第 39 题以"关税"这一历史细节为主题和主线，把 17、18 世纪的英国和 1820—1985 年英美之间的经济贸易连接起来，以小见大，并通过这种贯通古今的方式，把大量分散的、相对孤立的英美史实和一些概念（如关税）纳入完整的国际关系史和经济史之中，变成主干分明，脉络清晰的历史。

2. 关联中外。2011 年，广东省历史主观题命题继续通过历史细节这个小切口进一步探新，关联中外成了当年主观题命题的最主要的追求。以历史细节中的话题"中外多重史观""中外计划经济"为核心，用同一个历史话题带几件历史大事来实现中外关联。第 38 题要求考生根据材料结合所学知识分析不同时期、不同地区历史编纂的特点和内容来探究历史的本源问题，并以"时代不同，对同一历史内容的看法也会发生变化"为试题的灵魂，巧妙实现关联中外。第 39 题是一道虚拟的研究性学习案例，以"中国计划经济的形成和变革"这一历史细节为研究主题，在关联中外中理解历史发展的整体性和复杂性。

3. 交融互通。2012 年的非选择题命题在立足历史话题的基础上，用某一历史事件、历史人物、历史现象、历史概念与内涵等在不同历史时期或发生的不同原因和不同评价这些历史细节来实现贯穿古今和关联中外的交融互通，命题开始向综合化方向发展，实现了主观题命题上的新突破。第 38 题通过历史细节芸芸众生日常生活的变化，要求考生在历史细节的"以小见大"视角中，分别探究 16 和 17 世纪的欧洲、19 世纪的中国、21 世纪的美国等不同时期普通民众的吃穿、住、行、用的变化，来探究较长历史时段的社会变迁，从而在贯穿古今中实现关联中外，或在关联中外中实现贯穿古今。第 39 题亦是如此，从概念变化这一历史细节入手，引导考生透过"科学""民主""经济""中学""粉丝"等词语概念与内涵的变化来理解和诠释造成这些概念变化的历史大背景。在贯穿古今与关联中外的相互交融中，不但从历史细节的视角整合历史主干知识，而且还引导考生自觉在生活中发现历史与思考现实。

4. 纵深拓展。2013 年的历史非选择题基本延续了 2012 年的风格和特点，在贯穿古今和关联中外的交融互通中向纵深拓展，这一点，在第 38 题表现得非常明显。不同的是 2013 年两道主观题命题模式选择与风格不完全一致，一道专情于"承古"，另一道热衷于"萌新"。第 38 题重在"承古"，在 2012 年交融互通的基础上以欧洲在世界贸易中的地位变化这一历史细节为切入点，从时间上考查了 13 世纪、14 世纪、16 世纪、18 世纪、19 世纪、二战后等五个时期，从地域上涉及欧洲和中国，从内容上考查了新航路开辟、早期殖民扩张、资产阶级革命、工业革命、经济全球化、世贸组织等主干知识，既有对史实的记忆与重现，也有深入的、多角度的、全方位的、纵横联系的历史大背景的分析。第 39 题重在"萌新"，以不同时期对洋务运动的认识与评价变化这一历史细节入题，重点考查 19 世纪、20 世纪 70 和 80 年代的宏大历史背景，特别是当时的政治经济变化，既是 2009 年全国文综"邓实"题在广东的"安家落户"，也是下一年的"试水题"，表明命题向纵深方向拓展。如果不出意外的话，这道题应该会入选 2014 年广东省文综考纲中的"题型示例"。2013 年出的是历史事件评价变化背后的大历史，下一年有可能就是某个历史人物评价变化背后的大历史了。估计这也是今后几年广东省高考非选择题命题的主要形式和首要选择。

由于千奇百怪且丰富多彩的历史细节为高考选择题提供了取之不尽用之不竭的命题视角，如日常生活、底层人物、突发事件、精神疾病等微观层面的历史细节，高考命题着眼点已从决定历史发展的精英转移到老百姓，从政治军事等重大历史题材的社会主线细化到艺术、犯罪、医学、宗教、政治、商业以及日常生活等历史细节的涓涓细流。因此，我们估计广东省2013年以及今后一段时期的命题，都会通过一个或多个历史细节来考查历史的主干知识。

当然，2013年的广东题沉稳有余，个性与活泼略显不足。在全国范围内普遍流行能力立意的时候，下一年的广东试题能不能率先走出能力立意的窠臼，追求更为全面和核心的知识奠基、素养立意、能力分层，让每一道试题在主干知识中立足于情感态度价值观，立足于素养育人，让考生在考试中即使做不出来或做错了，也能受到正确价值观的导引，让灵魂跟上应试的步伐，同步到达理想的彼岸。

（原文刊载于《中学历史教学园地》网站之《名师评高考》栏目，选文有改动）

平和中有变化　成熟中有规律

——2014 年高考广东省文综历史题评价与启示

2014 年广东文综历史题"粤派"特色明显，既有浓厚的历史气息，也有强烈的现实认同感，平凡、平实、平和之中不但没有了天真与稚嫩、梦幻与青涩，而且在理智、稳重、现实的追求中体现出了自己成熟的命题规律。

一、于复杂处厘出规律：历史细节成为考查主干知识的切入点

2014 年广东省高考的历史选择题全部是用历史细节作为试题的导入点，细节取材广泛，备选项灵活多变，以小见大，善于从历史碎片中拼接出大时代和大历史。2014 年这种建立在历史细节基础上的选择题，构思巧妙新颖、活而不偏、新而不怪、平凡中蕴新意。历史细节成为考查主干知识的最佳切入点，这是 2014 年试题最大的特色，也是试题走向成熟的最大亮点。

本次高考历史试题共有 14 道，每道题仍与去年一样，都是中学历史教学中的主干知识。第 12 题就是典型的历史细节题，它所考的主干知识是宗法制。第 13 题"唐代某诏令批评当时存在'恣行吞并，莫惧章程'和'口分永业（国家授予的田地），违法买卖'的现象"也是历史细节题，它所考的主干知识是均田制。第 14 题"他们充当皇帝

私人顾问，其权力来自于与皇帝的私人关系"还是历史细节题，所考的主干知识是明朝内阁大学士。第17题是引用毛泽东在中共七大上的一段讲话这一历史细节来引出历史主干知识——新民主主义革命过程与策略。第18题是用"在二战后非殖民化的浪潮中，亚非拉地区出现了一批新兴的民族国家"这一细节性的历史背景来考查新中国外交方针这一主干知识的。第19题是用"公元6世纪东罗马帝国皇帝钦定的法学教科书中"一段话这一历史细节来考主干知识罗马法的。第20题是用"生产活动中的动力来源从动植物向矿物的转变"这一历史细节来考蒸汽机发明和工业革命主干知识的。第21题是用"某国文字发行的份数，不仅可以相当准确地判断该国工人运动的状况，而且可以相当准确地判断该国大工业发展的程度"这一历史细节来实现对《共产党宣言》这一主干知识的考查的。第22题是用"1895年，一位中国外交官对当时四个欧美国家的政体分别作了如下评述"这一历史细节来考查德国民主制特点的。第23题是用"用新型的金本位来达到贸易自由化，把国际金融的大权集中到华盛顿"这一目的性的历史细节来考查布雷顿森林体系这一主干知识的。第38题通过《盛世危言》中的一段材料"民国河北《元氏县志》""电影《我们热爱的家园》""漫画美国最新式战车"等历史细节来考查"中国古代小农经济""中国近代经济结构的变化与特点""对马歇尔计划的不同认识与评价""美苏对峙格局"等主干知识。第39题通过"18世纪外国学者孔多塞的分期法""西方学者把两次世界大战之间称为焦虑的时代""有学者把改革开放分为两个时期的两种分法"等历史细节来考查"新航路开辟的影响""一战后世界经济的繁荣与发展""大危机""罗斯福新政""各国应对经济危机的措施""绥靖政策""两大战争策源地的形成""凡尔赛——华盛顿体系的形成""斯大林模式""中国的改革开放"等主干知识。

二、于多维处探明方向："双峰并出"是考查主干知识的一对"风火轮"

广东题自 2010 年采用"3＋综合"高考模式以来，其试题的命制都是以某一个历史主题为核心，找一个或多个精妙的历史细节作为试题的小切口。2014 年的广东题仍是如此，即在主干知识的基础上，让主题主宰试题，双翼齐飞，双峰并出。其中一翼是主题视角下主干知识的归类与综合，另一翼是多重史观下对主干知识的"横岭侧峰"与多元视角，双峰并出成为 2014 考查主干知识的主要方式。

第一，主干知识的归类与综合。主干知识的归类与综合是利用历史现象之间的关联性，将历史现象置于某一知识系统中，并对其进行综合性的、多层次和多视角的考察，是区分考生思维的深刻性、灵活性和创新性等思维品质的主要手段之一。同时它也是一种系统性思维，要求考生不仅要看到个别的历史现象，更要关注全局与整体，以及历史现象之间的有机联系。它往往以时间为经、空间为纬，将政治经济和文化因素相融合、内部和外部因素连接、历史和现实相贯通，构成一个相对完整的主题知识系统，从而对具体历史现象形成正确认知。而建立在主题基础上的主干知识归类与综合是本次高考试题的灵魂与主线。2014 年高考试题大部分是学科主题（除此以外还有单元主题、模块主题、学习主题等）式命题，具体表现为从现成的主干知识中归纳出主题，或把分散在教材不同章节的内容按照某个主题（如黄牧航教授分析的 10 个主题：制度创新、社会改革、民主共和、理性爱国、生态文明、社会保障、民族团结、和平与发展、建立有效政府、建立以追求公平和效率为目的的社会主义市场经济）重新梳理，进行再组合，赋予这些主题新的现实意义和社会意义。如第 13 题通过封建社会土地制度这个主题把井田制、均田制、分封制、市的发展这些主干知识整合在一起。第14题以"权力来自于与皇帝的私人关系"为主题，把秦朝御史大夫、汉朝丞相、唐朝六部尚书、明朝内阁大学士等相关史实整合在一起。第18题以"外交"为主题，第20题以科技是生产力为主题，第21题以重要文献为主题，第23题以经济全球化为主题。这些知识主题以隐性介入热点（布雷顿森林会议召开70周年、和平共处五项原则提出60周年），以传递正能量的方式借史鉴今，具有深远的现实意义。

第二，主干知识的多元视角。以2014年广东主观材料题为例，在主干知识的归类与综合中实现对主干知识的多元视角，这种多元视角是以历史解释为基础的，而历史解释又具有主观性和选择性，以及相对应的立场、态度、价值取向。所以，不同史实或是同一个史实都有不同的阐释和学术视角，如第38题以"小农经济"和"马歇尔计划"为研究主题，进一步考查学生对同一史实或不同史料的不同反映，以及探究历史史料的适用性及局限性的能力。第39题，通过不同国家、不同时期的社会转型这一主题知识来进一步考查学生从不同的角度概述、标识或划分历史发展阶段的能力，不仅要理解其表层含义和显性特征，还要从宏观大历史中去探究分析历史现象背后所隐含的复杂性和本质特征。让"主题视角下主干知识的归类与综合"与"多重史观下对主干知识的横岭侧峰与多元视角"两种方式不再各自为战或各领风骚，而是巧妙地糅在一起，交融共进，共同成为2014年广东省高考历史试题最靓丽的一道风景。

三、于盲点处发现变化：答题问数与答题留白趋向合理适宜

一套试卷是否成熟，不仅仅在于前面所述的几个方面，同样还包括容易被一线老师忽视的答题问数的多少和答题留白的空间大小，这是被忽视多年的复习盲点和训练盲区。其实，稳定、恰当、合适的问

数与留白同样是命题走向成熟的标志，对考生应试同样重要，它如同农民的收割季节，收割机的先进与否也是决定能否"颗粒归仓"的因素之一。在这一点上，广东省历史题对答题卷的关注与合理设计已走在全国的前列，值得肯定和学习。

第一，设问减少到6问。自从2010年高考采用"三＋综合"模式以来，两道主观题2010年共7问（38题4问，39题3问），2011年共8问（38，39题各4问），2012年共7问（38题3问，39题4问），2013年共7问（38题3问，39题4问），前几年答题设问似乎有点过细过碎，不利于整体考查学生的能力。而2014年的设问却在不经意中悄然变化，由原来的7或8问减少到6问，但总分并没有减少，答题卷预留的空间也与去年一样都是24行，说明留给考生思考的时间也就更多了，宏观的历史思维层次要求更高了。不但体现了高考命题的思维追求与人文关怀，更重要的是给了我们两个方面的信息：一是如果高考还处在问答题时代，两道主观题六问应该是一个比较成熟理性的选择，既适合考生要求，也有利于高校选才；二是估计未来主观题设问将会进一步减少，留给考生的思考时间将会更多，也许在不远的未来高考试题就会出现小论文题。

第二，答题留白稳定在24行。2011年，广东高考文综历史答题空间设计偏紧偏少，考生无法在正常范围内答写完自己认为重要的答案，普遍反映答题空间预留窄少。没适当的地方答题，考生水平再高，也或多或少会受到影响。从2012年开始，这种情况得到了有效的重视和改善，当年政治、历史、地理（由于地理学科的特殊性，非选择题答题所需要的空间不多，写字量也不是太大）三科特别是前两科的答题空间设计比较合理，符合考生答题的基本要求，政治和历史两个学科的答题空间已基本接近，政治两道非选择题答题预留空间是27行，历史两道非选择题答题预留空间是24行；2013年，政治历史皆是24

行；2014 年的政治历史答题留白也是稳定在 24 行。这说明广东文综政治历史答题留白已十分成熟稳定，估计 2014 以后一段时间都会如此。同样的预留空间、基本相同的答题字数让 2014 年的考生反映良好，希望今后高考答题空间的设计与预留仍延续 2014 年的恰当与平等。

第三，适宜问数与留白的启示。一是平时在复习或练习主观题时要按照高考的要求进行，多选一些每题是三问且有一定思维难度的练习题，有机会还可适当训练小论文题。二是政治历史拥有同等的答题留白，两科基本上都是同等的写字量，24 行的留白空间可写 700 到 900 字。三是科学合理地分配好三科答题时间。

当然，作为一个刚刚成熟的"美女"，整套试题还有极个别地方需要"整容"。如学术研究味太浓、"翻版"过多、史观考察过重、个别选择题备选项与材料之间欠缺严密的逻辑、原因类试题不见踪影、"焦虑时代"无视考试大纲走得太远、覆盖面不广（也有可能是重要的信息：高考命题不再追求覆盖面）、分布不均匀等，整套试题打磨还可以更精细些，在准确把握公平性中，不要完全回避广东本土但又是影响整个中国历史发展的地方史，不要忽视了身边的美丽风景。当然，作为一线历史教师，我们最想说的建议是：在全国范围内普遍流行能力立意的时候，下一年的试题应加大力度在追求能力立意的基础上，追求更为全面和核心的知识奠基、素养立意、能力分层。历史学科的考试内容与过程本身就是求真和证实的过程，这种求真过程最终是为考生的人生观价值观服务的。要让每一道试题在主干知识中立足于情感态度价值观，立足于素养育人，让考生在考试中即使做不出来或做错了也能受到正确价值观的导引，充分发挥历史学科的教化功能，不能单纯为考能力而能力。因为能力有大小强弱之分，可以通过考生做试题的对错区分开来，而一个人的品德、素质和情商并不完全与能力成正比，能力强的学生素养不一定就比能力弱的高，情商与素养是任何人都可以追求的极致。把"情感态度与价值观"作为试题的立意，融入试题当中去，做到既立意高远又落点较低，使考试成为对学生在情感态度与价值观方面再教育的过程。总之，2014 年的高考试题是一套既了解高校需求，又能理解考生难处，还能分担考生忧愁，对中学历史教学很有启发意义和导向性的成熟试题。

（原文刊载于《中学历史教学园地》2014 年第 7 期，选文有改动）

以鲜明的粤派特色走向"国家队"

——评 2015 年高考广东文科综合历史题

2015 年广东文综历史试题具有鲜明的粤派特色：主干主打天下、主题主宰试题，立论立足史料、立意立于养育。在继续坚持能力立意的同时，开始触及和追求"素养立意"，引领中学历史教学新方向，在"平稳、平实、平和"的低调与自信中走向"国家队"。

一、主干主打天下

2015 年广东高考历史题继续坚持"依纲不靠本（纲是指考试大纲，本是指教材课本）、主干主打天下"，高考只考历史主干知识已从过去的自发走向了自觉、从自在走向了自为、从情绪走向了理智、从偶然走向了必然。

2015 年的历史试题共有 14 道，每道题都是中学历史教学中的主干知识。如第 12 题的文字与书法的发展：小篆、隶书、行书、草书。第 13 题的专制主义中央集权。第 14 题的小农经济生产方式。第 15 题的国民革命。第 16 题的家庭联产承包责任制的源头。第 17 题的"一边倒"外交政策的影响。第 18 题的希腊打破贵族对法律的垄断。第 19 题殖民掠夺的不利影响。第 20 题的《大抗议书》、《权利法案》、1787 年宪法、《人权宣言》。第 21 题的浪漫主义、现代主义、现实主义、古典主义。第22题的苏俄的经济政策。第23题的布雷顿森林体系等。

第38题第1问涉及的主干知识先后有人文主义、资本主义萌芽、工场手工业发展、实行重商主义政策、世界市场雏形出现、世界日益联系为一个整体、早期资产阶级革命爆发、建立资产阶级代议制、资产阶级的思想解放运动、文艺复兴、宗教改革、人文主义发展、近代科学兴起、新航路开辟和殖民扩张、黑奴贸易、文明交汇等。第2问涉及的主干知识先后有儒家学派、资本主义萌芽发展缓慢、自然经济占主体、重农抑商政策、农耕文明高度繁荣、君主专制空前加强、明清八股取士、文字狱、推行文化专制、古代科技进入总结阶段但没有发展为近代科技、海禁、闭关锁国等。第3问涉及的主干知识先后有甲午中日战争、民族资本主义初步发展、民族资产阶级登上政治舞台、列强发动甲午中日战争、八国联军侵华战争、中国面临瓜分危险、民族危机空前严重、清末"新政"、"预备立宪"加速覆亡、戊戌变法、辛亥革命、1912年中华民国建立、维新思潮、君主立宪思想、革命派孙黄、革命思潮、民主共和思想、断发易服、维新派人士发起女权运动——废止缠足、婚姻自由、社交礼仪和称呼改变、近代教育发展、中国进一步卷入资本主义世界市场、列强加紧瓜分中国、资本输出、民族资本主义出现短暂春天、辛亥革命推翻帝制、中华民国成立、颁布《中华民国临时约法》、袁世凯窃位、尊孔复古、复辟帝制、孙中山掀起维护共和民主的斗争、孙中山提出三民主义、民主共和思想成历史主流、新文化运动兴起、婚姻自主等。

第39题第1问涉及的主干知识先后有两次工业革命推动生产力发展、全球范围的海外殖民扩张、资本主义世界市场逐渐形成、推行自由主义经济政策、掀起资产阶级革命和改革的高潮、资本主义制度确立、社会日益分裂成两大对立阶级、资本主义制度缺陷暴露、工人运动兴起、西欧列强进入帝国主义阶段、资本输出和瓜分世界等。第2问涉及的主干知识先后有二战后资本主义国家经济调整、国家垄断资本主义发展、加强干预经济、第三产业兴起、资本主义经济进入黄金时期、战后资本主义世界经济体系的形成、体系化与制度化、布雷顿森林体系、国际货币基金组织、世界银行、《关贸总协定》、苏联的斯大林模式走向僵化、赫鲁晓夫改革、资本主义福利国家制度发展、第三次科技革命、美国 1946 年第一台电子计算机、美国 1969 年互联网核能技术、现代主义文学艺术进一步发展、美苏两极对峙格局、雅尔塔体系奠定战后格局、美国独霸资本主义、美苏冷战两极对峙格局形成造成战争危险与平衡并存等。第3问涉及的主干知识先后有改革开放、中国特色中国社会主义建设新局面的开创、改革高度集中的计划经济体制、变单一公有制经济为以公有制为主体多种经济成分并存、十一届三中全会召开、全面乱拨反正、健全社会主义民主和法制、恢复三大民主制度、恢复双百方针、1977 年恢复高考、1983 年教育"三个面向"方针、邓小平理论的指导、1971 年中国恢复联合国的合法席位、1972 年中美中日关系正常化、独立自主不结盟的和平外交政策、全面发展与欧非美以及邻国的友好关系等。

2015 年高考，继续青睐"主干知识"给我们四个方面的启示：一是高考命题所依托的"主干知识"既不是学生手中拥有的哪个版本的教材，也不是他们手中的复习资料，它只能是每年的高考历史考试大纲，即 28 个一级知识点和 90 个二级知识点；二是教科书本身的多版本化决定了教科书在命题专家眼里只是众多"文本"之一，而不再是唯一的"蓝本"或高考命题的"法定文化"，任何一种教材都无法成为高考命题的"范本"；三是四大版本教材共同表述的显性或隐性的史实、史学观点、史学方法等容易成为高考命题点；四是四大版本都没有出现过的，又是考试大纲所要求的史实材料、史学理论和史学方法更容易成为高考命题的"重头戏"。

二、主题主宰试题

主题是试题命制的灵魂与主线，是设计试题的基本依据和根本意图。主干知识中的主题式命题可分为单元主题、模块主题、学科主题、学习主题等。2015年高考历史题仍然是主题主宰了全部试题，其中的学科主题式命题独占鳌头，具体体现为对历史主干知识的归类、综合和多元视角。

第一，主题视角下对主干知识的归类与综合。即从现成的主干知识中归纳出主题，或把分散在教材不同章节的内容按照某个主题重新梳理，进行再组合，以赋予这些主题新的现实意义和社会意义。如第12题是汉字书法主题，第13题是专制主义中央集权主题，第14题是小农经济主题，第15题是时空观念主题，第16题是新中国农村经济主题，第17题是新中国外交历程主题，第18题是罗马法制主题，第19题是新航路影响主题，第20题是外国宪法主题，第21题是文学流派主题，第22题是苏联经济制度主题，第23题是经济全球化主题，第38题是中外教育主题，第39题是现代化史观主题。2015年的这些主题大多是以显性或隐性方式介入，借史鉴今，传递正能量，具有深远的现实意义。

第二，多重史观下对主干知识的多元视角。宏观分析2015年广东省高考历史试题，我们可以看出：当代史学研究的新成果，都在一定程度上反映到了历史高考试题中，新史学观为命题专家和学生提供了新的视角，同一历史阶段或同一历史事件可以用不同的史学观进行多维度诠释。多重史学观的共存交融或转换，不仅打开了考生的历史思维空间，进一步活化和拓宽了多元化观察历史的视角，让高考从更宽更广的视角去考查学生观察和解释历史的能力，还让2015年试题的亮点和精彩点在不同史观的多元解读与转换中诞生了。如第 13 题在中国古代专制主义中央集权普遍加强的主流观点下，也有主张加强相权牵制皇权的特例；第 14 题男耕女织是中国封建社会小农经济的主要形式，也是小农经济的特殊现象；第 38 题综合体现了文明史观和全球史观；第 39 题集中运用和体现了现代化史观。

当然，不同的史学史观各有自己的侧重点和重点解释的历史对象，一种史学史观对某一个特定的历史阶段或某一特定的历史事件可以得出最合理的诠释，但放在另一历史阶段或另一件历史事件中就不一定完全适合。2015 年的试题就能根据不同历史阶段的特点和不同历史事件的客观要求，选用比较恰当的史学观进行解读，或者用几种不同的史学观从多角度来诠释同一历史阶段和同一历史事件，基本做到了"量体裁衣"。

三、立论立足史料

2015 年的广东历史题，继续考查学生对史料的理解和分析能力。第 12 题依据史料"（官员）奏事繁多，篆字难成，即令隶人佐书"，隶书去繁就简，字形变圆为方，笔画改曲为直，更便于书写。第 13 题依据史料中"事不出中书，是为乱政"，用中书省来牵制皇帝，即加强相权。第 14 题史载：明代江南昆山县的农家，"麻缕机织之事，则男子素习焉，妇人或不如也"，但乡村妇女"凡耕耘、刈获、桔槔之事，与男子共其劳"。农业与家庭手工业相结合是小农经济生产方式最突出的特征，但耕织结合不一定非得男耕女织，男织女耕亦可。第 15 题史料是用毛泽东连续三个"请看事实""广东共产""勾连俄国丧权辱国""广州政府"等，并以此来判断其发生在国民革命时期。第 16 题史料"父子队""兄弟队"式家庭作业成了家庭联产承包责任制的起源。第 17 题史料是表格材料：新中国成立初期，美国敌视孤立中国，中国选择"一边倒"的外交政策，当然导致"中苏之间的贸易不断增加，中美贸易急剧减少"。第18题史料是"以后凡人民会议的所有决定都应具有法律效力"，打破了贵族对法律的垄断。第19题史料是借助学者的观点"黄金和白银的作用只是使两个大陆之间的距离更加遥远了"来评述新航路开辟的消极影响。第20题通过史料"这份文献在当时是极其进步的，对西方君主制和共和制都适用"，充分肯定了《人权宣言》是法国大革命期间资产阶级革命的重要成果，揭示了天赋人权、自由平等的原则，对西方君主制和共和制都适用。第21题通过史料"我赋予古老文字以赤色，不再有元老！不再有平民！我在墨水瓶里掀起风暴"来对应认识浪漫主义。第23题通过"在自家的院子里有印钞机是一件愉快的事情，而黄金兑换标准给了我们这个特权"这一文学性的史料评述来考查学生对《布雷顿森林协定》熟悉程度和运用能力。第38题通过古今中外"课程变化"的史料来反映时代的变迁和教育的重要性。第39题通过中外研究"现代化史观"的变化来研究传统社会向现代社会的转变。

全卷共14道题，除第22题外，其余试题均以材料的形式呈现史料。每题的立论均立足于史料，综而述之，有六个方面的特点：一是材料短小精悍、言简意赅，全卷总字数不到2100字，其中选择题1200多字，非选择题800多字，是广东省自主命题以来阅读量最少的一年；二是史料来源丰富多彩，既有占主体地位的史籍文献，也有专家学者的评价与观点、小说等非正统史料，不过，相较往年来说，2015年的正宗史料几乎一统天下，体现了命题人员追求史料的科学性和真实性；三是大小史料基本源自"名门正派"，具有无可争议的真实性，"真"是高考试题史料的"生命底线"，史料因真实而崇高；四是本次试题所选用的史料不但真实可靠，而且鲜活感人、生动典型，具有穿透力；五是史料叙述的语言也客观、理性、准确、到位，既没有因命题人的个人好恶或试题需要做神话般的夸大描述，也没有一贬到底，走极端化道路；六是表格材料在 2015 年继续"痴心不改"，自 2010 年以来的六年高考，除 2012 年没有用表格材料外，其余五年共用表格材料 10 段，最多是 2013 年用了 3 段，2015 年表格材料又用了 2 段。这进一步发挥了表格材料简单明了、清晰度高的优势，完全没有诗书画印刷不清晰之忧，而且通俗易懂，有效克服了"文言"与"西式语言"的阅读障碍或晦涩难懂，考生不会因为看不懂材料而无从下笔，更能保障高考的公平性。这也是高考试题在另一个层面的人文养育与人文关怀。

四、立意立于养育

养育学生人生，为学生终身发展服务，是中学历史教育的终极目的。同样，作为选拔人才的高考历史试题，除了完成选拔任务以外，还有一个更为重要的功能就是让考试成为学生享受再教育的过程。因此，素养立意将会是未来高考试题的灵魂与最高追求，即每一道试题在考查主干知识中立足于情感态度价值观，立足于素养育人。让考生在考试中即使做不出来或做错了也能受到正确价值观的导引，充分发挥历史学科的教化功能。不能单纯为考能力而考能力，因为能力有大小强弱之分，考生可以通过做试题的对错区分开来，而一个人的品德、素养和情商高低并不完全与能力大小成正比，能力强的学生素养不一定就比能力弱的高，情商与素养是任何人都可以追求的极致。如果把"情感态度与价值观"作为试题的立意，融入试题当中，既能立意高远，又能让灵魂跟上应试的步伐，同步到达理想的地方。我们应牢记：无论是学习知识，还是考试升学，缺乏价值引领的选择，任何机会都有可能变成陷阱与危害。

在这一点上，2015 年广东历史题已开始启动由能力立意向素养立意的转向，立意立足于养育学生人生，即由全国普遍流行的"知识奠基、能力立意"开始走向更为全面和核心的"知识奠基、素养立意、能力分层"的追求。这也是2015年高考试题最为靓丽动人的地方。

（1）素养立意端倪于试题内容。在2015年试题内容中，素养立意已露"尖尖角"。既有由热爱祖国、热爱中华民族而升华的自豪感、责任感和人生理想，也有以人为本的人文主义精神和真善美的人生境界、积极进取的人生态度和健全人格、求真求实的科学精神与态度。既有基于学科内容的时空与实证、发展与多元、宽容与理解、阐释与评判、妥协与认同等关键内核，也有基于试题外在的表现形式与结构。

如选择题第15题，从毛泽东的主张入题，通过国民革命时期来考查学生的时空观念。其立意就是告诉考生：任何历史事物都是在特定的、具体的历史时间与地理条件下发生的，只有将史事置于历史进程的时空框架当中，才能显示出它们存在的意义。培养正确的时空观念，即培养学生在未来处理事情时，按照事件的时间顺序和空间因素，建构起人、事、物和现象之间的相互关联性及因果关系，能正确理解事物的变迁、延续、发展、进步等意义的能力。

又如选择题第12，13，14，16，17，21，23题，非选择题第39题，这些都是典型的历史实证题，强调论从史出、证由史来。考生通过做这些题，得到了三方面的收获：一是论证过程注重逻辑推理；二是论证过程必须严密，结论必须是建立在真实客观的史实基础上的，只有史料史实真实了，结论才可靠；三是形成自觉的实证意识，学会如何搜集、选择和使用各种信息，养成在浩如烟海的资料中发现线索和有效信息的习惯。考生不仅要善于搜集信息，还要善于判明它的可信度和使用价值，形成较高水平的实证意识，建构属于自己的价值叙述和情感态度。

再如选择题第19，20，22题，非选择题第38题都是立足于历史是不断发展和多元的，其意就是告知学生：未来的人生和所处的社会，与我们学过的历史一样存在着各种各样的有机关联，多样性、复杂性、具体性、特殊性、内外联系、纵横联系、古今联系和中外联系等都是不可改变的常态。考生要学会从整体上关注、把握和解释事物发展的多样性和普遍联系，绝不能用单一的、独立的、分散的观点看待事物的联系与发展。不但要"学会宽容与理解，客观阐释与评判，善于妥协与认同"，还要将历史放置在特定的历史条件下进行具体考察与阐释，设身处地理解其必然性和偶然性，不能用现代人的价值观苛求于古人，形成包容、尊重、开放、认同的家国情怀和国际视野。

（2）素养立意已显露于试题外形。2015 年的历史题从外在形式上也体现出了浓浓的人文关怀与对考生的理解。如命题着眼于热点、问答数目减少、科学设计答题空间等。

第一，非选择题设问持续减少。大家都知道，非选择题设问越少，对考生的综合能力要求就越高。从 2010 年实行新高考模式以来，广东省两道非选择题由最多时的 8 问减少到了 6 问，个中的小问也由 2010 年的 12 问减少到了 2015 年的 9 问，克服了过去那种设问"婆婆妈妈"的琐碎毛病，让考生有了更多的思考时间，让考生的答案更有针对性，更能展现自己的能力。

第二，答题空间稳中微变。稳定、恰当、合适的答题留白是命题走向成熟的标志，也是对考生应试的人文关怀。2015 年整个文综答题空间是两大张四个版面，其中第一大张内容有考生基本信息和选择题涂填答案，剩余的双版面被命题者设计成 28 行政治学科答题空间，其中第 36 题两问 15 行，第 37 题三问 13 行。第二大张答题卡 A 面是历史学科主观题的答题空间，共有 24 行。其中第 38 题共 11 行，第 1 问 2 行，第 2 问 3 行，第 3 问 6 行；第 39 题共 13 问，第 1 问 4 行，第 2 问 5 行，第 3 问 4 行。B 面全部给了地理学科主观题，共 17 行，其中第40题五问8行，第41题五问9行。从三科答题空间的设计来看，基本延续了去年的做法与追求。政治、历史学科前两年的答题空间都是同等的24行，而2015年有一点小变化，政治学科增加了4行，达到28行，历史学科依然稳定在24行。如此一来，2015年考生考历史学科所要答写字数略少于政治学科，这就要求考生在进行三科时间分配时应稍有偏重与减少，政治学科答写非选择题的时间相对要多一些，历史学科和地理学科答写非选择题时间相对要压缩一些，考试中学生一定要依据这个变化调整应考策略。学生在答写历史时要尽可能让自己由多写得分的"机关枪手"转向为枪神"狙击手"，枪枪中靶，颗颗十环，不写无关或模糊语言，追求答题的精准化。从考后反馈的情况来看，答题空间在稳定中的微变，没有对考生造成心理冲击，或产生不适感，没有影响考生正常水平的发挥。

第三，试题着眼于考生比较熟悉的热点现实问题，消除了考生陌生感或恐惧感。2015年高考广东历史题以长效热点为核心，通过时政热点巧妙介入，具体体现在四个方面：一是历史问题的现实思考，即对现实与社会影响较大的历史事件、历史现象的思考研究；二是现实问题的历史分析，用历史的视角分析社会现象，看待现实问题，明确自身的责任；三是体现国家意志又被老百姓普遍关注的大事和热点；四是带有战略性的、事关人类社会未来的新价值观。前两点主要是基于长效热点，后两点主要是基于时政热点。2015年高考涉及的长效热点主要有历史上的民本和民生问题、改革开放问题、和平发展问题、和谐社会问题、民主法制建设问题、国际关系中的大国崛起问题、中外历史上的政治民主化和法制化进程问题、经济危机与全球化问题、近代化（现代化）问题、区域经济建设问题、制度创新问题、社会改革问题、民主共和问题、理性爱国问题、生态文明问题、社会保障问题、和平与发展问题等。时政热点主要有周年事件和社会热点问题，周年事件如调整国民经济的八字方针提出 55 周年（16 题）、中苏友好同盟互助条约签订 65 周年（17 题）、布雷顿森林体体系建立 70 周年（23 题）、新文化运动 100 周年（38 题）、布雷顿森林会议召开 70 周年、和平共处五项原则提出 60 周年等；社会热点问题如课程设置、高考模式改革、抗日战争胜利 70 周年与选择题 15 题和 17 题的备选项等等。

　　第四，选择题答案字母设置更体现人文关怀。

年份/题号	2010	2011	2012	2013	2014	2015
12	A	C	D	B	C	B
13	C	D	C	C	B	C
14	D	A	A	D	D	A
15	C	B	D	B	A	B
16	B	A	D	A	B	D
17	D	C	B	B	A	B
18	D	A	C	C	C	C
19	C	B	A	A	D	A
20	A	B	D	C	C	D
21	C	D	A	B	B	A
22	D	D	C	A	D	C
23	B	A	B	D	A	D
统计出现频率	2A2B4C4D	4A3B2C3D	3A2B3C4D	3A4B3C2D	3A3B3C3D	3A3B3C3D

　　统计上述答案字母出现频率，发现一个非常有趣的现象：一是每一年每一个字母答案都不超过四个；二是规律性很强，2010 年是 2A2B4C4D，即 2244 模式，2011 年是 4A3B2C3D，即 4323 模式，2012

年是3A2B3C4D，也是3234模式，2013年，是3A4B3C2D，还是3432模式，2014年是3A3B3C3D，各三个模式，2015年是3A3B3C3D，还是各三个模式。以上答案模式，体现了命题者对考生的人文关怀，个中机缘巧合，不言而喻。

总之，2015年的高考试题是一套既了解高校需求，又能理解考生难处，还能分担考生忧愁，体现人文关怀，对中学历史教学具有启发意义和导向性的成熟试题。当然，试题也还有一些地方需要"微整形"，如学术味太浓、史观考查过重、个别选择题备选项与材料之间欠缺严密的逻辑、覆盖面不广等。在准确把握公平性中不要完全回避是广东本土但又是影响整个中国历史发展的地方史，不要忽视了身边的美丽风景。

（原文刊载于《中学历史教学》2015年第7期，选文有改动）

粤眼首看全国卷 七大规律是方向

——2016年高考全国文综卷Ⅰ历史试题评析与启示

2016年，是广东省恢复文综全国Ⅰ卷的第一年，综合分析与比较其中的历史试题后发现，2016年的历史题在三不变（命题方向不变、命题范围不变、考试题型不变）的前提下，体现出了鲜明的四性（基础性、综合性、开放性、时代性）特点和良好的四度（试题难度、信度、效度、区分度）追求，做到了稳中有变、变中出新、新中能活，体现了命题人员的独具匠心与精雕细琢。整套试题从命题材料的选取不拘一格、来源丰富、形式多样，到文字、图片、目录、公式、表格等材料的交相辉映，各美其美；从命题史观以唯物史观为统率，到其他史观的众彩纷呈，文明史观、全球史观、现代化史观均有自己的一席之地；从命题视角开放多元，视野开阔，思维灵活，到开放试题由官方给问题、解决问题走向了自己找问题、解决问题的创新；从试题立意高远，以史为鉴，到以社会主义核心价值观为灵魂，把史学立意建立在当代社会立意和价值立意需要基础上的经世致用；从试题答案灵活多维，到答案由标准走向参考、一题一解走向一题多解、观点正确走向观点明确、借用复述学者专家观点走向自成一说等等，无不体现着2016年高考历史题的精彩和不一样的追求。考生首考全国卷前的那种恐惧、忐忑、质疑、忧虑等情绪在考后得到了释放。粤眼首看全国卷，可圈可点规律多：试题难度在高位中起动回落、立德树人在养育中行迹不彰、热点问题在时政中切入长效、主干知识在微冷中趋暖回升、选择题型在稳定中走向成熟、答题空间在平等中恰如其分、答案设计在规律中体现关怀。每一条规律无不体现着 2016 年高考历史题的精彩和不一样的追求。

一、试题难度在高位中起动回落

笔者撰文评价高考试题已坚持了近 20 年，第一点就点评试卷的难度还是"大姑娘上轿——头一回"，之所以这样做，是因为 2016 年历史试题的难度变化极有可能是"千年未有之变局"，代表着全国卷的新走向，是高考今后命题的新追求和新趋势。

把握高考试题难度的要求，从理论上来说应该符合三个有利于：一是有利于高校选拔人才；二是有利于中学教学；三是有利于考生的身心健康成长。这三者之间的关系应该是一种"三权分立式"的博弈与相互制衡的关系。但现实中的全国卷 I 历史题在具体操作过程中并非如此，高校选拔人才十分强势，把"有利于中学历史教学"与"有利于考生身心健康成长"挤到了边缘的位置。正是选拔功能的过于强势，让近几年来高考命题对难度的精确把握还有较大的提升空间，试题难度基本上在高位处运行。

值得充分肯定的是，2016 年高考历史试题对难度的精准把握是近几年中比较难得的一次，试题难度在高位中有了回落，在博弈中适度均衡，让考生能心平气和地沉着应考，基本达到了"三个有利于"的目标。具体表现在以下几个方面：一是能力考查与能力标高没有超出高中学生的实际思维水平和认知水平；二是与政治、地理难度基本平衡，受到师生普遍认可；三是学生考时觉得得心应手，情绪良好，"教的基本没考，考的基本没教"的调侃之声出现得不多；四是命题以考查主干知识为主，无繁难偏杂题出现，学生在审题和做题过程中没有陌生感，比较顺手顺意；五是试题所运用的文字、图片、表格各擅其美，进一步压缩了史料的长度，如文言文、西式翻译语言、历史小故事、历史文献的重新转述、现代文献等都没有生涩难懂的阅读障碍；六是试题没有刻意回避长效热点，从历史照亮现实处命题，关注现实，联系实际，体现了现实是历史的延续，历史是现实的思考；七是以教材主干知识为依托，追求"利用新材料、建立新情境、提出新问题、得出新结论"的新情境化命题，让试题既源于教材，而又能够脱离教材、高于教材。

2016 年高考命题对试题难度的精准把握，极有可能成为今后高考命题难度把控的风向标。是什么原因让 2016 年的历史试题难度"飞入"了"寻常百姓家"呢？

第一，难度被限定在合理范围内。国家考试中心主任姜钢在《坚持以立德树人为核心深化高考考试内容改革》一文中明确指出必须"合理控制试卷难度，发挥区分选拔功能等……有效地保证了国家教育考试的科学性、导向性和规范性。"[①] 2016 年的命题人员可以说是在难度"合理控制"上下足了功夫，做足了功课，成功且合理地控制了试题难度。这应该是 2016 年高考试题难度下降的主要原因。

关于试题难度的点评，笔者在此还想多说几个看法和建议。中国经济发展回避的现实。正是基于这种实际情况，高考命题出现了多套全国卷并行的局面，不但有Ⅰ、Ⅱ、Ⅲ卷，还有海南卷。从理论上来说，Ⅰ卷应该难于Ⅱ卷，Ⅱ卷应该难于Ⅲ卷，三卷应该难于海南卷，四套历史试卷难度应该呈依次递减走势。在现有条件和现实情况下，

---

① 姜钢. 坚持以立德树人为核心深化高考考试内容改革 [J]. 中国高等教育杂志, 2015 (12).

要科学地控制好几套试卷试题的难度梯次。事实上，2016 年的Ⅰ、Ⅱ、Ⅲ卷与海南卷，从考生的感觉和各省历史老师的反馈情况来看，四卷在难度上没有多大差别。克服这个困难的最好办法是用两执中，让试题继续难下去已不符合新时代高等教育大众化的新要求，且有损高考公平性的具体落实此路已很难走通；另一条路就是适当降低试题难度，估计这已是今后高考命题难以更改的趋势。真正负责的试题既要为学生成长打下坚实的知识与能力的基础，也要为他们未来发展预留足够的发展空间，不能让一次过难的试题影响考生的一生，抑或是抱憾终生。

二、主干知识在微冷中趋暖回升

考考试大纲所规定的主干知识是保障高考试题公平公正的最佳选择，但直奔主干知识的直接命题，不但不能体现命题者的命题智慧，而且不能有效考查学生的知识、能力及素养水平。前几年的高考历史试题一直坚持考主干知识，但有时为了提高试题的难度，不知不觉就让繁偏怪杂知识点把历史主干知识给"边缘化"了。恰恰是 2016 年的高考试题于穷尽处拓宽了视域，让历史主干知识开始在微冷中趋暖回升，每道试题基本上都找到了一个让人意想不到又在情理之中的角度切入历史主干知识，让考生从命题者选定的视角中分析出宏大的历史趋势、历史真相或历史规律。试题立足主干知识，以阶段特征、时代背景、重大历史问题的影响与评价作为试题的主要内容，突出对主干知识的活学活用，注重考查学生对主干知识的理解与应用以及学生的学科素养与学科思维能力。这不但有助于优化未来中学历史教学内容、减轻学生负担、降低试题难度，同时也是今后高考命题的方向性追求。

2016 年历史试题考的主干知识主要有：第 24 题考儒家思想，第

25 题考汉代经济，第 26 题考宋代政治，第 27 题考明代政治，第 28 题考近代中国经济，第 29 题考甲午战争，第 30 题考抗日战争，第 31 题考新中国外交，第 32 题考罗马法，第 33 题考英国君主立宪制，第 34 题考国际组织，第 35 题考马歇尔计划，第 40 题考清代和近代人口问题，第 41 题考制度构想与政治制度创新，第 45 题考唐太宗的谱牒改革，第 46 题考英国议会质询制度的变化，第 47 题考中美与越南战争，第 48 题考唐代名将唐仙芝的评价等。

2016 年高考试题青睐"主干知识"给中学历史教学带来了六个方面的启示：一是全国卷过去那种偶有对主干知识"不主动、不拒绝、不负责"的三不态度将一去不复返，未来高考命题将是主干知识一统天下；二是高考命题所依托的"主干知识"既不是学生手中拥有的哪个版本的教材，也不是他们手中的复习资料，它只能是每年的高考历史考试大纲，以 2016 年为例，就是考试大纲规定的 28 个一级知识点和 88 个二级知识点；三是教科书本身的多版本化决定了教科书在命题专家眼里只是众多"文本"之一，而不再是唯一的"蓝本"或高考命题的"法定文本"，任何一种教材都无法成为高考命题的"范本"；四是四大版本教材共同表述的显性或隐性的史实、史学观点、史学方法等容易成为高考命题点；五是四大版本都没有出现过的，又是考试大纲所要求的史实材料、史学理论和史学方法更容易成为高考命题的"重头戏"；六是要善于突破思维定式，围绕主干知识多挖掘一些不同的视角和切入点。如 2016 年的第 27 题，这道题所涉及的主干知识在学生的知识逻辑中是，明清时期的专制主义中央集权的总趋势是不断强化的，地方设三司也的确起到了分化地方权力的作用，却没有想到明代专制主义中央集权在强化之中也有特殊情况，即地方设三司由于监察过严，相互制衡过重，长时间里就造成了行政效率低下。为了纠正这一点，才有了把临时派遣的巡抚演变为地方最高长官的做法，目的就是为了纠偏和提高行政效率。试题绕开学生的常规认识，直接击中了学生定势思维的软肋。

三、立德树人在养育中行迹不彰

高考试题一定不能回避社会责任和养育重任，教育部考试中心主任姜钢认为高考试题一个最重要的功能就是"在落实立德树人的根本任务中实现'育德'和'增智'的彼此交融与共同促进，塑造出知行合一、具有社会责任感、创新精神和社会责任感的社会建设者"，"高考不但承载评价和选拔功能，也是拓展、培养和实现立德育人的有效途径和重要的育人方式"。① 前些年高考，"知识立意"与"能力立意"大行其道。从2016年全国文综卷Ⅰ历史题开始，"立德树人"与"素养立意"虽然在养育中行迹不彰，不露痕迹，但试题对于历史教育价值的挖掘与价值观的正确引领却在试题中旗帜鲜明，且有大行其道的架势。的确，历史学科的价值不在教、学、考的法则，而最先必须明确的是考试这门课程究竟有何意义，因何而出发。事实上，高中历史考试的终极目的也是为铸造未来国民基本素养服务的，是为了塑造他们的人格，让他们的精神站立起来的。知识与技能可以产生力量，过程与方法能培养能力，但利用考试试题命制从历史知识中挖掘出的价值观却能决定方向。如果高考历史试题缺乏价值引领的正确选择，任何机会都可能变成陷阱与危害，选拔的人能力越大，破坏性就越大。知识产生力量，良知才是方向，考试最重要的就是帮助考生追求真善美。立德树人与素养立意追求已成为2016年历史试题最鲜明的国家意志与特色。

---

① 姜钢．坚持以立德树人为核心深化高考考试内容改革［J］．中国高等教育杂志，2015（12）．

高考试题与考试不但要承担选拔人才的重任，更要在"培养什么人，怎样培养人"上发挥自己不可替代的作用。2016年高考试题，以社会主义核心价值观实现立德树人，对时空观念、史料实证、历史理解、历史解释、历史价值观等五大核心素养进行了全方位的、隐性的、巧妙的考查，高考试题共14道，道道是价值引领，题题蕴含素养养育，充分体现了命题人员"润物细无声"的智慧。

第24题从儒学思想植根于久远的历史传统入题，隐性弘扬中华民族优秀传统文化。第26题以宋太祖为例，从重史传统影响君主个人行为入题。两题都同时考查了以史料为依据，以历史理解为基础，对历史事物进行理性分析和客观评判的历史解释素养。

第25题以汉代画像砖中的农事图反映大地主田庄上的生产情形为例，直指"史料实证"与"时空观念"两大素养，前者是可信史料基础上的重现历史真实的态度与方法，后者是事物与特定时间及空间的联系在一起的观察与分析。

第27题从巡抚演变为三司之上的地方最高行政长官，提高行政效率入题，强调政治制度创新的重要性，以史为鉴，有利于学生形成正确的历史观。第28题从19世纪中期以后民众生活与世界市场联系日趋密切入题，考查学生对史事意义的情感取向和理性认识的历史理解。

第29题从甲午中日战争爆发前夕，洋务运动的近代化努力收到较大成效入题，第30题从国民党在抗战期间力图维护一党专制入题，同时考查了史料实证素养与历史解释素养。这两题以纪念抗日战争胜利及世界反法西斯战争胜利70周年为基础，让历史照进现实，既让学生正确认识、全面评价洋务运动的地位和作用，亦让学生牢记日本侵华行为，进一步深化和升华"记仇不报仇"的爱国主义教育。

第31题从20世纪60年代调整了与苏联外交政策入题，第34题从新兴独立国家应对不利的国际经济秩序入题，同时考查了历史解释素养。

第32题从正确理解罗马法是近代欧洲大陆国家法律的基础入题，考查历史理解素养。第33题从英国君主立宪制尚未完善入题，巧妙考查了时空观念和历史理解两大素养。两道题共同考查了古代罗马和近代英国的民主法制建设，照应并间接渗透了社会主义依法治国理念，达到润物细无声的教育效果。

第35题从马歇尔计划有利于煤钢联营的建立入题，考查历史理解和历史解释两大素养。

第40题从清代和近代人口问题入手，全面考查学生论证与阐述、探究与评价、整体性思维和发展性思维、多角度思考问题等高层次思维能力，是一道五个素养同时亮相的典型题。

第41题是制度构想题，在往年开放的基础上继续开放，由过去的试题"给问题求论证"上升到由"考生自己找问题并论证"的阶段。自己独立解读信息，自主寻找和发现问题，运用已有知识进行阐释与论证，自我寻找适合的视角，独立提出解决问题的方案或解决路径，一切皆由考生自主完成。在"我的地盘我做主"中，鼓励考生书写有创见性的答案，学科素养考查得更加淋漓尽致。

需要特别提示的是，2016年的高考试题在关注核心素养中几乎都是考查历史解释、历史认识和历史价值观。而要达到这三个素养目标，最核心的解释工具是真实而完整的史实。因为史实是国家认可的或历史学术界公认的一些历史知识、历史结论、历史概念和历史理论及史学方法。它不同于碎片化的史料，具有系统性、完整性和深刻性。学生只有掌握了这一工具，素养养育才会高效达标。这也是2016年核心素养考查留给我们的主要启示之一。

四、选择题型在稳定中走向成熟

全国文综Ⅰ卷历史选择题在 2011 年—2013 年三年里呈现出了小幅度的摇摆与晃荡之后，从 2014 年开始，选择题布局越来越稳定，也越来越成熟。厚古薄今与强中弱西的命题布局将会是今后高考命题的长期追求与规律。具体体现在以下几个方面：

第一，选择题已是"众神归位"。从选择题的宏观结构来分析，12 道选择题知识点的分布已基本稳定了下来，连续三年稳定在"四四四"结构，即中国古代史 4 道，中国近现代史 4 道，世界历史 4 道，形成完整的三足鼎立格局。如果从通史视角来考查选择题的话，古代史是 4 加 1 共 5 道，近代史是 2 加 1 共 3 道，现代史是 2 加 2 共 4 道，也是基本的三足鼎立格局。每道选择题对应的历史时期与阶段或历史内容也已基本确定：第 24 题是先秦题，第 25 题是秦汉隋唐交叉题，第 26 题是宋元题，第 27 题是明清题，第 28 题是近代史前期题（以甲午为界），第 29 题是近代史后期题（至 1919 止），第 30 题是现代史前期题（以 1949 为界），第 31 题是现代史后期题（国史题），第 32 题是希腊罗马交叉题，第 33 题是世界资本主义制度确立题，第 34 题是世界经济发展与苏联交叉题，第 35 题是世界现代经济题。

2011－2016 年全国Ⅰ卷选择题命题分布表

年份＼时期	中古史	中近史	中现史	世古史	世近史	世现史
2011	3	3	2	1	2	1
2012	5	2	3	1	0	1
2013	2	1	2	1	2	4
2014	4	2	2	1	1	2
2015	4	2	2	1	1	2
2016	4	2	2	1	1	2

第二，主干知识轮流坐庄。4道中国古代史选择题分布呈现出这样的规律：一是五选四，先秦命一道，秦汉与三国两晋南北朝隋唐史交叉命一道，五代十国辽宋夏金元命一道，明清命一道；二是同一时期的不同高考年份基本上政治、经济、思想文化中的主干知识轮流坐庄，坐庄方式是一年一轮流或两年一轮流。如第26题是宋元题（偶尔是第25题或第27题），2011年选择题没有考两宋，2012年考了两道，而且全部是思想文化史，即从宋代民间传说入题考京剧等剧种的产生和发展、从王阳明心学主张入题考宋代文化。2013年从宋代"周孔之道"变为"孔孟之道"入题考宋明理学。2014年从宋明理学家继承和发挥孟子的性善论入题继续考宋明理学。2015年从宋代东南沿海经济社会影响力上升入题考宋代经济，从宋明清文化重心南移入题考经济重心南移。2016年第26题以宋太祖为例，说明重史传统影响君主个人行为，开启了考查宋代解决政治问题高超智慧之先河，按照上述规律，预计下一年还可能考宋代解决政治问题的政治智慧。

中国近现代史和世界史的选择题也是这个基本规律，如世界古代史的选择题一般是在第32题，命题主要内容也基本上是在古希腊和古罗马之间交叉进行。2011年是第27题，从苏格拉底强调人的思想自由、重视个性入题，考苏格拉底的人文主义思想。2012年是第34题，从依据《十二铜表法》规定致使原告正当利益没得到法律的保护，说明法律具有形式主义特征入题，考古罗马法制。2013年是第26题，从政治领袖必须具备出色的演说能力入题，考雅典的民主政治。2014年第32题从公民个人自由受到严格限制入题，继续考雅典的民主政治。2015年第32题，从司法公平原则入题，考罗马法制。2016年，仍是第32题，从正确理解罗马法是近代欧洲大陆国家法律的基础入题，继续考罗马法制。第32题所呈现的规律给了我们四个启示：一是本题基本上稳定于考世界古代史，而教材的世界古代史只有雅典与罗马，它呈现出了每年一道的规律；二是这道题的题号已基本稳定在第32题，雅典的民主与思想文化和罗马法制交替出题，经查阅，2016年Ⅱ卷就考了雅典的民主政治，说明希腊和罗马是年年各命一道题，各放一道在Ⅰ卷或Ⅱ卷；三是本道试题有一定的难度，一般是考学生对雅典民主制与罗马法制的专业化理解和深度认识；四是连续两年考罗马的法制，主要应对现实中加强法制建设的长效热点，与2013年和2014年连续两年考雅典的民主政治如出一辙。

第三，选择题类型丰富。2016年全国卷12道选择题涵盖了15种类型（概念型、数据型、比较型、判断型、推理型、程度型、因果型、排序型、情境型、图片型、评价型、组合型、阶段特征型、史学研究型、文化常识型等）中的13种类型，只有排序型和组合型没有在2016年高考中出现。选择题通过这13种形式更大程度地考查了学生运用知识的能力，具体体现在考查考生对历史本质的理解、对主干历史知识（横向来说是重要事件、重要人物、重要制度，纵向来说是时间、地点、个体或群体的人物、过程或内容、评价或意义和影响等5个要素）的运用水平上。考生可以通过常识、时间、空间、概念、史实、逻辑、规律、语法、程度、数据等10种判断方法来解答和选取选择题答案。

28. 19世纪中期以后，中国市场上的洋货日益增多，火柴、洋布等用品"虽穷乡僻壤，求之于市，必有所供"。这种情况表明

A. 中国关税主权开始丧失

B. 商品经济基本取代自然经济

C. 19世纪中期以后民众生活与世界市场联系日趋密切

D. 中国市场由被动开放转为主动开放

如选择题第28题就是典型的阶段特征题。运用时间判断，可知中国关税主权开始丧失是在鸦片战争后，中国市场上的洋货日益增多应

在第二次鸦片战争后，排除 A。运用概念判断可知，近代中国商品经济始终没有取代自然经济，排除 B。运用史实与概念判断可知，19 世纪中期以后，火柴、洋布等洋货是日常生活用品，遍及城乡，C 正确。运用时间判断可知，中国市场主动开放是在 19 世纪末甲午战争中国失败之后清政府自开商埠，排除 D。

第四，备选项的干扰方式多样。2016 年的 12 道选择题 48 个备选项主要是采用知识干扰、概念干扰、阅读干扰、语法干扰、逻辑干扰、理解干扰、程度干扰、转换干扰、思维干扰、视野干扰等 10 种干扰方式来对选择题进行有效干扰的。考生在做题过程中若出现了时空观错乱、想象力过剩、基本常识欠缺、零和二元思维、语文功底薄弱、逻辑思维跑偏、历史概念不清、判断方法单一、学术阅读匮乏、心智不够成熟等 10 种思维欠缺，哪怕只是一两种上述现象，也同样会让你的选择正确率大受影响，正是这种多样化的干扰方式让 2016 年选择题的区分度良好到位。

33．1702 年英国国王威廉三世去世，安妮女王即位。当时议会内部存在两个党派，安妮厌恶占多数席位的辉格党，于是解除了辉格党人的行政要职，代之以托利党人。这说明在当时英国

A．议会无权制约国王　　　　B．君主立宪制尚未完善

C．内阁制已基本确立　　　　D．《权利法案》遭到破坏

如第 33 题，A 项是知识干扰，1689 年《权利法案》确立了议会权力至上的原则，议会有权制约国王，排除 A。B 项是正确答案，即内阁制形成是英国君主立宪制最终确立的关键一环，当时英王仍然拥有独立的行政权，尚未统而不治，内阁只是协作国王处理政务；英王的行政权是逐渐转移到内阁的，统而不治是慢慢形成的。C 项是史实干扰，内阁制是 1721 年才形成的，排除 C。D 项是理解干扰，《权利法案》并没有遭到破坏，排除 D。

五、热点问题在时政中切入长效

2016 年高考文综历史试题非常重视对热点问题的考查，以社会主义核心价值观这个大热点为核心，运用直接或间接、显性或隐性的方式进行考查，以引导考生关注社会、人类、环境、民情，体现学以致用，培养考生的使命感和社会责任感，突显历史学科的价值引领、价值担当、人文情怀与养育功能。历史之所以总是被称为"当代史"，其魅力就在于昨天总是在不断地与今天对话，不断地与现实生活密切关联。从近几年高考全国卷命题的追求来分析，热点又分为时政热点和长效热点，高考命题往往是"从时政热点入手，巧妙介入长效热点"，时政热点成了高考考长效热点的切入点，2016 年在这一点上更加明显和突出，不但增强了考生对历史的洞察力和对现实的使命感，而且有利于立德树人根本目标的高效实现。

2016 年高考试题中所涉及的长效热点，早在姜钢的文章中就有了明确的提示："历史可考查学生的唯物史观，通过古今中外对比，指引学生感悟中华文明的历史价值和现实意义，增强爱国主义情感，认识世界历史发展的总体趋势。""历史科可以从历史和世界的角度，考查我国法律的历史发展变化，以及法律在世界各国的重要作用、意义和影响，通过对比，突显我国社会主义法治的优越性，提升学生对我国宪法的认同感，实现对青少年热爱宪法、保护宪法、自觉遵循宪法的法治教育作用。""考查中国优秀传统文化，不是要简简单单地考查死记硬背的知识，而是要遵循继承、弘扬、创新的发展路径，注重传统文化在现实中的创造性转化和创新性发展，从而实现考试的社会意义和现实目的。"① 那些体现历史发展趋势、紧追时代步伐、把握时代脉搏,具有强盛的生命力和鲜明的现实感召力的历史主干知识,往往是高考命题专家青睐的对象。如社会主义核心价值观、历史上的民本和民生、改革开放问题、"三农"问题、和平发展问题、和谐社会问题、民主法制建设问题、祖国统一与两岸和平发展问题、国际关系中的大国崛起问题、中外历史上的政党问题、中外历史上的政治民主化和法制化进程问题、经济危机与全球化问题、近代化(现代化)问题、区域经济建设问题、制度创新问题、社会改革问题、民主共和问题、理性爱国问题、生态文明问题、社会保障问题、民族团结问题、和平与发展问题、建立有效政府问题、建立以追求公平和效率为目的的社会主义市场经济问题等等。

而时政热点包括两个方面:一是本年度发生的能引起"现实问题的历史思考"的一些重大事件;二是某个重大历史事件在本年度是周年中的"5 或 10",能引起"历史问题的现实思考"。高考命题在创设题目意境和社会背景材料的基础上,强调考查社会热点与主干知识的有机结合,让时政热点在曲径通幽中隐性介入长效热点,其隐性介入的形式有以下六种。

第一,寻古式隐性介入。即历史问题的现实思考,或者是现实问题的历史思考,前者如第 24 题儒家思想的考查,就体现了传承中华优秀传统文化这一现实热点。在 2015 年已经考查的基础上,2016 年进一步强化了学生对中华民族历史传统、文化积淀的认识,增强民族自豪感与自信心,以儒家思想的现实意义应对失落的现代文明——道德滑坡问题。后者如第 40 题"人口问题"就是典型的现实问题的历史

---

① 姜钢.坚持以立德树人为核心深化高考考试内容改革 [J].中国高等教育杂志,2015 (12).

思考，让古今遥相呼应，为当前社会开放二胎、人口老龄化的现实热点提供历史借鉴，具有鲜明的时代性与开放性。又如 2015 年 8 月第 22 届国际历史科学大会在山东济南召开，大会有四大主题，其中主题之首是全球视野下的中国，这是 115 年来国际历史科学大会首次走进亚洲并且在中国举办，对中国史学界具有标志性意义，是个时政大热点。而第 28 题考查中国近代人们的日常生活与世界市场联系日趋密切，既是一道典型的"全球化视野下的中国"题，也是一道典型的"现实热点问题的历史思考"题。除此之外，第 45 题考查唐太宗谱牒改革，也是与当前社会上的"修家谱热潮"遥相呼应。

第二，同质式隐性介入。同质式隐性介入就是一个国家或地区的热点专题通过另一个国家或地区相同性质或近似的历史事件来实现隐性介入，或者在同一套试题中中外历史互相呼应。如第 26、27 题考查了中国古代宋、明时期的政治制度，第 32，33 题考查了古代罗马和近代英国的民主法制建设，这四道题即是中外历史互相呼应的典型题，他们集中考查了政治制度的创新与新时期民主法制建设，以史为鉴，隐性传递和间接渗透依法治国理念。教育无痕，养育无声。

第三，提前式隐性介入。为了给广大考生提供一个公平的竞争环境，高考命题往往会想尽各种办法进行反猜题，把明年或后年的时政热点提前到 2016 年来考，防止大家对当年的时政热点一哄而上。如 2017 年是欧共体成立 50 周年纪念年，下一年的欧洲联合这个时政热点却提前在 2016 年的第 35 题出现，即马歇尔计划有利于煤钢联营的建立，以此来提前纪念下一年度的时政热点，让热点提前发热。

第四，延后式隐性介入。同样原因，当年的时政热点为避免猜题而成了冷点问题，但过了一年或两年后，他们很容易摇身一变，重新成为热点。如 2014 年和 2015 年，是甲午战争和《马关条约》签订

120 周年，当年没有直接考这一时政热点，2016 年的第 29 题以评价洋务运动的积极作用让这一热点发挥了"余热"。又如纪念抗日战争胜利及世界反法西斯战争胜利 70 周年这一热点，本身是 2015 年的时政热点，去年没有直接考它，而是在 2016 年的高考试题第 30 题抗日战争中以"国民党力图维护一党专政的局面"形式出现。第 40 题"人口问题"也是 2015 年放开二胎的热点，却在 2016 年华丽登场。

第五，三角式隐性介入。三角式隐性介入就是历史科的热点通过政治学科或地理学科体现，这就是我们常常所说的，也是高考命题所追求的淡化拼盘痕迹、多科自然融合、学科界限模糊的上乘境界。这在全国高考试题中还没有出现过，估计是未来高考命题的走向与追求。

第六，外应式隐性介入。拉大学科跨度，有利于拓宽学生思维空间，应该是未来高考不分文理科的命题大趋势。

六、答题空间在平等中恰如其分

2016 年历史题对答题卷的关注与设计呈现出了导向性特点，三科答题空间在平等中恰到好处、恰如其分。

第一，三道主观题（其中第 40 题两问，第 41 题一问，第 45－48 选做题每题均是两问）共设计成五问，不多也不少，符合考生应考的心理原理，是一个比较成熟、理性的选择，既适合考生要求，也有利于高校选才。前几年地方卷主观题显现的设问过细过碎的不足得到有效克服。设问的减少与适宜有利于整体考查学生宏观与调控能力，说明留给考生思考的时间也就更多了，宏观的历史思维层次要求更高了。估计未来主观题设问将会逐步减少，留给考生的思考时间将会更多。

第二，从三科答题空间的设计来看，答题空间基本同等，而且都没有横格线。2011年，南方某省高考文综历史答题空间设计偏紧偏少，造成了考生无法在正常范围内答写完自己认为重要的答案，普遍反映答题空间预留窄少，对考生正常水平的发挥产生一定影响。而在2016年的全国卷中，这种情况得到了有效的重视。三科基本相同的答题空间让2016年的考生反映良好，希望今后高考答题空白的预留仍延续2016年的恰当与平等。

第三，适宜问数与答题空白的启示。一是政治和历史拥有同等的答题留白，答题字数没有科目区别，两科基本上都是同等的写字量，留白空间可写700到900字。答题留白没有设计横格线也是想让考生有一个尽情发挥的机会，它不但可以测试考生的多种能力，同时也让考生在答卷上尽抒其意，多一些展现自己水平与能力的机会。二是科学合理分配好三科答题时间。由于三科在高考中都是平等的，三科答题时间的分配也应基本均衡。文综最理想的追求是总分为大，学生在考试中科学地调配好各科答题时间是十分必要的。

七、答案设计在规律中体现关怀

2016年，选择题答案字母出现的机率依然延续了2010—2015年所呈现出来的规律。2010年：2A2B4C4D，2011年：3A3B3C3D，2012年：2A3B4C3D，2013年：3A3B3C3D，2014年：2A4B3C3D，2015年：3A3B3C3D，2016年：3A4B3C2D。（补充说明：2017年：4A3B3C2D。）

粤眼首看全国卷，可圈可点规律多。2016年的全国卷Ⅰ历史试题是一套注重立德树人、体现人文关怀、对中学历史教学具有启发意义和导向性的成熟试题，率先走出了高考试题唯能力立意的窠臼，开始追求更为全面和核心的素养立意。每一道试题都能在主干知识中立足于情感态度价值观，立足于素养育人，让灵魂跟上应试的步伐，一同到达理想的彼岸。当然，本套试题也还有一些让人期待的地方。如沉稳有余、个性与活泼略显不足、学术味太浓、个别选择题备选项与材料之间欠缺严密的逻辑、题量太多造成考生只能靠熟练取胜等。建议下一年度的全国卷进一步减少题量，让考生有更多的思考余地，让历史高考从熟练取胜走向能力素养取胜。

（原文刊载于《中学历史教学》2016年第7期）

基于长时段大时代的主题式命题

——2017 全国文综 I 卷历史题的变化与启示

　　研读 2017 年高考全国文综 I 卷历史题发现，试题以稳为主，稳中有变的是：往年高考命题多以某个具体的时间点所对应发生的历史事件为标准，2017 年走向了以长时段与大时代所对应的主题式史实为依托，让时空观念等核心素养在长时段大时代的主题式命题中更加完整。既服务了高校选拔人才和导向中学历史教学，同时也落实了立德树人的最高目标。基于长时段与大时代的主题式命题成为了 2017 年高考历史试题的一道靓丽风景。

一、主题式命题是长时段大时代变化的"载体"

　　主题是试题命制的灵魂与主线，是设计试题基本依据和根本意图。任何历史主题（如单元主题、模块主题、学科主题、学习主题等）都有时间维度与前后范围，当主干知识被整合为某一主题知识与主题思维或主题素养时，长时段与大时代中的主题式命题就成为 2017 年高考试题的特色。主题式命题只是重出江湖，立足于长时段与大时代却是命题者的匠心与创新，主题式命题成为命题者选用长时段与大时代的"载体"。

　　高考试题从关注时间点走向关注长时段与大时代，主要是利用历史现象之间的关联性，将历史现象置于某一知识系统中，并对其进行综合性的、多层次和多视角的考察，是区分考生思维的深刻性、灵活性和创新性等思维品质的主要手段之一。同时它也是一种系统性思维，要求考生不仅要看到个别的历史现象，更要关注全局与整体，以及历史现象之间的有机联系；它往往以时间为经、空间为纬，将政治经济和文化因素相融合、内部和外部因素相连接、历史和现实相贯通，构成了一个相对完整的主题知识系统，并赋予这些主题新的现实意义和社会意义，从而对具体历史现象形成正确认知。2017年整套历史1卷以"国家统一"为大主题，并带有四个分主题（或称四个小主题）。即试题在"国家统一"这个大主题统摄下，所有试题分为反对分裂保障统一、合作与反对强权维护统一、经济发展与交流奠基统一、文化交流认同统一等四个小专题，深化和服务了大主题。不但映照了香港回归20周年这个时政大热点，还集中对考生进行国家统一的爱国主义教育，让培养什么样的人落到了实处。第一个小主题是直接反对分裂维护国家统一，如第24、25、26、46题。第二个小主题是在合作与反对强权中维护国家统一，如第30、35、41、42、46题。第三个小主题是经济发展与交流也是维护国家统一的重要基础，如第27、29、31、33、35、42、45题。第四个小主题是文化认同与文化交流所带来的和平局面同样是世界维护彼此国家统一、认同统一的有力手段与有效方法。如第24、47题。

立足于长时段大时代时间维度的高考试题以某一个服务现实的大历史主题为核心，配之以多个精妙的小主题。通过大主题带多个小主题的形式，不但补教材之遗缺、纠教材之谬误、医教材之滞后、明教材之模糊、导教材之未达、增教材之多元。而且会重点体现在三个方面：主题视角下对主干知识的归类与综合、唯物史观主导下的对主干知识的多元视角、在归类与综合中实现对主干知识的多元视角。虽然

2017 年高考试题主要体现在"主题视角下对主干知识的归类与综合"上，相信未来高考命题也会从第二、三个方面大做文章。

二、长时段大时代的主题式命题让素养养育在试题中更加突出

历史发展具有一定的阶段性，十年几十年或可称为长时段，上百年或可称为大时代。在这个长时段与大时代中，每一个民族、国家或地区，又或者每一个行业和领域，都会自觉或不自觉地生成一个个突出的历史主题。当这个突出的历史主题占据某个时段或某个时期的主流地位时，它就成为具有典型意义的大时代，也就是我们通常所说的历史阶段特征。2017 年的高考试题正是从这一点上下足了功夫，让时空观念等核心素养在长时段与大时代的主题式命题中更加完整，素养养育更加突出。其对历史核心素养与思维能力的考查和对考生的素养养育主要依托于长时段大时代主题式命题的四个组成部分：

第一，依托具体历史事件的长时段发展历程。

立足于长时段考察具体历史事件的发展历程，让考生更容易了解到历史叙述的完整与全面，突出历史变化的前因与后果，把握历史发展的规律与趋势，进一步理解历史存在的价值与意义。如第 25 题考查了西汉郡国制度 90 年的演变，第 27 题考查了明朝饮食器具使用规定 200 年的变化，第 33 题考查了英国国民收入与工人收入 70 年的对比变化，第 32 题考查了百年人文主义思想形成渊源，第 34 题考查了苏联经济发展 30 多年隐性长时代的变化，第 35 题考查了二战后七国集团演变成 20 国集团的 20 年变化，第 45 题考查了新中国工资制度改革 30 年的变化。

第 25 题从汉朝廷直接管辖的郡级政区 90 年变化表入题，考查了西汉中央集权加强与变化，说明西汉朝廷解决边患的条件更加成熟。不但考查了政府打击边疆侵扰势力、维护国家统一的坚强决心，而且

直指"时空观念"与"史料实证"两大素养。前者是事物与特定时间及空间的联系在一起的观察与分析，后者是可信史料基础上的重现历史真实的态度与方法，并以正确的价值取向、价值担当和价值引领帮助学生认识、认同和理解不同的政治类型、解决不同政治问题的政治智慧。

第27题以古代中国手工业发展明代玉器制造业200年使用规定变化为入题点，间接考查明代后期商品经济发展冲击等级秩序。第28题从洋务运动增强兴办矿业信心入题，强调实体经济、商品经济和国有经济发展的重要性，以史为鉴，考查学生对史事意义的情感取向和理性认识的历史理解，增强考生对国有经济与当前国有企业混合所有制改革的信心，有利于学生形成正确的历史观，打通历史与现实的通道。

第32题从古代雅典百年人文思想根植于传统文化入题，说明其宗教神话具有朴素的人文思想，考察历史理解素养。照应并间接渗透了社会主义核心价值观，达到了润物细无声的教育效果。

第33题从第一次工业革命的70年负面影响社会贫富差距进一步拉大入题，巧妙考查了时空观念和历史解释两大素养，关注和照应当前改革过程中的民生热点。

第34题从美国等国对苏联的遏制政策未能阻止苏联经济的发展入题。本题是一道漫画题，漫画标题"又是斯大林格勒"，隐性给出的长时段是从第二次世界大战中的斯大林格勒保卫战开始的，影响世界时间跨度长达三四十年之久。第35题从世界格局变化20年长时段冲击旧的世界经济秩序入题。两道题同时考察历史解释的素养。前一题隐性照应了十月革命爆发100周年，后一题隐含一带一路共谋发展热点，两题都是典型的历史问题的现实思考。

第45题是30年工资改革题，关注民生热点，分享改革成果，调动积极性，推动经济持续发展。

第二，整合特定时段内某一类主题史实。

特定时段内以某一主题整合同类史实从时间标准上来说，有长时段和大时代两个方面。长时段是通过对某一个长时段大量的基本史实进行综合分析、去粗取精、去伪存真、由表及里、由此及彼后，逐步分析出这个长时段历史主题的主要特征。如第 41 题。大时代是对多个长时段的历史进行归纳和总结，让众多个长时段历史组合为一个大时代，这个大时代的时代特征，就是考试试题经常需要的历史阶段特征。如第 42 题考查了中外历史几十年甚至几百年的对比变化，是贯穿古今、关联中外的大跨度宏观通史。

第 41 题从法国大革命中的民族主义与孙中山新旧三民主义中的民族主义入题。立足长时段和大时代的历史阶段特征，准确考查学生准确理解历史概念的能力，多维度把握历史概念内涵与外延、本质和规律。既着眼于思想发展史的进程与线索的考查，也着眼于特殊历史时期思想特征、原因和意义的考查，还对不同思想进行历史背景、内容和影响的对比考查。这种横向比较式的对比考查，全面考查了考生论证与阐述、探究与评价、整体性思维和发展性思维、多角度思考问题等高层次思维能力，是一道五大素养同时亮相的典型题。

第 42 题同样是中外比较题，中外关联，史论结合。不但比较好地借助了长时段大时代的历史阶段特征，让考生能较快寻找恰当的切入角度，增加了试题比较的效度，避免了比较盲点的出现，而且还较好地体现了家国情怀与世界意识。本题往年是第 41 题，2017 年由于政治学科多了一道主观题而相应把题号往后推了一题。不管 41 题，还是 42 题，本题始终是在往年开放的基础上继续开放，继续由过去的试题"给问题求论证"上升到由"考生自己找问题并论证"的阶段。自己独立解读信息，自主寻找和发现问题，运用已有知识进行阐释与论证，自我寻找适合的视角，独立提出解决问题的方案或解决路径，一切皆由考生自主完成。在"我的地盘我作主"中，鼓励考生抒写有创见性的答案，学科素养考查得更加充分与淋漓尽致。

第三，四个备选项巧妙隐藏着长时段与大时代

有的选择题题干虽然没有涉及时段时代，但四个备选项隐藏着长时段与大时代，这种隐性干扰往往是最有效的史实干扰，也是2017年试题陷阱多与巧妙的主要表现形式。

如第24题从考商周时期的政治制度分封制推动了文化的交流与文化认同入题，弘扬中华民族国家统一的优秀传统文化。明线考的是强调了文化交流与文化认同，隐性考查与养育的却是国家统一意识的强化与巩固。题干虽然没有直接给出一个长时段与大时代，但四个备选项的所涉及的时间跨度是从夏朝到明清四千多年的长时段与大时代，时段干扰比较明显。第30题从陕甘宁边区政府抗日政策的变化是为了适应民族战争新形势的需要入题，本题与第26题一样，虽然题干只有时间点，没有时间段，但试题的四项备选项时间差在40年以上，有一个典型的长时段。同时考察了史料实证素养与历史解释素养。这两题以隐性纪念14年抗日战争新提法为基础，让历史照进现实，既让学生全面评价、正确认识近代中国思想解放留日的地位和作用，亦让学生牢记日本侵华，进一步深化和升华记仇不报仇的爱国主义教育。

第24题、第25题、第26题三道题不但考查了史学理论中的时空观念、历史叙述与历史认识论，而且还考查了以史料为依据，以历史理解为基础，对历史事物进行理解分析和客观评判的史料实证与历史解释素养。进一步突出了历史问题的现实思考，关注国家统一热点，努力寻找其历史联系，发挥历史学科的社会现实功能，充分挖掘历史与现实的隐性联系，以史为鉴。让古今遥相呼应，为当前国家统一这一现实热点提供历史借鉴，具有鲜明的价值导向性、

价值担当性、时代性，让爱国主义思想通过高考试题中教育无痕、养育无声。

第四，不同历史叙述者的差异与历史本身的空间差异

不同历史叙述者对同一历史事件的叙述有一定的差异性和主观性，或者是地域不同造成历史本身发展也有差异性与不平衡性。前者如第26题从唐军与薛举在泾州作战失败入题。直接考查的是史学方法，但隐性考查的史实是唐初的大统一与不可逆转。试题是不同史籍对唐武德元年同一史实的历史叙述，事件本身有一个时间点，没有时间段，但记载这一历史事件的两部史书《旧唐书》（成书于公元945年）和《新唐书》（成书于公元1060年）却相距100多年。时间上的长时段让两部史书在叙述同一件事件时有了一定的差异和各自的主观色彩。后者如第29题从近代影响留日学生区域分布不平衡的主要因素是地区经济文化水平与开放程度有别入题，考查的是在同一个时段内同一件历史事件在不同空间不同表现的原因。

虽然第31题、第46题、第47题的长时段大时代特征不明显，但围绕国家统一这个大主题的主题式命题却十分明确，核心素养考查与养育丝毫不亚于任何一道题。第31题从1990年社会主义市场经济体制的建立，摆脱计划经济体制束缚的探索入题，把这一体现历史发展趋势、紧追时代步伐、把握时代脉搏，具有强盛的生命力、鲜明的现实感召力和长时段改革特征的主干知识点巧妙纳入了考查历史解释素养的范围。第46题利用中美两国政府通过《开罗宣言》，重新向全世界庄严宣告：台湾属于中国，是中国不可分割的领土。认同和维护祖国统一，反对分裂，统一始终是中国历史发展的主流，是符合各族人民共同利益的，是国家不容动摇的最高利益，也是不容许任何人或任何机构组织去触碰这一原则底线，这是对"台独"分子和分裂国家势力的有力回击。第47题既是人物评价题，又是传统文化题。如果从人

物评价的视角去点评的话，就应该把季礼放到长时段大时代中去考察与评价，利用历史阶段特征作为评价标准和价值取向，科学地、历史地、一分为二地评价季礼这个历史人物。如果从传统文化的视角去观察季札的话，他出访中原诸国，评诗乐、判政治、化蛮荒、重剑诺、拒王位等，都体现了儒家贤人的诚信与礼仪，并以儒家文化的传播者推动了中原文明在江南的认同与发展。

三、长时段大时代中的主题式命题对中学历史教学的启示

2017 年的高考试题从时间点走向了长时段与大时代，进一步强化学生大历史的时空观念等核心素养，延长教材上对某一具体历史事件叙述，通过史料对相关历史进行时间进程上的延展，形成比教材叙述更完整的历史叙述，更加突出历史变化与发展的前因后果、规律与阶段特征。进一步了解历史发展过程中的时间逻辑，或用分期、分段、分地域、分国家、分民族的方式来描述和认识人类过去的发展，考察与理解它们存在的意义。长时段与大时代的主题式命题对中学历史教学有以下几个方面的启示。

第一，高考历史试题已经从时间点看历史考历史走向了从时间段看历史考历史，即从微观走向宏观，是历史阶段化与特征化的表现，也是一个历史阶段明显区别其他历史阶段的特殊之处。它可以让命题者重新整合和抽象某一阶段历史的千变万化，形成质量更优、结构更好、系统性更强、逻辑更合理、能力提高更快、素养养育更丰厚的历史知识系统。可以肯定，长时段与大时代历史可以更快、更高、更长地考查学生掌握历史知识的程度、获取历史知识的方法、提高历史思维的品质、创造性地运用历史知识解决实际问题的能力、丰厚始终做好人善人的核心素养。

第二，多个长时段的历史特征构造了一个大时代的历史阶段特

征，多个历史知识小群体共同筑成了每一个大时代的历史知识体系。考生只有在唯物史观的指导与引领下，深入其中，探寻时段与时代的联结点，揭示他们之间隐性结构关系。既知其然，又知其所以然，熟练运用和内化历史知识。

第三，长时段大时代历史阶段特征的变化已成为高考历史试题的关注点，它包含三个方面的史学逻辑：一是本时段与时代的历史特征是怎样形成的？原因是什么？二是准确描述本时段与大时代的历史特征的发生发展与消亡过程。三是本时段与大时代的历史特征为什么会被另一个时段或另一个时代所替代。一个长时段大时代的历史阶段特征形成不是无缘无故出现的，也不会凭空消失。历史从一个阶段走向另一个阶段一定是多种因素积聚的结果，只是这些原因与因素有主次之分、内外之别。长时段与大时代历史阶段特征的形成与消亡都是历史发展本身综合联动、交融共推的结果，帮助学生深层次认识长时段与大时代历史特征的统一性、多样性和发展性。

第四，长时段大时代的变化发展不等于完全消亡或消失。一个时代的历史特征被另一个时代历史特征所替代，只是主流地位发生了变化，并非完全消亡，他们也许被淡化，也许被异化，但从未消亡或离去。因此，学生在复习历史时不能割断历史，来有踪，去有影，这是历史的规律。追踪长时段大时代历史阶段特征的不同走向、不同归宿、不同命运，深层次认识历史发展的连续性、复杂性与曲折性。

第五，高考历史试题考查时间从点到段的转变在不断提醒高三历史复习应该注意历史的科学性、完整性、权威性和动态性。一是长时段大时代所选的历史事件具有科学性，这种科学性体现在历史学科考试试题中即具有无可争辩的真实性，历史题所涉及的史实也因真实而崇高，史实之真是高考试题的生命底线。二是长时段大时代历史事件的选取要具有完整性，时段与时代的确定与划分应该以历史事件发生、发展和衰亡全过程为标准，对历史的叙述要具有系统性，不能随意拆取其中一段，不能以偏概全、以点盖面。三是长时段与大时代的划分选取还要具有一定的权威性，特别是大时代的选取与划分，应该是史学界公认的。还处在较多争论阶段的长时段和大时代，应该是高考命题的"慎用药方"，不可常用之，或率性而为。四是要对长时段大时代的历史进行动态分析，避免走入机械的、肤浅的、低层次的浅表阶段。要以内化学生的能力和素养为目的，多层次多角度培养能力，全方位宽领域养育人生。

第六，重视历史发展过程中的长时段、大时代宏观历史，充分发挥其对考生时空观念等核心素养的养育作用。一是认识任何事情都需要建立在长时段、大时代基础上，这样更能认识其本质规律。二是时、空、事三者共生相机，历史事件一定发生在特定的时空中，过去的时空，一定有很多我们已知和未知的事情发生了。时间到了，空间也具备了，我们就应该做完我们应该做的事情，要理解世间有很多事情不能错过一定的长时段、大时代与大空间。三是要善于把握事物在不同的时间和空间里意义是完全不一样，效果和影响也可能是绝然不同的。四是掌握事情发生的、发展乃至整个进程的长时段与大时代及地理环境，按照事件的时间顺序和空间因素，建构起人、事、物和现象之间的相互关联性及因果关系，并能正确理解事物的变迁、延续、发展、进步等意义，正确对待自己人生过程中所遇到的人和事，或对整个社会的人和事都能做出正确而且合理的解释，并且能够与之恰当相处、相生、相宜。

（原文刊载于《历史教学》2017年8月专刊，下半月刊针对高校上半月刊针对中学的。本文也被2018年1月人大《复印报刊资料·中学历史、地理教与学》第1期转载，选文有改动）

后　记

　　我既不是"孜孜不倦的学者"和"知人论世的通者"，也不是"兼善天下的仁者"和"乐天知命的达者"。所有的教学主张与追求都只是一个普通高中历史教师在教学过程中遭遇到的、需要解决的、一个个琐碎的教育教学小问题。因此，这本书既不是山珍，也不是海味，它更像路边摊上的一碟小吃。它不仅是在告诉我们一个已经享受的美味，更是在激励我们一同去探寻新的"珍馐"。

　　我特别希望大家在阅读这本书时是快乐的，幸福的，或是有启发的。当然，快乐、幸福与启发不是因为这本书多么值得一读，而是因为：其一，本书只是一个平台，一个让你我分享信息、交流思想、发现相互作用与价值的交流平台或媒介，能让我们共同捕捉历史教学中的关键小事，形成持续不断的研究动力，坦诚提出和探讨各种历史教学问题，开启智慧，润泽生命，共同悟透历史教育的真谛；其二，书里面有我们共同关注的问题，或对同一个话题的热情，能够让我们用细腻的教育情怀、敏锐的眼光、饱满的热情去发现历史与历史教学中的生动快乐美、和谐韵律美、整体纵横美、真实本真美，如同诗人一般浪漫，让这些也许在外人看起来不起眼的"小事"充满诗情画意，不断为历史教育的千秋伟业添砖加瓦。

　　十分感谢所有为本书的出版付出心血的领导、专家、同事、同行、工作室成员、家人和学生们，他们的指导与鼓励已是植入我骨髓里面的感恩！

历史教育的最大目的是帮助学生寻找幸福生活的密码，养育人性，就让我们共同努力、不断前行吧！